CHRISTIAN C. WALTHER

DER ZENSIERTE TAG

Wie man Menschen, Meinungen und Maschinen steuert

WILHELM HEY
MÜNCH

Für K., die Liebe lebt

Umwelthinweis:
Dieses Buch wurde auf chlor- und
säurefreiem Papier gedruckt.

Redaktion: Regina Carstensen, München

Originalausgabe 09/2004

Printed in Germany 2004
Umschlagkonzept und -gestaltung:
Hauptmann und Kampa Werbeagentur, München – Zürich
Umschlagabbildung: Getty Images/Steve McAlister
Satz: Christine Roithner Verlagsservice, Breitenaich
Druck und Bindung: Bercker, Kevelaer

www.119-Fragen.de
www.heyne.de

ISBN 3-453-62000-3

Inhalt

Teil I

Einleitung

1 9/11: Der verhinderte Geburtstag einer besseren Welt

Als das Unvorstellbare geschehen war, wussten wir, dass es bei dieser einen fürchterlichen Erschütterung nicht bleiben konnte. Als die Feuer in Manhattan gelöscht waren, wussten wir, dass die Drahtzieher dieses Verbrechens gejagt, gefunden und bestraft würden. Als wir die Toten beerdigt hatten, wussten wir, dass wir Antworten auf all unsere Fragen erhalten mussten. Als sich der Staub gelegt hatte, wussten wir, dass nichts je wieder sein würde wie zuvor.
Der 11. September 2001, der Tag des Jahrhundertverbrechens, musste die Welt vollständig und nachhaltig verändern. Ganz gleich, ob tatsächlich neunzehn unerkannt planende islamische Fanatiker ihre Leben sowie die tausender Unschuldiger achtlos weggeworfen hatten, um auf diesem ebenso pathetischen wie pathologischen Weg der ganzen Welt ihre abgrundtiefe Verachtung für unsere in ihren Augen fragwürdige Lebensführung zu demonstrieren, oder ob sich am Ende der furchtbare Verdacht bewahrheitete, dass macht- und profitgierige Vertreter unseres eigenen Systems die Tat geschehen ließen, möglicherweise gar geplant hatten: Dieser Tag, der 11. September, musste einen tief greifenden Wandel unseres alltäglichen Denkens und Handels einleiten. So oder so.
Musste er.

Hätte er müssen.
Hat er aber nicht.
Sondern ist stattdessen binnen historisch kürzester Zeit, binnen lediglich drei Jahren, mit unserer freundlichen Zustimmung medial nivelliert worden zum globalen Katastrophengeburtstag mit doppelt brennender Letterbox-Kerze, zum gelegentlich wiederkehrenden, nichts mehr fordernden Bilder-Ereignis oder wahlweise als Standardentschuldigung für die »Fortsetzung des Krieges als Abwesenheit von Politik mit anderen Mitteln« (*Jean Baudrillard*).
Über den 11. September 2001, den Tag des Jahrhundertverbrechens, musste die ganze Wahrheit ans Licht kommen. Und aus eben dieser Wahrheit mussten wir die Konsequenzen ziehen, unser Denken und Handeln einer gründlichen Prüfung unterziehen und dafür Sorge tragen, dass ein schreckliches Verbrechen wie dieses nie wieder geschehen wird. So oder so.
Es war naiv, das zu glauben.
Es bleibt naiv, das zu glauben.
Bleiben wir naiv.
Wer hat uns verschwiegen, was am 11. September geschah? Wer hat dafür gesorgt, dass Zeugen und Täter aus unserem Blickfeld verschwanden, und dass über die bis heute offen vor uns liegenden Beweise niemand berichtete? Wer hat die wahren Drahtzieher vor unseren Augen aus den Schlagzeilen genommen? Wer hat uns die unangenehme Wahrheit erspart, was wirklich dahinter steckte? Wer – und warum?
Unternehmen wir einen letzten Versuch, der Wahrheit näher zu kommen. Lassen wir uns die Chancen nicht ausreden, die der 11. September bot. Und noch immer bietet. Wenn wir es wollen.

Breaking News (2004)

Spätestens am Morgen des 2. Februar 2004 wusste auch der allerletzte Fantast, dass nichts je anders sein würde, als es immer gewesen war, bestenfalls grotesker. Zweieinhalb Jahre nach dem 11. September 2001 befand sich Amerika wieder einmal in Alarmbereitschaft. In Houston, Texas, machten die Sicherheitskräfte sich auf das Schlimmste gefasst und kündigten schon im Vorfeld eines der weltweit meistbeachteten Ereignisse extrem verschärfte Freiheitseinschränkungen an. Für das Endspiel um die Football-»Weltmeisterschaft«, den Superbowl, rechnete man mit dem Schlimmsten. Den Zuschauern im Stadion war sogar die Mitführung von Kühlboxen, Haarspraydosen und Frisbees strengstens untersagt.

Die *Patriots* siegten – alles andere wäre Anfang 2004 eine Überraschung gewesen. Kein Attentat fand statt. Aber die Sexbombe, die in der Halbzeit aus allen Nähten platzte, sollte Amerika in den Wochen danach gründlicher erregen, als es der 11. September in den Monaten davor und danach vermochte.

Nipplegate erschütterte Amerika: Der Skandal, sprachlich in direkte Nachbarschaft von Watergate geadelt, stellte die Welt endgültig wieder auf den Kopf – also dorthin, wo sie in den Jahren vor dem 11. September 2001 ganz bequem und lässig gestanden hatte.

Was war geschehen in dieser texanischen Pause, an diesem eigentlich gar nicht denkwürdigen Tag?

Justin Timberlake, im Marshmellowbad einer Disney-Channel-und-MTV-Karriere gestählter Michael-Jackson-Imitator für Arme, hatte seiner Duett-Partnerin Janet Jackson im

Rahmen der Superbowl-Halbzeitshow »versehentlich« die rechte Brust freigelegt – Sekundenbruchteile lang zu sehen, wenn auch entgegen der plakativen Skandalbezeichnung eher nippellos, da Jackson offenbar gewohnheitsmäßig Schmuckstücke auf den Brüsten trägt. Die armselige und erschreckend durchsichtige PR-Farce zur Beförderung zweier Popkarrieren veranlasste nach Angaben der über jeden Verdacht der mutwilligen Meinungsbildung erhabenen US-Medienkontrollbehörde, der Federal Communications Commission (FCC), im *Land der Freien* mehr als 200 000 Zuschauer, sich direkt nach dem Spiel zu entrüsten. Die medialen Wellen schlugen darauf zum global erhitzten Tsunami hoch, der bis in die Metropolen Europas, Afrikas und Asiens schwappte. Er ließ die eine oder andere bedeutende ganzseitige Meldung aus öderen Regionen als denen von Janet J. aus den Satzspiegeln verschwinden. Die Profiteure des (natürlich absolut nicht) abgekarteten Spiels waren die üblichen Verdächtigen: Der ausstrahlende Sender CBS sowie dessen unanständiger Partnerkanal MTV, der die erschütternde Panne zu verantworten hatte, kamen zu ihrem öffentlich bekundeten Leidwesen wochenlang aus den internationalen Schlagzeilen überhaupt nicht mehr heraus. Der Viacom-Konzern, dem aufgrund eines unerklärlichen Kartell-Zufalls gleich beide verantwortlichen Sender gehören, zeigte sich bestürzt über die sendestundenschweren Tonnen an kostenloser PR, Justin Timberlake verlor unter globalem Getöse seinen absatzstörend milchbärtigen Ruf zugunsten jenes dezenten Macho-Images, das ihm gerade noch gefehlt hatte, um auch CD-Käufer jenseits des elften Lebensjahrs zu erreichen, und das »Opfer« Jackson – bald danach mit frischer CD in den US-Regalen – wurde medienwirksam von der Grammy-Verleihung ausgeschlossen und erlebte anschließend vermutlich nie gekannte Solidaritäts-Vorbestellungen entschlossener Frauenrechtlerinnen.

Die amtierende US-Regierung, die inzwischen sogar bei der eigenen Bevölkerung wegen des sinn- und grundlos geführten Krieges gegen den Irak deutlich an Popularität verloren hatte, sah sich gleich zu Beginn des Präsidentenwahlkampfs qua Timberland-Fauxpas mit einer großen Ration kostenlosen Kanonenfutters für den Kampf gegen die Demokraten ausgestattet: Jene Demokraten und Alles-Befürworter, die ja bekanntlich, wenn nicht alle selber schwul, so doch Befürworter der Schwulenehe, von Sex vor, während und nach der Ehe, sowie aller möglichen illegalen Drogen sind – Letzteres womöglich im Zusammenhang mit Ersterem, Zweitem oder Drittem und garantiert mit Janets Brust.

Dem vom Endspielort des weltweiten Tittenanschlags (zufällig: Houston, Texas, traditionell Bush-Land und bis 2000 in Gouverneur Georges Hand) mit neuem Elan durchstartenden Feldzug der bibeltreuen texanischen Taliban gegen jede Form von Unmoral – jedenfalls abseits der heimischen Todesstrafe, der galoppierenden sozialen Ungerechtigkeit und erst recht abseits ferner Kriege inklusive fataler Bombardierungen von Frauen und Kindern – war allemal (zufällig) gedient. Nicht zuletzt durch die markigen medialen Wortmeldungen des (natürlich) komplett überparteilichen FCC-Chefs Michael K. Powell, der sich bestürzt zeigte über die »Erosion der allgemeinen Anständigkeit im Fernsehen«. Der Bestürzte ist, wie es der Zufall (schon wieder) will, nicht nur Befürworter laxerer Regeln betreffend die Monopolisierung des US-Medienmarktes, sondern auch Sohn des US-Außenministers Colin Powell, der just zu diesem Zeitpunkt, im Februar 2004, öffentlich wegen seiner fragwürdigen Aussagen vor dem UN-Sicherheitsrat in Sachen »Massenvernichtungswaffen im Irak« um Haaresbreite aus dem Amt gefeuert worden wäre, hätte ihn nicht der Sekundenbruchteil-Skandal *Nipplegate* überraschend um alle Schlagzeilen gebracht. Aber dieses familiäre Detail soll uns nicht irritieren, denn entscheidend blieb an diesem zweiten Februar 2004 die Erkenntnis: Amerika hatte endgültig, stellvertretend für den Rest der Welt, wieder wichtigere Sorgen als Afghanistan, den Irak und erst recht die anderen, weniger deutlich sichtbaren Folgen des 11. September.

Nicht nur hatte der vorbereitende Wahlkampf der Demokraten um den designierten neuen US-Präsidenten »JFK2« (alias John Forbes Kerry) alle anderen wichtigen politischen Themen verdrängt, die komplizierten Folgen des Schnees von gestern auf Randnotizen reduziert, nein, sogar eine zirka 0,7 Sekunden volltotal und halb enthüllte Brustwarze *live on air* versetzte inzwischen die einzige verbliebene Weltmacht in nacktere Panik als jede komplizierte Wahrheit über die Kriege, die täglichen Toten in eigenen wie in fremden Reihen, die glasklaren Wirtschaftsskandale des Vizepräsidenten oder die immer deutlicher zutage tretenden Widersprüche des 11. September. Egal: Brust rein – auf Seite eins, alles andere ab Seite drei. *Breaking News*: Die Titte von Janet J. Das ist eine Nachricht, das muss gemeldet, besprochen, kommentiert, notfalls intellektuell verurteilt werden. Von hier bis dort, von Phoenix bis Ulan Bator, von Berlin bis Karachi: Sex sells, Sex zählt. Notfalls versehentlicher.

Davon abgesehen, dass auch die debilsten Islamofaschisten in ihrem Leben mit hoher Wahrscheinlichkeit schon mindestens eine enthüllte weibliche Brust gesehen haben,

nämlich vor ihrer Karriere als durchgeknallte Märtyrer, im Alter zwischen null und sechsunddreißig Monaten, ohne deswegen gleich ihr Satellitentelefon zu malträtieren und wüst bei NBC anzurufen: Wir, wir komplett aufgeklärten 0190-Dauer-Tittenglotzer und *Bunte*-Studentinnen im siebenundfünfzigsten Semester, wir werden dem Ereignis »11. September« nicht annähernd gerecht, wenn wir es – und seine Folgen – unter »ferner liefen« abheften, irgendwo ganz weit hinter Janets Brüsten, Allys Ess-Störungen, Daniels Kakerlaken, Rudis Scheitern oder Kerners ganz und gar nicht weltbewegenden Gesprächen mit so ganz und gar nicht weltbewegenden »Stars« wie Uschi, Dieter, Götz oder Elli.
Damit tun wir dem 11. September schlimmstes Unrecht. Indem wir den Tag und die Folgen als erklärt und verarbeitet ablegen neben Pearl Harbor, JFK und Marilyn, indem wir die Tat als »Wahnsinn« klassifizieren und minimal irritiert zum Tagesgeschehen übergehen – inklusive »Wahlkampf«, »*Collateral Damage* weltweit« und »Holt mich hier raus!« zum Einschlafen.
»Wir?« Wer ist das?

Anti-Allianzen

Freunde der Familie Bush, Kriegstreiber, Scheinheilige und imperiale Ignoranten werden an den folgenden Anmerkungen und Berichten nicht durchgehend ihre helle Freude haben, aber auch bekennende oder heimliche Hedonisten, Bequemlichkeitsliebhaber, Sesselsozialisten, satte

Journalisten, sarkastische 68er-Shareholder und entschiedene Anti-Amerikaner kommen nicht auf ihre Kosten. Denn der Autor ist unter anderem Anti-Anti-Amerikaner und bekennt sich nicht nur seit Jahrzehnten zum Superbowl (unter dankbarem Verzicht auf die Halbzeitshow) sowie zum politisch korrekten Butler-Credo »Belästige-deinen-dir-unbekannten-Mitmenschen-nicht-mit-jedem-Scheiß-sondern-pack-ihm-einfach-die-Tüte-voll«. Er vertritt überdies die Ansicht, dass die besten englischen, französischen, asiatischen und deutschen Filme, belletristischen Bücher sowie fast alle anderen nennenswerten Kunstwerke seit Jahrzehnten von Amerikanern stammen (was durchaus deprimiernd ist, für uns), und versichert seine Zuneigung zum komplizierten Konzept der Freiheit, zum gelegentlich ins Peinliche lappenden Pathos, zum Stolz und zur Flagge, dem Star-Spangled-Banner respektive der naiven, idealistischen Hoffnung, die darin eingewickelt liegt (und gelegentlich ruht); ja, sogar zum Kapitalismus (auf Deutsch: zur Marktwirtschaft) sowie zur unternehmerischen Freiheit, solange sie weiß, woher sie kommt. Aber eben nicht zu jener Abart, die beispielhaft Al Franken (im Gegenssatz zu anderen charmant) so beschreibt:

> Für den Donnerstag (13. 09. 2001) hatte ich einen Nachmittagsflug zum Flughafen La Guardia reserviert. Ich gab meinen Mietwagen am Flughafen bei Hertz ab … Kaum war ich beim Schalter von Northwest angekommen, wurde bekannt gegeben, der Flughafen werde aus Sicherheitsgründen geschlossen. Ich machte kehrt und rannte zurück zum Hertz-Schalter, wo man mir sagte, dass Mietwagen jetzt 300 Dollar am Tag kosten würden. Die Welt lag in Trümmern, und ich wurde ausgeplündert. »Also, damit ich das richtig

verstehe«, sagte ich, »Hertz nutzt eine Tragödie aus, um die Preise für Mietwagen hochzutreiben?« Ja. Aber die Frau am Schalter erinnerte sich, dass ich gerade den Wagen zurückgegeben hatte, den ich zu präterroritischen Preisen gemietet hatte. Sie gab mir daher den Wagen noch einmal zum gleichen Preis und verlangte auch für die Abgabe in New York einen vernünftigen Preis. Amerika rückte zusammen.[1]

Ein wunderbares Land. Denn damit wir uns im Folgenden auch garantiert *vice versa* nicht missverstehen: Dies ist, aller Neigung derer zum Trotz, die »Grau« schon für eine kompliziert zu mischende Farbe halten, kein linksrum windelweich gespültes Plädoyer für die grenzdebilen Taliban, die blutrünstigen »Khalifat«-Träumer und ihre wahnsinnigen Sympathisanten.
Al-Qaida existiert. Al-Qaida ist groß und stellt eine ungeheure Bedrohung für den Fortbestand nicht nur von Gebäuden, sondern unserer ganzen Zivilisation dar. Auch wenn wir selbst durch unsere Denkfaulheit und unseren unbedingten Willen zur Vereinfachung der kompliziertesten Sachverhalte auf *Leute-Heute*-Niveau die Organisation sogar noch größer machen, als sie tatsächlich ist (indem wir beispielsweise die für die Anschläge von Madrid verantwortliche Terrorbande Abu Dujana Al Afghani unter der Dachmarke Al-Qaida subsumieren): Jenseits aller sarkastischen Wortklaubereien (»Das heißt doch bloß *Die Liste*, oder war's *Die Basis*?«) und aller heiteren Anmerkungen, Bin Laden könne inzwischen sogar Naturkatastrophen oder alle Verspätungen der deutschen Bahn auf sein Konto verbuchen, stellen islamische Terroristen eine immense Gefahr dar, für uns alle. Die geistig intakteren unter diesen lebenden Zeitbomben sind komplett wahnsinnig, ungefähr so

gefährlich wie albanische Mafiosi auf *Crack* und erheblich schlimmer, als wir alle uns das in unseren apokalyptischen Wer-kriegt-die-Einbauküche-nach-der-Scheidung?-Worst-Cases vorstellen können. Diese Typen nageln nicht nur Ihre Katze an die Haustür, ohne mit der Wimper zu zucken, die schlitzen auch Ihre Kinder auf, stecken denen einen falsch getippten *Jihad*-Gruß in die Bauchhöhle und merken nicht mal, dass das alles verkehrt, furchtbar und krank ist – sondern halten es für Gottes Willen. Wer sich zum Hobby-Psychotherapeuten berufen fühlt, darf hier erwidern, man müsse »ja auch sehen, woher diese Wut kommt«, käme damit aber an dieser Stelle nicht weiter, sondern bloß selber auf die Couch (Sicherheitsgurte werden ohne Zusatzkosten gestellt).

Der zu Recht von vielen geschätzte Michael Moore ist manchmal sehr komisch, immer sehr direkt und oft sehr wahr, aber in diesem Punkt liegt er genauso vollständig daneben wie George W. Bush sonst so oft: »There is no terrorist threat!«[2], das ist amerikanische Versimplung, diesmal von der anderen Seite. Aber Istanbul, Madrid und Tel Aviv liegen ja auch nicht in den USA.

Man kann von George W. Bush halten, was man will, aber dass das, was wir unter »Freiheit« verstehen, nicht bedroht wäre, können nur Komiker und linke Fantasten behaupten. Die Verhinderung von Terroranschlägen bleibt die wichtigste Aufgabe der Politik, der Diplomatie und notfalls der Geheimdienste. Es ist dies, eingedenk unseres geistigen und seelischen Zustands, eine immense Aufgabe. Vermutlich die wichtigste, die sich uns stellt. So, wie wir sie bisher zu lösen versucht haben, müssen wir allerdings scheitern. Womit wir uns bedauerlicherweise schon wieder im Definitionsabschwung befinden, aber wer schon jetzt die Nase voll hat von diesem wenig elegant wirkenden Eiertanz, der erinnere sich bitte, dass man Weltbilder nicht nur in Schwarz und Weiß malen kann, und schon gar nicht so: »Wer nicht für uns ist, steht auf der Seite der Terroristen.« Dies hat George Bush, der Chef unserer freien Welt, verkündet, und damit all seine Kritiker zu Feinden, zu Sympathisanten der Taliban gemacht. Das »uns« in diesem Satz will aber richtig verstanden werden. Denn es meint ausdrücklich nicht Amerika, sondern ausdrücklich George W. Bush und Konsorten, deshalb sollte sich niemand unwohl fühlen auf »gegnerischer« Seite.

Wer Bush ablehnt, ist kein Anti-Amerikaner, sondern Amerikaner. Zirka 53 Prozent der Einwohner des verbal gelegentlich angegriffenen Landes werden das im November hoffentlich mit einem Wahlkreuz unterschreiben.

Bush? Wer ist Bush?

Bush ist nicht Amerika.

Es ist durchaus denkbar, dass George W. Bush dereinst als krasseste Fehlbesetzung aller Zeiten an der Spitze der USA in die Geschichtsbücher eingeht. Aber falls das geschieht, werden wir dort zur Begründung nichts Nebensächliches lesen, nichts von dem, was uns momentan gegen den US-Präsidenten einnimmt.

Wir werden nicht in historischen Werken lesen, dass Bush ein ungebildeter und allzu oft peinlicher Präsident war, dessen herausragendste Eigenschaft neben Takt- und Ahnungslosigkeit sein eigenartiger Humor war, den er zu Zeiten des zweiten Irakkriegs unter Beweis stellte, indem er Fotos von sich herumreichte, die ihn auf allen vieren vor dem Sofa zeigten – auf der Suche nach Massenvernichtungswaffen –, oder indem er Menschen, die er (noch als texanischer Gouverneur) zum Tode verurteilt hatte, öffentlich nachäffte.[3]

Wir werden nicht in den Geschichtsbüchern lesen, dass Bush gelegentlich große Schwierigkeiten hatte, mit seiner Muttersprache gewaltlos umzugehen. Sollte dieser besondere US-Präsident bei der Nachwalt am Ende schlecht wegkommen, dann nicht wegen seiner vordergründigen Defizite, sondern weil er die größte Chance wegwarf, die sich in der jüngeren Geschichte der Menschheit einem Volksvertreter bot.

Das so genannte »Bush-Bashing« allerdings ist inzwischen auch bei den Ahnungslosesten dermaßen *en vogue,* dass man als nachdenklicher Mensch fast versucht ist, sich relativierend vor den US-Präsidenten zu stellen. Dieser Versuchung müssen wir, was die grundsätzliche Kritik betrifft, widerstehen. Nicht um Bushs Willen – der mächtigste Mann der Welt braucht, auch wenn er eine schwere Jugend hatte, nicht ausgerechnet uns als seine Verteidiger. Aber hüten wir uns davor, ihn nicht ernst zu nehmen. Denn es genügt beileibe nicht, sich über den US-Präsidenten lustig zu machen. Es ist vielmehr deutlich aufzuzeigen, worin seine historischen Fehler und Versäumnisse bestehen.

Es ist einfach dumm, über George W. Bush zu lachen. Genauso dumm, wie jeden Gegner der Politik von George W. Bush zum Anti-Amerikaner zu stempeln. Wer »gegen Bush« ist, ist nicht automatisch Gegner Amerikas, sondern lediglich – spätestens Anfang 2004 im Schulterschluss mit etlichen entsetzten Weggefährten des erschreckend unqualifizierten Präsidenten – entschieden gegen alles, was Amerika augenblicklich politisch darstellt, nämlich die Bush-Familie, deren Konsorten, Associates und Verbündete, sowie deren ebenso wenig geschmackvolle wie wenig kaschierte Pläne. Es muss, kürzer gesagt, auch in geistfernen Zeiten wie diesen gestattet bleiben, temporäre Staatsmacht und bleibende Bevölkerung eines Landes als nicht identisch zu betrachten.

Es liegt nicht allein an George W. Bush, dass Amerika uns fremder geworden ist denn je: Das große und generell bewunderte Vorbild hat und hatte immer eine hässliche Kehrseite, die es uns seit eben jenem höchstrichterlich beschlossenen Umsturz nach der Präsidentschaftswahl im November 2000 ganz unverhüllt zeigt (nach einigen deutlich besser verhüllten Jahren), und auf dieser Kehrseite finden wir versammelt, was Amerika hässlich macht: Arroganz, Rücksichtslosigkeit, Ignoranz, Hybris, Gier, Egozentrik, religiösen Fanatismus, fortwährenden Machtmissbrauch und imperiale Impertinenz, also praktisch alles, was weltweit jedermann mit einigermaßen gesundem Herzen und gesundem Verstand zurecht widerlich, unmoralisch und lebensgefährlich findet.

Ist das Anti-Amerikanismus?

Dann sind wir Anti-Amerikaner, in der Tat. Vorübergehend. Sagen wir: bis November 2004. In begründeter Hoffnung auf das wesentlich kleinere Übel, nämlich »JFK 2« – der dann übrigens gewählt wäre von einigen anderen Anti-Amerikanern. (Worauf *Die Welt* und andere vorbehaltlose Freunde des derzeitigen Amerika dann vermutlich eher sparsam hinweisen werden.)

Aber unabhängig davon, wer Amerika offiziell regiert: Die USA, das war immer, ist und bleibt beides, Vorbild und Feindbild, und dies seit dem 11. September 2001 deutlicher denn je. Amerika ist ängstlicher, strenger, rechthaberischer, gewinnmaximierender Vater und halbstarker, idealistischer Sohn in einem, Kontrolle versus Kitsch, Pragmatismus versus Pathos, Jesus versus Epigonen, Jimmy Dean versus *Dad*. Amerika, das ist unser fortwährender Vater-Sohn-Konflikt und seit »9/11« ein wirklicher Kampf, eine Bewährungsprobe für die Freiheit oder das, was von ihr blieb, ausgefochten mit den härtesten Bandagen der Neuzeit. Denn seither sitzt Daddy am längeren Hebel, hat den laut und renitent nach »Wahrheit« und »Freiheit« verlangenden Sohn endgültig weggesperrt und die Tür zum Kinderzimmer verriegelt. Glücklicherweise hat Sohnemann Telefon. Und einen Internetzugang. Sowie kühne Pläne, anders gesagt: »Der Keks ist noch lange nicht gegessen, *Paps*!«

Shut up, son!

Diese gedachte Aussage des Halbstarken ist angesichts der herrschenden politischen und medienwichtigen globalen Machtverhältnisse natürlich einigermaßen kühn. In einer Welt, in der »Vergangenheit, Gegenwart und Zukunft durch Fast Forward, Play und Rewind ersetzt sind« (*Paul Virilio*), nützt dem weggesperrten Bengel auch der Internetzugang bestenfalls zur Beruhigung seiner hoffnungsvoll vor sich hin pubertierenden Revoluzzerseele, aber garantiert nicht zu Veränderung der bestehenden Verhältnisse. Denn das Netz, das World Wide Web, ist den traditionellen Medien in der wichtigsten Hinsicht unterlegen: Es gilt generell als wenig glaubwürdig – und das oft genug zu Recht. Seine größte Stärke, der offene Zugang, ist zugleich seine größte Schwäche. Eine Tatsache, die ausschließlich im Netz kommuniziert wird, hat keinen Wert. Sie muss, um zum Thema oder gar zur Wahrheit zu werden, von als verlässlich geltenden Partnern in der wirklichen

Welt bestätigt und wiederholt werden, auf den Seiten angesehener Publikationen oder im Programm von Fernsehsendern. Hierbei gilt für alle Nachrichten, ob wahr oder unwahr: Je öfter etwas wiederholt und als Tatsache wahrgenommen wird, desto wahrer wird es. Denn Wahrheit ist das, was wir für wahr nehmen, und was nicht bemerkt wird, ist nicht existent.

Unser pathetischer Revoluzzer im Kinderzimmer, der möglicherweise tatsächlich einiges besser weiß als Paps, braucht also nicht nur Hingabe, starke Nerven und die Bereitschaft, sein Leben und seine Zeit ohne Aussicht auf einen anderen Lohn als »eine Hand voll Wahrheiten« wegzuschmeißen, er braucht darüber hinaus Unterstützung von außen, von Journalisten, die von der breiten Bevölkerung als »echt«, vulgo glaubwürdig anerkannt sind, von Meinungsmachern, die seine Aussagen kritisch unter die Lupe nehmen und diese, so sie bestätigt finden, dass sie der Wahrheit entsprechen, öffentlich unterstreichen.

Der klassische investigative Journalist kann daher heutzutage aus einer regelrechten Armee von hingebungsvollen freiwilligen Rechercheuren seine Helfer rekrutieren – und das auch noch kostenlos. Paradiesische Zustände, für die die großen Aufklärer der Vergangenheit vermutlich allen Presse- oder Philosophiegöttern auf den Knien gedankt hätten.

Aber wie steht es mit den heutigen investigativen Journalisten, die via weltweit auflagenstarker Blätter und reichweitenstarker Sender das Publikum erreichen?

Die Frage ist absurd. Natürlich.

Investigative Journalisten arbeiten nicht für »weltweit auflagenstarke Blätter«, schon gar nicht für amerikanische Nachrichtensender. Jedenfalls nicht, wenn sie Wahrheiten anzubieten haben, deren Verbreitung nicht im Interesse der

Eigner der weltweit operierenden Medienkonzerne liegt – beziehungsweise ihrer Leser und Zuschauer.
Wir werden später ausführlich auf das vollständige Versagen des US-Journalismus in Sachen »9/11« – sowie die Gründe und die Folgen – zurückkommen. An dieser Stelle wollen wir uns mit der Feststellung begnügen, dass wir am Beispiel des 11. September nachdrücklich bestätigt finden, was der amerikanische Sprachwissenschaftler und Philosoph Noam Chomsky grundsätzlicher diagnostizierte:

> Überall hat das Bild, das den Leuten von der Welt vermittelt wird, mit der Realität kaum noch etwas zu tun. Die Wahrheit liegt unter großen Lügengebäuden begraben.[4]

Die kühne Frage lautet: Gelingt es uns, wenn wir diese majestätischen Gebäude schon nicht abreißen können, wenigstens in diesem besonderen Fall einen kurzen Blick aufs Fundament zu werfen? Oder ist die Wahrheit längst verbuddelt, verscharrt, entsorgt und unauffindbar unseren Blicken verborgen?
Es scheint fast so. Denn um noch einmal die müde Metapher zu bemühen – die Zimmertür ist zu, *Paps* sucht fieberhaft nach Wegen, auch die letzten Leitungen nach draußen komplett zu kappen. Er meint es gut: »Der Bengel weiß ja gar nicht, was er tut, den muss man vor sich selbst schützen!« Und die Zeit läuft gegen den Jungen: Der 11. September 2001 droht Geschichte zu werden.
Was beängstigend klingt, betrachtet man Geschichte naiv, also amerikanisch. Der durchschnittliche Europäer hingegen, einigermaßen immun gegen Mäntel, gewoben aus schwerer Patina, und durch häufige und berechtigte Korrekturen der Geschichtsschreibung gefestigt, weiß, dass Ge-

schichte temporär ist. Darin unterscheidet er sich vom Durchschnittstexaner, dem weder bekannt ist, wo sich Bosnien oder Lettland aus welchem historischen Grund befinden, noch dass Albany keine Rockband ist und auch nicht ursprünglich ein US-Bundesstaat; »Geschichte« ist für uns anachronistische Nachfahren der Urahnen der Historie immer noch und immer wieder vor allem »Erzählung« und trägt ihren Namen daher mit Stolz. Geschichte, das sind Geschichten, und Geschichten sind alles andere als statisch, unveränderlich oder in Stein gemeißelt, und wahr sind sie schon lange nicht:

> Geschichte wird *erfunden*: täglich neu entdeckt, wiederbelebt, uminterpretiert nach dem jeweiligen Bedürfnis der Weltkonstruktion. Wir stoßen hier wiederum auf jenes Gesetz, das wir schon mehr als einmal hervorgehoben haben: daß nämlich der Geist das Primäre ist und die Wirklichkeit nur seine Projektion und Materialisation. *(Egon Friedell)* [5]

Die Sonne kreiste seit Menschengedenken wahr und wahrhaftig und selbstverständlich um die Erde, bis der Ketzer, der Wahnsinnige, dieser verflucht europäische Fantast Kopernikus daherkam und eine völlig neue *Geschichte* schrieb, die alles veränderte und alles, was vorher, infolge des geozentrischen Irrtums, geschehen war, als Kopfstand und Holzweg entlarvte.

Nicht Journalisten oder Historiker, sondern Naturwissenschaftler sind vermutlich die größten Geschichtsumschreiber von allen, denn immer wieder erweist sich in dieser Disziplin, was eben noch als gesicherte Erkenntnis galt, bei neuem Licht betrachtet, als kapitaler Irrtum. Aber weshalb sollte die Geschichte der Geschichte mit Beginn des

21. Jahrhunderts plötzlich von solchen Irrtümern frei sein? Weil es uns so angenehmer ist – oder wäre?
Da träfen wir uns dann allerdings im vollen Dissens mit unseren satten Nachbarn, den Schulbuch-Historikern, Freizeitfanatikern und denkfaulen Journalisten, mit dem kritischen Gore Vidal auf unserer Seite des Tisches.

> Das erste Gebot des zeitgenössischen Journalismus, »was nicht wahr sein darf, ist auch nicht wahr«, wird flugs von jenen übernommen, die »historische« Darstellungen für den Schulgebrauch verfassen.[6]

Auch mit dem 11. September wird es uns ergehen wie mit andern vorübergehend »journalistisch« verbrieften, für wahr angesehenen Irrtümern wie »Die Sonne kreist um die Erde«, »Die Erde ist eine Scheibe« oder »Der Neger wird weiß geboren«.[7] Allerdings werden wir diesen besonderen Irrtum wohl erst endgültig korrigieren dürfen, wenn der fürchterliche Tag selbst längst aus unserem Bewusstsein verschwunden ist und die meisten Zeitzeugen, uns eingeschlossen, unter der Erde liegen. Alle wichtigen Informationen, auf deren Herausgabe Angehörige und Skeptiker von Anfang an gedrängt hatten, werden erst ab 2031 oder 2051 der Öffentlichkeit zugänglich gemacht. Und selbst wenn dann eine völlig andere Geschichte ans Licht kommt, wird es dem 11. September vermutlich ergehen wie seinen prominentesten amerikanischen Vorgängern, dem 7. Dezember (1941), dem Tag des Angriffs auf Pearl Harbor, und dem 22. November (1963), dem Tag des Attentats auf John F. Kennedy.
Konstatieren wir also, dass die Geschichte des 11. September einstweilen, in den Augen einer ihre leicht verdaulichen Desinformationen überwiegend aus dem *Fernsehen* bezie-

henden Welt, geschrieben und abgelegt ist: Neunzehn perfekt planende und bis zuletzt unerkannt vorgehende Al-Qaida-Selbstmörder entführten im Auftrag von Osama Bin Laden vier US-Passagiermaschinen und lenkten diese ins World Trade Center und ins Pentagon. Das Motiv der Täter: Hass auf unsere Freiheit, unsere »Religionsfreiheit«, wie George W. Bush meinte, unsere »Redefreiheit, unsere Freiheit zu wählen, uns zu versammeln und nicht immer einer Meinung zu sein«?[8] Vielleicht aber auch ihre dunkle Schwester, die globale Ausbeutung; je nach den Möglichkeiten dessen, der sich die »Freiheit« gerade nimmt.

Die grauenhafte Tat veränderte den Lauf der Welt. Unsere religiös-politischen Führer erklärten den *War on Terror* für eröffnet und verlangten einen »Kreuzzug«; die *Operation Infinite Justice*, nach Protesten derer, die »The Infinite« mit »Allah« übersetzen, umgetauft in *Operation Enduring Freedom*, führte zu Kriegen gegen die für den 11. September angeblich veranwortlichen »Terrorstaaten« Afghanistan und Irak, die amerikanische Gesellschaft verabschiedete sich unter dem Eindruck der Anschläge von etlichen ihrer freiheitlichen Maximen und Gesetzen.

Einige leicht auszusprechende Begriffe gerieten auf dem Weg unter Panzerketten: Aus jedem »Marine« wurde ein »Kämpfer für den Feminismus«, aus »Gott« eine Disneyfigur, aus »Freiheit« das Recht des Stärkeren zur Beschneidung der Freiheit des Schwächeren, die Folteropfer der anderen blieben Folteropfer, unsere wurden zu Latrinen. Freiheit ist Sklaverei, Unwissenheit ist Macht. Oder eben: »Schweine sind Pferde. Mädchen sind Jungen. Krieg ist Frieden«. (*Arundhati Roy*)[9]

Ende des Eintrags?

Hoffentlich nicht.

Denn auch Geschichten, die sich im Nachhinein als unwahr erweisen, haben wahre Folgen – geschichtlich unkorrigierbare Folgen. Und vor allem deshalb müssen wir auch heute, drei Jahre nach dem Wendepunkt, darauf drängen, die Wahrheit möglichst bald zu erfahren.
Die offizielle Darstellung der Ereignisse des 11. September bleibt auch nach dem Abschlussbericht der 9/11-Kommission eine lupenreine, unhaltbare Verschwörungstheorie, die selbst der oberflächlichsten ernsthaften Prüfung nicht standhält. Nachzuweisen ist anhand der vorliegenden Fakten, weshalb es zu diesem Anschlag kam, was qua System verborgen wurde, aber auch, was nicht geschehen sein kann, was mit hoher Wahrscheinlichkeit geschehen ist, und welche unsichtbaren Kräfte und Strömungen den 11. September, dessen Darstellung, dessen Verarbeitung und dessen negative Folgen begünstigt haben.
In der scheinbar so weit von uns entfernten Auseinandersetzung zwischen dem pragmatischen Verschweiger *Paps* und dem kindischen Bengel hinter verschlossener Tür geht es nicht um klein Gedrucktes, um historische Nebensätze, nicht um Meldungen, die völlig zu Recht unter »Vermischtes« stehen blieben, sondern um wesentlich mehr. In diesem innerfamiliären Kampf zwischen dem die Maßen unterhaltenden Teil von Corporate America sowie dem *Land der Freien*, geht es um alles: um die Freiheit, den Terrorismus, die Demokratie und was uns sonst noch lieb und teuer und selbstverständlich ist. Dies ist nicht nur der »Krieg« eines Systems »gegen den Terror«; hier kämpft ein System mit sich selbst. Und es ist nicht nur das US-System, es ist das unsere.
Es ist atemberaubend, das zu beobachten. Denn mehr als Zuschauer und Zaungäste sind wir nicht, wir, die Bewohner eines immer noch schwachen Europa – das, wenn es

schon nicht stärker sein kann, wenigstens klüger sein sollte. Wir aber haben bloß Angst: vor allem Angst und Angst vor allem. Vor Tod und Terror, vor Armut und Alter, vor Zukunft, Parodontose und steigenden Spritpreisen. Vor der Wahrheit. Und vermutlich, wenigstens in letzterer Hinsicht, zu Recht. Denn wenn die Bombe hochgeht, die in Sachen »9/11 und die Folgen« in unserem kollektiven Keller liegt (der von New York über Berlin und Moskau bis nach Bagdad und Peking reicht), dann droht wahrhaftig diese Tat unsere ganze Welt oder wenigstens unsere Anschauung derselben zusammenbrechen zu lassen, und wir, wir Europäer, wären nicht in der Lage, das Vakuum zu füllen, das die USA hinterließen.

Das erklärt in der Tiefe die Motive der »Achse der Vernünftigen« von Bush bis ABC, von Murdoch bis CNN, sogar von Arte bis zum *Spiegel*, denn es herrscht stillschweigend der gewünschte Konsens: Die Wahrheit schadet nur. Lassen wir die Wahrheit ruhen.

Das ist keine schlechte Position. Vielleicht sogar die beste, wenn man pragmatisch ist.

Aber wenn man sprichwörtlich Sohn ist, dann will man etwas anderes. Nicht bloße Vernunft im Sinne von »Tagsüber öffentlicher Dienst, abends Superstar und danach die Sintflut« oder »Es ist doch besser so – wem nützte es denn, wenn etwas anderes stimmte – es schadete doch nur«. Als sprichwörtlicher Sohn sagt man doch stattdessen mutig, wahlweise heiter, als dankbarer Teil der weltweit besser dastehenden Hälfte und trotzdem versus Bush, Cheney, Murdoch und Konsorten: »Wahrheit, ums Verrecken«.

Darum geht es im Folgenden.

Wir haben vieles nicht erfahren – es existiert daher nicht oder hat bislang nicht existiert, denn es ist entweder gar nicht oder nicht in gebührender Form berichtet worden. Statt titelseitengroß, tagelang und weltweit, sind diese Wahrheiten bis heute an den Rand gedrängt, versprengt, vermischt und unauffindbar für jeden, der seit dem 11. September 2001 andere Verpflichtungen hatte, als Tag für Tag im Meer der Informationen nach Perlen zu tauchen, nach verlässlichen Details.

Einige der verlorenen Geschichten dieses Tages, der alles hätte verändern müssen, werden wir auf den folgenden Seiten nachreichen. Die präsentierten Episoden aus der Welt der Information oder Desinformation sowie das ausführlich deklinierte Fallbeispiel im zehnten Kapitel dieses Buches verdanken wir zum überwiegenden Teil Menschen – Journalisten und »Amateuren« im leidenschaftlichen, besten Sinn des Wortes – die gründlich und hartnäckig einzelnen Details des 11. September und seiner Folgen auf der Spur geblieben sind, gelegentlich unter Einsatz ihres Lebens, immer aber unter Einsatz ihrer Zeit, des im Rahmen des Konzepts Leben kostbarsten Gutes, das uns zur Verfügung steht.

Wir haben, abgesehen von ausführlichen Gesprächen, Telefonaten und Briefwechseln mit Fachleuten, die von einzelnen Gebieten (wie Versicherungen, Flugsicherung, Finanzmärkten oder internationaler Lobbyarbeit) mehr verstehen als unsereins, nicht mehr und nicht weniger getan, als »Informationskerne« bloßzulegen und dabei tonnenweise Meinung und Rauschen zu entsorgen. Die vorhandenen validen Informationen aus politisch möglichst nicht verwandten Quellen sind aller Irrelevanzen beraubt, in neue, endlich gültige Zusammenhänge gestellt und gelegentlich, so gut es ging, komprimiert. So gesehen machen wir uns hier und dort der Verdichtung schuldig, aber andernfalls wäre dieses Buch nicht 400 Seiten schlank, sondern 4000 Seiten dick, und wahrscheinlich verstünde dies auch der wohlwollendste Leser nicht mehr als »Information«, sondern als reine Zumutung. (Wer sich mehr zumuten will, findet im Anhang genügend Ausgangspunkte für Vertiefungen jeder Art.) Was Sie hier vorfinden, ist daher gelegentlich relativ nackt und möglicherweise weniger sexy als eine weltweit verbreitete Superbowlbrust. (Falls Sie Schleier bevorzugen: Sie wissen ja, wo Sie die finden.)

Im Folgenden sind kleine Teile eines großen Bildes zusammengefügt, Teile, die man mühsam suchen, von allen Seiten auf ihre Echtheit prüfen und neu zusammensetzen muss, um zu einem wahreren Bild zu gelangen. Vollständig kann das Bild nicht sein, nicht einmal ansatzweise. Aber die neu zusammengefügten Teile sollten am Ende zu einer klaren Vorstellung führen, was dieses zersplitterte Bild in Wirklichkeit tatsächlich zeigt. Und das ist etwas völlig anderes als das, was wir glauben – oder glauben wollen.

Die verlorenen Geschichten zur Geschichte des 11. September erzählen Verschiedenes. Einige beschreiben aus bislang nicht gewählter Perspektive ein wunderbar gewachsenes, stimmiges, sich selbst kontrollierendes System, das sich auch von einem unerhörten Vorfall wie dem Anschlag des 11. September nicht erschüttern lässt. Andere liefern Informationen und Zusammenhänge, die zum Verständnis der Verarbeitung und der Folgen des schwarzen Dienstag essenziell sind. Einige geben Antworten auf wichtige Fragen, von deren Existenz viele von uns nicht einmal wissen.

Wir haben viel gehört und gelesen. Wir wissen wenig. Über den Tag selbst und darüber, was dazu führte. Wir kennen die Hintergründe, Folgen, Zusammenhänge nicht. Von Saudi-Arabien bis James Baker, von Richard Cheney bis

Bioport, von Omar Sheikh bis Khalid Sheikh, von den Witwen bis zur Kommission, von den Türmen bis zum neuen Turm, von 7.59 Uhr bis 10.03 Uhr, von Hollywood bis zum Pentagon – wir wissen gar nichts.
Weshalb man uns all diese Geschichten bislang nicht in gebührender Aufmachung erzählt hat und weshalb sie allem Anschein zum Trotz doch eng zusammenhängen; ob unsere Wahrnehmung, unsere Meinung gelenkt wird, nicht zuletzt: Welche Möglichkeiten wir haben, uns dieser Steuerung zu entziehen und wieder selbst die Kontrolle zu übernehmen über unser Lebensschiff, -flugzeug oder – metaphernlos – bloß unser Leben; ob wir das überhaupt wollen: Diese Fragen müssen wir uns für das Ende aufheben.

2 Zahnlos gegen Granit und Gummi: Das Ende der 9/11-Untersuchung und ihrer Kommission

Am 11. September 2001 durfte man sicher sein, dass das größte Verbrechen in der Geschichte der einzigen verbliebenen Weltmacht auch die größte Ermittlung der Geschichte nach sich ziehen würde.
Zwei Wochen später durfte man schon nicht mehr ganz so sicher sein.
Zwei Monate und einige Anthrax-Briefe später, direkt nach dem Beginn der angeblichen Jagd auf Osama Bin Laden, konnte man dann froh sein, dass auf massiven Druck einiger Hinterbliebener der 9/11-Opfer wenigstens eine offizielle Kommission eingesetzt wurde, die klären sollte, wie es überhaupt zu dem Anschlag kommen konnte.
Inzwischen hat diese Instanz ihre Arbeit beendet. Die Anfang 2002 von der US-Regierung nur widerwillig eingesetzte offizielle 9/11-Untersuchungskommission[1], die die Begleitumstände des 11. September 2001 aufklären sollte, ist Geschichte. Die Kommission, gelegentlich behindert von der Regierung Bush, die dafür im Winter 2003 sogar von einigen der sonst so linientreuen US-Medien attackiert wurde, gelegentlich zurückgeholt ins Licht der Mainstream-Scheinwerfer – durch im marktwirtschaftlichen Sinn perfekt getimte Enthüllungen wie die von US-Sicherheitskoordinator Richard A. Clarke (der seinen Bestseller

»Against all Enemies«[2] unmittelbar vor seiner Aussage vor der Kommission veröffentlichte), hat ihre Schuldigkeit getan.
Im Nachhinein muss man George W. Bush Recht geben, der die Einsetzung einer solchen Kommission von Anfang an für Geldverschwendung gehalten hatte. Zwar wurde vieles erörtert, zwar wurden viele Zeugen gehört, aber in allen entscheidenden Fragen sind Experten und Öffentlichkeit auch nach den Unmengen meist unerheblicher Fragen der Kommissionsmitglieder kaum klüger als vor drei Jahren.
Überraschend ist das nicht. Denn die, die da anderthalb Jahre lang fragten, hatten nicht den Auftrag, geschweige denn die Mittel oder gar die Kompetenz, im »Fall 9/11« ermittelnd tätig zu werden. Die Fragenden waren keine Fachleute, keine Agenten, keine Detektive, sondern Senatoren – interessierte Laien, die mal mehr, mal weniger von den eigentlich zuständigen Behörden unterstützt wurden (im Fall der Flugsicherungsbehörde FAA half am Ende nur eine Klageandrohung).
Gescheitert ist die Kommission aber nicht nur an mangelnder Fachkenntnis und dem daraus resultierenden »Blick für das Unwesentliche«, sondern auch an mangelnden Befugnissen. Besonders deutlich wurde das im Zusammenhang mit der Frage nach dem angeblichen »Vorauswissen« der US-Regierung, das im Lauf der Jahre zur in Sachen 9/11 alles beherrschenden Frage werden sollte (worüber etliche andere, wichtigere Fragen bedauerlicherweise völlig in Vergessenheit gerieten).
Betrachten wir exemplarisch, in gebotener Kürze, diese besondere Nebelkerze, um zu verdeutlichen, wie wenig die »Untersuchungskommission« ausrichten konnte:

Im April 2004 sah sich US-Sicherheitsberaterin Condoleezza Rice nach den belastenden Aussagen von Richard A. Clarke gezwungen, entgegen ihrer ursprünglichen Weigerung unter Eid vor der Kommission auszusagen. Bis zu diesem Zeitpunkt, also zweieinhalb Jahre nach den Anschlägen, hatte »Condi« darauf beharrt, sämtliche vorher verfügbaren Geheimdienstinformationen hätten sich auf Schauplätze *außerhalb* der USA bezogen, zudem hätte »niemand vorhersagen können, dass diese Leute ein Flugzeug nehmen und es ins World Trade Center krachen lassen würden, dass sie ein anderes nehmen und es ins Pentagon krachen lassen würden; dass sie ein Flugzeug als Rakete benutzen würden, ein entführtes Flugzeug als Rakete. Alle Berichte über Entführungen bezogen sich auf traditionelle Entführungen.«[3]
Schon vor Rice' Befragung hatten einige Mitglieder der Kommission diese Aussage entschieden angezweifelt, stellvertretend Senator Bob Kerrey:

> Die nationale Sicherheitsberaterin Rice hat ein sehr berühmtes Statement abgegeben, wonach niemand dies hätte vorhersagen können. Ich sehe das anders. Genauer gesagt, ich sehe das vollkommen anders.[4]

Das war keine Kunst. Denn man müsste (und musste von Anfang an) schon allerhand vernachlässigen, um behaupten zu wollen, die US-Geheimdienste und die Bush-Regierung hätten betreffend die Terrorbekämpfung vor dem 11. September nicht einiges falsch gemacht und die Bedrohung unterschätzt. Wer »Condi« glauben wollte, musste unter anderem unter den Tisch fallen lassen, dass in einem bereits 1999 für die National Security Agency (NSA) erstellten Memorandum Ramzi Yousef, verurteilter Drahtzieher des ersten World-Trade-Center-Anschlags aus dem Jahr 1993, mit den Worten zitiert wird: »Selbstmord-Bomber, die Al-Qaidas Märtyrer-Battalion angehören, könnten ein mit hochexplosiven Stoffen (C-4 oder Semtex) beladenes Flugzeug ins Pentagon, ins Hauptquartier der CIA oder ins Weiße Haus stürzen lassen.« (Demselben Bericht zufolge plante die Terrororganisation bereits 1995, US-Passagiermaschinen im Pazifikraum zu kapern und in zivile Ziele stürzen zu lassen oder alternativ ein kleineres, mit hochexplosiven Sprengstoffen beladenes Flugzeug als vernichtende Waffe gegen die CIA-Zentrale in Langley, Virginia, einzusetzen.)

Überdies müsste jeder Anhänger der Rice-Version den äußerst offiziellen, weil von der US-Regierung in Auftrag gegebenen Rudman-Hart-Report vom Februar 2001 ignorieren, in dem es unter anderem heißt: »Hohe Verluste fordernder Terrorismus, gerichtet gegen das amerikanische Heimatland, gab zu ernster und wachsender Sorge Anlass«, sowie: »Voraussichtlich werden Amerikaner auf amerikanischem Boden sterben, möglicherweise in hoher Zahl«, und zu der Schlussfolgerung kommt: »Diese Kommission ist der Ansicht, dass die Sicherung des amerikanischen Heimatlandes gegen die Bedrohungen des neuen Jahrhunderts DIE vorrangige Aufgabe der US-Regierung hinsichtlich der nationalen Sicherheit sein sollte.«[5]

Ebenfalls unter den Tisch kehren müsste man die zahlreichen Hinweise, die die US-Geheimdienste vor dem G-9-Gipfel in Genua erreichten, islamische Terroristen planten, eine Verkehrsmaschine in die Versammlung stürzen zu lassen. Da allerdings diese Information lediglich vom stellvertretenden italienischen Ministerpräsidenten Gianfranco Fini stammte, wird Condi sie vermutlich unter »Internet-Journalismus« oder »fragwürdige Quelle« abgelegt haben.

Etwas schwieriger unter dem Tisch zu verstauen sind dort allerdings die umfangreichen Empfehlungen und offiziellen Warnungen des oben erwähnten Richard A. Clarke, der als oberster US-Terrorabwehr-Chef schon während seiner langen Amtsjahre unter Bill Clinton bestens vertraut war mit den kühnen Ideen von Staatsfeind Nummer eins Osama Bin Laden, und deshalb am 5. Juli 2001 warnte, etwas »wirklich Spektakuläres« werde passieren, und das »bald«.[6] Dazu sollte man erwähnen, dass jener patriotische und eifrige Richard A. Clarke bereits im Dezember des Jahres 2000 dem Rice-Vorgänger Sandy Berger einen ebenso ehrgeizigen wie wichtigen Plan vorgelegt hatte, nämlich die bestehenden (und sattsam bekannten) Al-Qaida-Zellen allesamt aufzubrechen, systematisch das Finanzierungsprogramm der Gruppe zu zerstören, die angeblich wohltätigen Organisationen dahinter zu zerschlagen, mit verdeckten Operationen in Afghanistan die terroristischen Trainings-Camps zu eliminieren und Bin Laden entweder höchstpersönlich umzubringen oder festzusetzen. Berger übergab im Januar 2001 nicht nur sein Amt, sondern auch Clarkes Erkenntnisse und Pläne an Rice und ihren Stellvertreter Stephen Hadley.

Mehr oder weniger unmittelbar danach, nämlich am 10. Juli 2001, alarmierte FBI-Agent Kenneth Williams aus Phoenix, Arizona, den gesamten US-Sicherheitsapparat, Al-Qaida-Mitglieder seien offenbar im Begriff, das zivile Luftfahrtsystem der USA zu infiltrieren – mittels eingeschleuster »Schläfer«, die an Flugschulen überall im Lande Unterricht nähmen. Laut *TIME Magazine* vom August 2002 warnte daraufhin sogar George Tenet, damaliger Chef der CIA und wie Anti-Terror-Chef Clarke ein personelles Überbleibsel der Clinton-Ära, Mitte Juli »Condi« Rice, es drohe ein »groß angelegter Angriff«.

Am 4. September 2001 kam Clarke endlich dazu, seinen seit Januar »dringenden« Plan zur Ausrottung von Al-Qaida auch Vizepräsident Cheney, Außenminister Powell und Verteidigungsminister Rumsfeld vorzustellen, nachdem George W. Bush den Sommer für den längsten Präsidentenurlaub seit zweiunddreißig Jahren genutzt hatte und nicht verfügbar gewesen war. Immerhin: Am 6. August 2001 erreichte den Präsidenten (und seine Sicherheitsberaterin) ein später viel diskutiertes Memorandum, das angeblich explizit vor dem Anschlag warnte. Während Rice in der Folge unerschütterlich behauptete, das Memo habe die Überschrift getragen »Bin Laden Determined to Strike US« (Bin Laden zu Angriff gegen die USA entschlossen), bestand die Quelle des nicht unbedingt regierungskritisch veranlagten *Washington-Post*-Reporters Bob Woodward von Anfang an darauf, es habe exakt und definitiv »Bin Laden Determined to Strike *in* US« (also nicht nur gegen die USA, sondern in den USA) geheißen.

Unter Eid befragt, gab Rice im April 2004 beiläufig zu, es habe tatsächlich *»in* US« geheißen, nutzte das verdutzte Staunen im Saal aber einzig zu der erklärenden Bemerkung, das Memo habe lediglich »Historisches« enthalten und keinen konkreten Hinweis auf einen bevorstehenden Terroranschlag. Die teilweise nur mühsam beherrschten Senatoren prallten daraufhin reihenweise an der eleganten Fassade der US-Sicherheitsberaterin ab. Condi behauptete, das Dokument habe der Kommission vorgelegen, die Senatoren verneinten und baten um Freigabe des Memorandums, was wiederum Condi zurückwies. Sie durfte sogar sagen, es gebe nun einmal keine Geheimwaffe, keine »Silber-

kugel, mit der man den 11. September hätte verhindern können«.
Im Fernsehen, *live on air*, also im für die meisten US-Wähler einzig relevanten Medium, hatte »Condi« sich glänzend geschlagen: Niemand hatte sie zwingen können, das Memorandum öffentlich zu verlesen. Nicht einmal das.
Wie aber soll eine Kommission, der alle relevanten Informationen monate- oder gar jahrelang vorenthalten werden, zu den richtigen Schlüssen kommen – oder wenigstens zu den richtigen Fragen? Und wie sollte sie den »11. September« auch nur partiell aufklären können, wenn es schon zweieinhalb Jahre dauerte, wenigstens ein winziges Detail, nämlich die falsche Aussage von Rice, öffentlich richtig zu stellen?
Das jahrelang heftig umstrittene Memo wurde schließlich unter anderem von der *Washington Post* veröffentlicht[7] – und enthielt wahrhaftig nichts Sensationelles. Keinen Hinweis auf »Flugzeuge als Bomben«, keinen Hinweis auf den 11. September. Am Ende also erwies sich dieses von Journalisten wie von Konspirologen zu möglicherweise entscheidender Bedeutung aufgeblasene Präsidenten-Memo als nichts sagend. Die gründliche Berichterstattung über diese heiße Phase der Arbeit der Untersuchungskommission schien überdies jedem Vorwurf von Kritikern den Boden unter den Füssen wegzuziehen, die Öffentlichkeit würde von Fox, CNN und Verwandten nicht ausreichend informiert. »Und ob! Stundenlang! Live!«
Aber worüber?
Über Clarkes alles enthüllenden Bericht? Der war seit Oktober 2001 bekannt, wenn auch bis dahin nicht in Buchform erschienen – und daher unter Experten allenfalls der 9/11-Kommission unbekannt.

Über den Versuch zu beweisen, dass die US-Regierung die Gefahr durch Al-Qaida unterschätzt hatte?
Herrgott, natürlich hatte sie das. Brauchen Sie einen Beweis? Fahren Sie nach New York, schauen Sie sich *Ground Zero* an. Hätte die Regierung die Bedrohung *nicht* unterschätzt, stünden die Twin Towers noch.
Nein, diese für Journlisten und Verschwörungstheoretiker am Ende wahnsinnig packende, aber durchgehend vollkommen überflüssige Debatte kreiste von Anfang an lediglich um eine *Einschätzung*: Hatte die US-Regierung *fahrlässig* gehandelt? Ja? Nein? Hat sie? Wenn ja: Wie wäre ihr das zweifelsfrei nachzuweisen? Doch nur, wenn ein Dokument aus der Zeit vor »9/11« auftauchte, in dem explizit vom Plan des 11. September die Rede wäre.
Meines Wissens behauptet niemand, nicht einmal der kühnste Konspirologe, dass es dieses Dokument gibt.
Die Diskussion um das »Vorauswissen« erscheint daher, wenn nicht überflüssig, so doch maßlos überbewertet – zum einen, weil sie zu keinem Ergebnis führen kann, zum anderen, weil in ihrem Schatten viele andere, weit wichtigere Diskussionen eingestellt wurden. Wir haben uns, vertreten durch eine Riege bemühter Senatoren, fragwürdiger Journalisten und jederzeit in die falsche Richtung blickender Konspirologen von allen wirklich wichtigen Aspekten des 11. September jahrelang ablenken lassen. Vermutlich aber kann man wenigstens den Senatoren daraus keinen Vorwurf machen. Sie wussten es nicht besser. Ihnen waren von Anfang an die Hände gebunden. Sie kannten die richtigen Fragen nicht. Im Rahmen ihrer Möglichkeiten haben sie ihre Sache gut gemacht. Ihre Möglichkeiten aber waren sehr begrenzt.
Gelegentlich waren sie immerhin bemüht. Wer Sitzung für Sitzung verfolgte, bemerkte den hier und dort schärfer wer-

denden Ton einzelner Mitglieder der Kommission, wenn die befragten Beamten immer und immer wieder die Verantwortung hin und her schoben, aber von dieser Empörung Einzelner fand sich in den Zusammenfassungen und Zwischenberichten nichts. Dort herrschte regelmäßig eitel Konsens.
Etliche angebliche Verbesserungen in Sachen »Sicherheit nach dem 11. September« wurden ausgiebig diskutiert, aber den zentralen Fragen widmete sich die Kommission bestenfalls am Rande. Überall dort, wo Experten, aber auch Konspirologen und Angehörige (siehe Kapitel 4) bei den Befragungen energisch nachgehakt hätten, mangelte es den Mitgliedern der Kommission zwar möglicherweise nicht an gutem Willen, wohl aber an Kompetenz.
Insbesondere hinsichtlich des Plans und der Durchführung wurden die entscheidenden Widersprüche der offiziellen Darstellung nicht berührt. Wir werden uns im Folgenden mit den eklatantesten Versäumnissen beschäftigen, wollen aber hier wenigstens ein Beispiel vorwegnehmen: Die einzige wirklich zuverlässige Zeugenaussage von Bord des Fluges American Airlines 11 (der Maschine, die den ersten Turm traf) stammt von einer Stewardess, nämlich Betty Ong, die ihre Kollegen am Boden über diese erste Entführung des Tages telefonisch informierte. Der öffentlich vorgeführte Mitschnitt des fast halbstündigen Anrufs enthüllte zweifelsfrei, dass nicht fünf, sondern lediglich zwei oder drei Männer die Maschine entführten, und dass nach der Übernahme des Fluges kein einziger Entführer die Crew in Schach hielt (vgl. Kapitel 10). Diese Information, die schon für sich genommen alle Behauptungen des ermittelnden FBI als widerlegt auf den Kopf stellte, sorgte nicht nur für weltweites pietätvolles Schweigen im Mainstream-Blät-

terwald, sondern war auch keinem der Kommissionsmitglieder wenigstens eine kurze Nachfrage wert. Und es war beileibe nicht die einzige wichtige Korrektur der offiziellen Darstellung aus kompetentem Munde, die man einfach unkommentiert ließ.
Das Fazit der artig nachfragenden Laien lautet: Alles ist, wie es war. Islamische Selbstmordterroristen nutzten ohne »Hilfe von innen« die am 11. September noch bestehenden, inzwischen teilweise behobenen Schwächen des amerikanischen Systems gnadenlos aus. Dabei hatten sie sehr viel Glück. Die Zusammenarbeit der Geheimdienste war schlecht und ist heute besser. Sie kann und muss noch weiter verbessert werden. Wie so vieles. Alle haben sich bemüht. Niemand trägt Schuld. Niemand hat versagt.
Das soll genügen. Es bleiben ein paar nebensächliche Fragen zu etlichen rätselhaften Details, aber mit denen wird sich in Zukunft offiziell niemand mehr befassen. Lasst uns zu etwas anderem übergehen, zum Beispiel zur Tagesordnung, lasst uns, sofern wir Amerikaner sind und keinen schwarzen Fleck im polizeilichen Führungszeugnis haben, historisch weit jenseits aller »Massenvernichtungswaffen-im-Irak«- und »9/11«-Lügen einen neuen (oder schlimmstenfalls den alten Präsidenten) wählen und unsere ganze Kraft und Energie den großen Aufgaben zuwenden, vor die uns Gegenwart und Zukunft stellen.
Der 11. September ist Geschichte. So, und nicht anders.
Sorry, ganz amerikanisch gesprochen: *Nope*.
Europäischer gesagt: Urteilen Sie selbst.

Teil II

Man könnte meinen, Hitler und Konsorten
hätten es richtig gemacht,
was die Leichtgläubigkeit der Menschen angeht:
Je dreister die Lüge, desto wahrscheinlicher,
dass sie geglaubt wird. *(Gore Vidal)*[1]

Die verlorenen Geschichten des 11. September

3 Ashcrofts Elefanten

Erinnern Sie sich, wann die behördliche Untersuchung des Tatherganges im Fall »9/11« beendet wurde? Wenigstens ungefähr? Versuchen Sie sich zu entsinnen, an eine Meldung in Ihrer Tageszeitung oder der *Tagesschau* – oder an eine größere Story im *Spiegel*, in der *taz*, der *SZ*, dem *stern* … schwierig, oder?

Die Untersuchung endete an dem Tag, an dem Präsident Bush seinen alten Weggefährten und neuen Justizminister John Ashcroft beiseite nahm und ihn anwies: »John, sorg dafür, dass das nie wieder passiert.«

Diese Worte stellten den Wendepunkt dar und eine neue Definition der Aufgabe der bis hierher mit der Ermittlung betrauten Behörde, des FBI. Von diesem Zeitpunkt an hatte das FBI nicht mehr den Tathergang zu rekonstruieren und gerichtsfeste Beweise für die Beteiligung von Osama Bin Laden zu sammeln oder die Identität der Attentäter oder der beteiligten Flugzeuge zweifelsfrei aufzuklären; von diesem Tag an war das FBI aufgerufen, stattdessen die Bevölkerung der USA vor weiteren Anschlägen zu schützen. Der Tag, an dem der US-Präsident seinem Justizminister diese absolut vernünftige Anweisung erteilte und alle ernsthaften Untersuchungen der Vorgeschichte in Sachen 9/11 beendete, war der 12. September 2001.

Am selben Tag wurde das FBI über die neue Marschrichtung informiert.

Als FBI-Chef Robert Mueller Bush versicherte, alles werde getan, um die an den Anschlägen Beteiligten zur Strecke zu bringen, bürstete Bush ihn ab: »Unsere Prioritäten haben sich geändert«, sagte er. »Wir müssen uns darauf konzentrieren, den nächsten Angriff zu verhindern, statt uns darüber Sorgen zu machen, wer diesen verursacht hat.« Ashcroft war entschlossen, dieser Konzentration nachzuhelfen, selbst wenn das bedeutete, dass er im FBI-Hauptquartier würde leben müssen.[2]

Der US-Justizminister, streng gläubiges Mitglied einer freien Kirche (der *Assembly of God*), ein im puritanischen, mittelalterlichen Sinn bibeltreuer Mann, der unter Weglassung aller europäischen Erkenntnisse der letzten zirka 2050 Jahre sogar die bloß künstlerisch von nacktem Wahrheitswillen kündenden, in seinen Augen hingegen unanständigen Brüste der Justitia-Statue im US-Ministerium vollständig mit Laken verschleiern ließ[3], leistete nach der Aufforderung zur Neuausrichtung der »Ermittlungen« ganze Arbeit. Eine ernsthafte Untersuchung des Tathergangs fand tatsächlich nicht statt, denn John Ashcroft tat vom 12. September 2001 an alles in seiner Macht stehende, um Amerika zu einem Land zu machen, in dem Anschläge wie der vom Vortag nicht mehr würden passieren können.
Dazu wurde umgehend der USA Patriot Act[4] ins Leben gerufen, ein dreihundertzweiundvierzig Seiten umfassendes Gesetz, das die US-Behörden mit nie gekannten Befugnissen ausstattete und den Bürgern der USA einige ihrer seit Jahrhunderten geliebten und verteidigten Freiheiten nahm. Ashcroft wusste, dass sich gegen diesen weitreichenden Eingriff energischer Widerstand regen würde, sobald sich Schock und Trauer über die Anschläge gelegt hätten, des-

halb verlor er keine Zeit. Er wusste, dass das Gesetz lebensnotwendig war für seine Vision von den USA und deren Sicherheit. Und er wusste, dass er sich nicht von infantilen Bürgerrechtsgruppen oder publicitygeilen Demokraten aufhalten lassen würde. Wie ein strenger Vater, der besser als seine Kinder weiß, was gut für sie ist, duldete Ashcroft keinen Widerspruch. Nach emsigen Tagen, in denen einige hundert Personen verhaftet worden waren, trat er am 25. September 2001 vor den Senat und verkündete:

> Heute … kann ich Ihnen berichten, dass unsere Untersuchung etliche Individuen enttarnt hat, darunter Individuen, die möglicherweise in Verbindung zu den Hijackern standen und sich Genehmigungen zur Beförderung von Gefahrgütern erschlichen oder zu erschleichen versucht haben.[5]

Der Justizminister fügte hinzu, jeder Tag, der mit nutzlosen Diskussionen über die notwendigen neue Gesetze vergeudet werde, verschaffe den Terroristen einen unentschuldbaren und das Leben der Bevölkerung bedrohenden Vorsprung im Wettlauf mit der Zeit. Der zu erwartende Disput blieb aus.

Ashcroft hatte von klaren und präsenten Gefahren gesprochen, hunderte von Verhaftungen bekannt gegeben, von »Schläfern« und »Zellen« berichtet und nun, binnen zwei Wochen, auch noch Kapitalverbrecher öffentlich enttarnt, die mit gefälschten Papieren lastwagenweise biologische Massenvernichtungswaffen über US-amerikanische Highways zu kutschieren versuchten.

Wer wollte da streiten? Wer konnte angesichts dieser ganz konkreten Bedrohung, dieser neuen furchtbaren Fakten, die der Justizminister mithilfe des FBI und der Einwan-

Justizminister John Ashcroft vor der inzwischen auf sein Geheiß verschleierten nackten Wahrheit.

derungsbehörde INS gesammelt hatte, anderer Meinung sein? Neue, schärfere Gesetze mussten her, und zwar umgehend. An diesem Tag protestierte keiner, nicht einmal die sonst so störrischen Demokraten Tom Daschle und Patrick Leahy. Wieder einmal erwies sich Angst als starkes Verkaufsargument.
Die Identitäten der von Ashcroft ermittelten Biobomben-Lastwagenfahrer wurden übrigens nie veröffentlicht, und nie wurde ein Verfahren gegen einen der angeblich existenten Terroristen eingeleitet. Ebenso wenig wie gegen alle anderen Inhaftierten, sofern dieser unerhebliche Hinweis am Rande gestattet ist: Erfolglose Prozesse respektive Verur-

teilungsversuche gab es bis heute nur in Deutschland, nämlich gegen die Al-Qaida-Verbündeten Mzoudi und Moutassadeq. Beiden war zum Zeitpunkt der Drucklegung dieses Buches, drei Jahre »danach«, weiterhin keine Beteiligung an den Anschlägen nachzuweisen. Beide wurden von der hierzulande weiterhin nackten Justitia auf freien Fuß gesetzt. In den USA gibt es bis heute keinen einzigen öffentlich angeklagten Mitwisser.

Als sich die Panik wenigstens bei Daschle und Leahy wieder ein bisschen gelegt hatte, beide den endgültigen Text des Entwurfs studieren durften (allerdings nur wenige Tage Zeit haben sollten, den komplizierten dreihundertzweiundvierzig Seiten vorbehaltlos zuzustimmen) und die aufrechten Demokraten ob der vorgesehenen massiven Eingriffe in die von der Verfassung garantierten Rechte jedes Amerikaners dann doch öffentlich zu protestieren wagten, erhielten beide zunächst eine Mahnung von Präsdident Bush und dann von Vizepräsident Cheney, sich bitte vernünftig zu verhalten. Die demokratische Abgeordnete Cynthia McKinney konnte das nicht vollständig nachvollziehen:

> Aber statt zu fordern, dass der Kongress untersucht, was schief gegangen ist und warum, erlebten wir, wie Präsident Bush … beim demokratischen Mehrheitsführer Tom Daschle anrief und ihn bat, die Ereignisse des 11. September *nicht* zu untersuchen. Und dann, dem präsidialen Anruf direkt auf den Fersen, kam ein weiterer Anruf vom Vizepräsidenten, der Tom Daschle ebenfalls bat, die Ereignisse, die zum 11. September führten, nicht zu untersuchen.[6]

Die gut gemeinten Worte der Präsidenten fruchteten bei den renitenten Jungs zwar nichts, aber wenige Tage darauf erhielten sie, wie zuvor schon einige andere Zivilisten, zufällig auch noch blaue Briefe. Die allerdings weniger blau als giftig waren, stammten sie doch von jenem terroristischen Anthrax-Attentäter, der damals anonym sein Unwesen trieb und hinter dem, laut Präsident Bush, ganz bestimmt Osama Bin Laden steckte: »Wir haben noch keine harten Fakten, aber klar ist, dass Mister Bin Laden ein böser Mann ist«, so Bush am 15. Oktober, befragt zu den Anthrax-Tätern.[7] Ashfords mahnende Worte wurden durch diese dramatische Entwicklung noch einmal deutlich unterstrichen – ohne den Patriot Act würden die USA nie wieder sicher sein, sondern ein Land bleiben, in dem Islamofaschisten Anthrax-Briefe an wehrlose Bürger und Volksvertreter schicken konnten.

Der drohende Milzbrand überzeugte auch die letzten Kritiker. Der Patriot Act wurde umgehend verabschiedet. Der Versuch, einen offiziellen Untersuchungsausschuss zum 11. September einzusetzen, wäre anschließend um Haaresbreite am Widerstand der Regierung gescheitert, die erneut so fürsorglich argumentierte wie schon am 12. September in Sachen FBI-Untersuchung: keine Mittel für die Aufklärung des Falles selbst – alle Energien müssen auf die Verhinderung zukünftigen Unheils verwendet werden. Dass die Untersuchungskommission am Ende doch zustande kam, war dem Druck der Demokraten, der Hinterbliebenen der Opfer und – tatsächlich – der Medien zu verdanken. Im Zuge der Anthrax-Bedrohung wurden die letzten hartnäckigen, immer noch mit groben Fragen zum Hergang des 11. September befassten FBI-Agenten auf Geheiß des Präsidenten und seines Justizministers aufgefordert, die Verbrecher aufzuspüren, die hinter dem islamistischen Briefterror steckten.

Man sollte meinen, dass dies dem FBI hätte gelingen müssen. Das Einzige, was die Beamten allerdings zweifelsfrei herausfanden, war, dass die Anthrax-Briefe in keinem Zusammenhang mit dem 11. September standen und dass die verwendeten Sporen mit an Sicherheit grenzender Wahrscheinlichkeit aus einem US-Labor stammten.[8] Da der postalische Terror aber nach der Verabschiedung des Patriot Act ebenso schnell endete, wie er begonnen hatte, erlahmte das öffentliche Interesse am Fortgang der Untersuchung zügig. Was blieb, war der Eindruck, dass amerikanische Zivilisten von blutrünstigen Bioterroristen bedroht worden waren. Dabei geriet umgehend in Vergessenheit, dass fast alle Briefe an Meinungsmacher (nämlich NBC, ABC, die *New York Post* sowie Daschle und Leahy) adressiert gewesen waren, und auch der erste Brief war nicht an einen waschechten »Zivilisten« gegangen, sondern ebenfalls an einen Zeitungsmann, den Bildredakteur Bob Stevens aus Boca Raton, Florida. Stevens starb am 5. Oktober 2001 an den Folgen der Vergiftung. Die überaus merkwürdigen Begleitumstände seines Ablebens sind laut FBI »Zufälle«[9], die wir rekapitulieren wollen, da Stevens' Tod nicht nur Ashcroft in die Hände spielte, sondern auch der kleinen Firma Bioport aus Michigan, die dem Ex-Oberbefehlshaber der US-Streitkräfte, William Crowe, mehrheitlich gehört, und die nach der kurzen Anschlagserie wie Phönix aus der Asche stieg und jüngst mit einem $ 245 Millionen schweren Drei-Jahres-Vertrag zur Belieferung des Pentagon mit Anthrax-Impfstoffen belohnt wurde (vgl. Kapitel 8). Stevens, das »Zivilistenopfer«, das diese Verträge notwendig werden ließ, arbeitete für das südfloridianische Revolverblatt *Sun*. Sein Chef, Michael Irish, war nach Angaben der *St. Petersburg Times* im Besitz einer Pilotenlizenz und früheres Mitglied

der Civil Air Patrol in Lantana, wo Mohammed Atta im August 2001 Flugstunden nahm. Stevens lebte in Lantana. Michael Irishs Frau, Gloria, vermietete ein Apartment in Delray Beach an die Attentäter Marwan Al-Shehhi und Said Al-Ghamdi.[10] Die Frage des hervorragenden Skeptikers Chaim Kupferberg, ob die Irishs »Babysitter im Rahmen einer Geheimdienstoperation« waren[11], ist offiziell beantwortet mit der FBI-Erklärung »Zufall«. Daher wollen wir an dieser Stelle lediglich festhalten: Zufälle gibt's.
Aller Bemühungen zum Trotz hat das FBI Bob Stevens' Mörder bis heute nicht aufspüren können. Es gab zwischenzeitlich einen angeblich heißen Kandidaten, Dr. Stephen Hatfill, laut Ashcroft »eine Person von Bedeutung« – aber Hatfill bestritt von Beginn an jede Beteiligung, und nachzuweisen war und ist ihm weiterhin nichts. Das einzig Nennenswerte, was aus dieser Spur resultierte, war eine Klageandrohung Hatfills gegen den Justizminister persönlich.[12]
Festzuhalten ist: Die Anthrax-Untersuchung, deretwegen auch die kümmerlichen Reste der 9/11-Untersuchung endgültig eingestellt wurden, hat kein Ergebnis gebracht. Genützt hat der wahnsinnige Akt des bis heute unbekannten US-Einzeltäters nur einem, nämlich John Ashcroft: Wieder hatte ihm ein wahnsinniger Terrorist in die Hände gespielt.
Dank Anthrax hatte der Justizminister das vom Präsidenten vorgegebene Ziel erreicht und verfügte nun, mit der Verabschiedung des Patriot Act, endlich über probate Mittel, die USA zu einem sicheren Land zu machen. Stephen Brill, ein herausragender Journalist und wahrlich kein Gegner der Regierungspolitik nach dem 11. September, beschrieb exemplarisch, was jedem Verdächtigen in Zukunft blühte.

> Von nun an konnten (die Beamten) all seine Telefonrechnungen untersuchen lassen, um herauszufinden, wen er anrief oder von welchen Nummern aus er angerufen wurde. Sie konnten seine Bibliotheks- und Kreditkartenunterlagen überprüfen. Aufzeichnungen der Websites, auf die er sich von seinem Modem aus eingeloggt hatte, waren ihnen zugänglich zu machen. Und all dies konnte ohne sein Wissen geschehen ... Erbrachten diese Untersuchungen weiteres Belastungsmaterial (wie zum Beispiel ... dass er ein Buch über Osama Bin Laden gelesen hatte), konnten sie anschließend seine Wohnung aufbrechen und sie durchsuchen oder jede Telefonleitung verwanzen lassen, von der sie glaubten, er könne sie möglicherweise benutzen wollen.[13]

Aber selbst wenn all dies keinen guten Grund lieferte, den Verdächtigen wirklich verdächtig zu machen, war der potenzielle Schläfer noch lange nicht aus dem Schneider, denn hatte das gründliche Abhören oder Durchsuchen Hinweise auf ein anderes Vergehen zu Tage gefördert (zum Beispiel Marihuana-Besitz), konnte man ihn jetzt deswegen drankriegen. Das war neu: Packte der vermutete unglaublich geschickte Schläfer nun noch immer nicht aus, wurde er einfach wegen eines kleineren Vergehens eingebuchtet.
Aber auch falls absolut gar nichts aus all diesen Untersuchungen einen Hinweis auf ein Vergehen lieferte, falls nicht einmal ein unbezahlter Strafzettel wegen Falschparkens auftauchte, konnte der Verdächtige – und das war vermutlich das Allerschönste am neuen Gesetz – zukünftig ohne zeitliche Begrenzung festgehalten werden. Nämlich als »material witness«, als unentbehrlicher Zeuge, ohne Anhörung, ohne Anwalt und ohne Verfahren, solange nur das FBI oder die Einwanderungsbehörde INS oder eine von Ashcrofts

anderen Behörden bestimmte, der Zeuge werde im Zuge der fortdauernden Terror-Untersuchung möglicherweise irgendwann möglicherweise irgendeinen Hinweis auf eine möglicherweise irgendwie wichtige Verbindung zu irgendwem geben *können*. Kürzer gesagt: Dieses Gesetzeswerk erlaubte den Behörden, willkürlich sogar den unbescholtesten aller unbescholtenen Bürger, dem nach gründlichster Untersuchung nicht mal ein falsch abgerechneter Essensbeleg zur Last zu legen war, bis zum Sankt-Nimmerleinstag hinter schwedischen Gardinen verschwinden zu lassen. »Ashcrofts neue Rechtsmittel«, schreibt Brill, »stellten eine völlig neue Version amerikanischer Justiz dar.«

In der Tat – aber hüten wir uns vor voreiligen Schlüssen. Denn auch der wahre Schläfer, der sich anders als die mutmaßlichen 9/11-Täter, die Attas, Al-Shehhis, Al-Ghamdis und Jarrahs, der tatsächlich nichts zuschulden kommen lässt, der tatsächlich unauffällig bleibt und bis zu seiner »Erweckung« vollständig mit seiner folkloristischen Umgebung verschmilzt, kann zukünftig mithilfe dieses Gesetzes ewig festgehalten werden. Das ist die gute Nachricht. Die schlechte ist natürlich – siehe oben –, dass es auch Unschuldige erwischen kann, lebenslänglich.

Es ist leicht, Ashcrofts Gesetz zu kritisieren, von der Geburtsstunde eines Orwell-Staates finsterster Couleur und einer totalitären Zukunft zu orakeln. Wir wollen aber auch beim US-Patriotengesetz die Unschuldsvermutung gelten lassen und davon ausgehen, dass die Urheber dieser Gesetze lediglich die Sicherheit der Bürger ihres Landes im Sinn hatten und keine andere Möglichkeit sahen, als mittels weit reichender Verordnungen die Befugnisse von Polizei und Behörden erheblich zu erweitern. Aus Ashcrofts Sicht dürften die lauthals geäußerten Bedenken von Kritikern völlig absurd sein; geht

es doch nicht darum, unschuldige Bürger zu schikanieren, sondern Terroristen wie denen des 11. September das Handwerk zu legen, damit so etwas nie wieder passiert. Das war und ist sein Auftrag, dazu hat ihn sein Präsident aufgefordert. Und hatte Ashcroft etwa keinen Erfolg?
Hat es seit dem 11. September 2001 Anschläge auf dem Boden der USA gegeben?
Nein.
Hat es versuchte Anschläge gegeben?
Nein. Alles dank des Patriot Act. Und des Justizministers. So kann man das sehen.
Andererseits erinnern wir uns aber auch gern an das in diesem Zusammenhang gelegentlich angeführte Beispiel vom bewährten Elefanten-Abwehrspray, das wir nur jeden Tag vor unserer Haustür versprühen müssen, damit keine Elefanten durch unsere Blumenbeete trampeln. Wie effektiv dieses Spray wirkt, ist schwer zu sagen. Dass allmorgendlich keine Elefanten vor unserer Tür stehen, kann sowohl bedeuten, dass das Spray einfach großartig funktioniert und jeden Cent wert ist, den es kostet – oder aber, dass es in unserer Gegend überhaupt keine Elefanten gibt.
Kritiker der Metapher werden einwenden, die »Elefanten« seien offensichtlich da gewesen, und zwar vernichtend, am 11. September, und dass diese Elefanten nicht zurückgekehrt seien, beweise die Wirkung des Patriot-Act-Sprays. Andererseits – und damit schließt sich dieser enge Kreis – ist die Frage nicht beantwortet, ob die durchgedrehten Monster des 11. September und die Anthrax-Folgetäter wirklich wilde Elefanten waren. Oder eben jene dressierten, mit denen der fliegende Spray-Händler durchs Land reist, um sein Zeug zu verkaufen.
Wäre Ersteres der Fall, hätte Ashcroft vollständig Recht.

Wäre Letzteres der Fall, könnten wir sofort und vollständig aufhören zu sprühen und den Sprayhändler in den Knast werfen lassen. Aber da der Sprayhändler, der nur ein klein bisschen nach Bock und Gärtner riecht, aus möglicherweise edlen Motiven heraus verhindert hat, dass untersucht wird, woher die Elefanten eigentlich kamen, bleibt uns wohl nichts anderes übrig, als ihm den legendären Stoff weiter abzukaufen.

Und so stehen wir wieder einmal vor der Frage, die wir uns von Anfang an im Zusammenhang mit dem Verhalten der Attentäter stellen mussten. Wenn neunzehn Männer durch nichts in ihrem Verhalten vor dem Anschlag den Behörden auch nur den leisesten Hinweis darauf lieferten, dass sie ein kapitales Verbrechen planten, dann gibt es dafür nur zwei Erklärungen: Entweder, die neunzehn haben das perfekte Verbrechen begangen, oder die neunzehn haben überhaupt kein Verbrechen begangen.

Das gleiche Phänomen begegnet uns hier wieder, im Zusammenhang mit dem Spray, das US Patriot Act heißt: Es gibt keine Grauzone, kein »vielleicht«, keine »Wahrheit in der Mitte«, wo man laut Ashcroft sowieso nur Liberale und überfahrene Stinktiere findet – dieses Spray wirkt entweder perfekt, oder es gibt gar keine Elefanten.

Beides ließe sich nur beantworten, wenn es eine gründliche Untersuchung des Tathergangs gäbe. Die jedoch ist, wie wir gesehen haben, am 12. September 2001 vom Sprayverkäufer und seinem Boss beendet worden.

Jedenfalls offiziell.

Sofern jene, die diese Untersuchung inoffiziell mit viel Energie und Verstand weitergeführt haben, mit ihren Schlussfolgerungen richtig liegen, ist John Ashcroft hauptberuflich Elefantendompteur.

4 Schach ohne Türme oder Monopoly XXXL

Wer am Stammtisch oder bei ähnlicher Gelegenheit die Geschichte eines reichen Bauunternehmers »aus der Gegend« hört, der eine Bruchbude mietete, teuer versicherte und dann, kaum sechs Wochen nach Unterschreiben des Mietvertrags, das Objekt wegen unbekannter Brandstiftung im Keller als Totalschaden verlor – wer denkt da automatisch irgendetwas Böses? Wer denkt da gar an Versicherungsbetrug? Sie nicht? Herzlichen Glückwunsch – Sie gehören zu denen, die uns allen Hoffnung machen; denen, die stets an das Gute im Menschen glauben.

Wenn dann aber einer am Stammtisch nachlegt und darauf hinweist, die Ruine sei anschließend nicht mal von einem Gutachter angeschaut worden, und im Übrigen sei ein paar Stunden nach der Explosion der ersten »Versicherungssache« auch noch ein anderes Haus des Bauunternehmers, nämlich das auf der anderen Straßenseite, ohne ersichtlichen Grund zusammengebrochen – glauben Sie dann immer noch, dass alles mit rechten Dingen zuging? Wirklich?

Sie sind ein wunderbarer Mensch. Ihnen würde garantiert jedermann sofort sein Auto leihen, auch ohne sicherheitshalber Ihren Führerschein einzubehalten.

Im Fall des World Trade Center ist die oben über den Stammtisch gesprochene, merkwürdige Geschichte tatsächlich passiert. Auf die Gefahr hin, dass der erste Teil bekannt ist, fassen wir noch einmal zusammen.

Im Juli 2001 mietete der New Yorker Immobilieninvestor Larry A. Silverstein das World-Trade-Center-Gelände von der New Yorker Hafenbehörde. Es war – im Nachhinein bemerkenswerterweise, so kurz vor den Anschlägen – das erste Mal in der Geschichte des Komplexes, dass die Stadt New York die Gebäude aus der Hand gab. Der Vertrag hatte eine Laufzeit von neunundneunzig Jahren, Silverstein sollte jährlich $ 115 Millionen zahlen. Finanziert wurde das Ganze durch Bankkredite, Silverstein selbst war mit $ 125 Millionen Eigenkapital beteiligt. Versichert war der Gebäudekomplex bis zu einer Schadenshöhe von $ 3,55 Milliarden Dollar bei »Totalverlust«, wobei Silversteins Selbstbeteiligung bei exakt einer Million lag. Obwohl wegen Renovierungs- und Modernisierungsbedarfs etliche Büros in den Türmen leer standen, ging für den Investor mit der Anmietung der Bauten offenbar ein lang gehegter Traum in Erfüllung, denn das Gebäude Nummer 7 gehörte ihm bereits seit längerem und war Firmensitz der Silverstein Properties. Im selben Gebäude befand sich überdies auch die Notfall-Kommandozentrale des New Yorker Bürgermeisters, einige Büros des Secret Service[1], sowie ein mit 160 000 Litern Dieselkraftstoff gefüllter Tank, mit dem man im Fall der Fälle – also zum Beispiel eines Terrorangriffs auf New York – diverse Notstromaggregate betreiben wollte.[2] Das WTC 7 galt, anders gesagt, als das vernichtungssicherste Gebäude der Stadt, und die Vertreter New Yorks und Larry Silverstein waren als Mieter und Vermieter alte Bekannte.

Als am 11. September die beiden Türme kollabiert waren und die darunter liegenden Gebäude beträchtlich beschädigt hatten, stürzte infolge eines mehrstündigen Brandes auch das ansonsten völlig unversehrte, weil im besten Sinn außen stehende Gebäude Nummer 7 überraschend in sich zusammen. Dabei handelte es sich um ein historisch bemerkenswertes Unglück, denn noch nie war vor dem WTC 7 ein Hochhaus durch bloße Brandeinwirkung eingestürzt. Eine befriedigende (oder gar beruhigende) Erklärung, wie das geschehen konnte, steht bis heute aus; ebenso dafür, weshalb WTC 7 wie seine großen Brüder, die getroffenen Türme, elegant implodierte, statt einzuknicken oder nur teilweise einzustürzen.[3] Gerüchte, denen zufolge es Explosionen in den Türmen gegeben hatte, wurden in den Tagen nach dem 11. September dementiert. Bis heute ist allerdings die Frage unbeantwortet, weshalb die zuständigen Feuerwehrleute, die bis zum Brandherd hoch oben im Südturm vorgedrungen waren, keine Beschädigungen in einer Dimension vorfanden, die darauf hingedeutet hätten, das Gebäude wäre in irgendeiner Weise einsturzgefährdet.[4] Eine genaue Untersuchung all dieser Aspekte hat nicht stattgefunden – und wird nicht mehr stattfinden, da sämtliche relevanten Trümmerteile längst beseitigt worden sind.

So viel zur verhinderten Rolle des Gutachters, der in jedem normalen Schadensfall vorbeikommt und sich das Ganze gründlich anschaut. Bei jedem Unfallschaden in unserer Nachbarschaft gilt das. Im Fall des World Trade Center nicht.

Dem hässlichen Verdacht, irgendetwas bei diesem ganzen mysteriösen Vermietungs-Deal, der erst sechs Wochen vor den Anschlägen endgültig über die Bühne ging, könne möglicherweise nicht ganz koscher gewesen sein, ist allerdings energisch zu widersprechen. Denn Larry Silverstein ist nicht der krumme Bauunternehmer aus dem konspirologischen Stammtischbericht von oben, der eine Bruchbude kauft, sie dann abfackeln lässt und sich anschließend mit der üppigen Versicherungssumme vom Acker macht. Wie wir aus der Weltpresse wissen, will Silverstein das World Trade Center wieder aufbauen – wozu er im Übrigen durch den Vertrag mit dem Vermieter verpflichtet ist. Dazu braucht er Geld, und das will er von seinen Versicherungen haben. Logisch.

Für leichte Irritationen sorgte allerdings recht bald, nachdem sich der feine Staub gelegt hatte, die Schadenersatzforderung von Silversteins Anwälten: Statt der vereinbarten Höchstsumme von $ 3,55 Milliarden forderten sie von den Versicherungen eine Entschädigung von $ 7,1 Milliarden. Die Begründung der Juristen hätte hohen Unterhaltungswert, wäre das Ganze nicht so ernst. Silversteins Anwälte argumentierten, die Entschädigungssumme sei für den Fall vereinbart worden, dass das versicherte Objekt durch einen wie auch immer gearteten *einzelnen* Vorfall zerstört würde. Das versicherte Objekt sei allerdings nicht durch einen einzelnen, sondern durch *zwei* voneinander völlig unabhängige Vorfälle zerstört worden, nämlich *zwei* völlig unabhängig voneinander fliegende Flugzeuge.

Deshalb wären 7,1 Milliarden zu zahlen, nicht 3,55.

Man fragt sich, wer auf so was kommt.

Im vorliegenden Fall lässt sich aus der Forderung nicht nur eine gewisse Reserviertheit Juristen gegenüber auch zukünftig begründen, sondern – wichtiger – eine interessante Entlastung ableiten. Denn: Hätte unser Stammtisch-Bauunternehmer geplant, die Hütte abzufackeln und die Versicherung zu kassieren, dann wäre er doch wohl im Besitz einer gültigen Police gewesen, oder?

Silverstein hatte keine.

Es gab nämlich keinen Vertrag mit den Versicherungen.

Opfer
anwaltlicher Gier:
WTC-Mieter
Larry Silverstein.

Es existierten lediglich Vorverträge, Memos und handschriftliche Notizen. Genug, um die Versicherungen in die Pflicht zu nehmen, aber zu wenig, um mit dem Finger auf eine genaue Summe deuten zu können.
Damit dürfte wohl jeder von Konspirologen geäußerte Verdacht entkräftet sein, Silverstein oder irgendwer in seinem Umfeld habe möglicherweise bereits im Juli 2001 etwas von den bevorstehenden Anschlägen gewusst oder geahnt. Denn in diesem Fall hätte der neue Mieter garantiert eine gültige Police über zirka $ 10 Milliarden besessen. Und zwar eine wasserdichte, unterschriebene, beglaubigte und hundertfach fotokopierte Police.
Dass Silversteins Anwälte die doppelte Summe forderten, hatte also scheinbar weniger mit Berechnung zu tun als mit Verzweiflung. Denn Silversteins eigene Juristen hatten den Schaden im Fall einer vollständigen Zerstörung des gemieteten Objektes schon vor dem September 2001 auf $ 5,05 Milliarden geschätzt. Die Police war Silverstein aber zu teuer gewesen, darum hatte er sich für »nur« $ 3,55 Milliarden abgesichert.

Diesen Sachverhalt der bewussten Unterversicherung konnten die Anwälte der beklagten Versicherungsgesellschaften allerdings relativ rasch belegen, nachdem sie Einsicht in die internen Memos der Silverstein-Rechtsberater vor und unmittelbar nach der Zerstörung des WTC genommen hatten. In den Augen der Versicherungsanwälte entbehrte das, was Silverstein forderte, jeder rechtlichen Grundlage: Wie konnte jemand *zweifach* für den Totalverlust *einer* versicherten Sache kassieren wollen?

So gesehen, gab es von Anfang an keinen Streitfall, sondern bloß eine Menge heiße Luft. Aber Silversteins PR-Abteilung erreichte immerhin, dass in der nicht allzu detailverliebten Öffentlichkeit eine »Einerseits-Andererseits«-Debatte anhob, die zwar jeder vernünftigen Grundlage entbehrte, aber nichtsdestotrotz stattfand. Binnen kurzer Zeit schien es tatsächlich nur noch darum zu gehen, ob der Stadt New York $ 3,5 Milliarden oder $ 7 Milliarden zum Wiederaufbau ihrer Wahrzeichen zur Verfügung stehen würden – und die geizigen Versicherungen standen öffentlich als pietätlose Paragrafenreiter da.

Über diese Wahrnehmung gingen einige wichtige Details verloren, denn es gab ja nicht nur die offenbar strittigen Absprachen zwischen Mieter und Versicherern. Es gab in dieser Angelegenheit auch noch andere Verträge, sogar unterschriebene. Zum Beispiel die von Larry Silverstein mit seinen Geldgebern, den Banken. Oder Silversteins Vertrag mit seinem Vermieter, dem Besitzer des zerstörten World Trade Center: der New Yorker Hafenbehörde.

Dieser Vertrag sah Folgendes vor: Im Fall der Vernichtung der Mietsache hatte der Mieter $ 1,5 Milliarden Schadenersatz zu leisten, sofern er nicht wieder aufbaute. Zusätzlich würde Silverstein etwa 600 Millionen an die Banken zu zahlen haben. Da er selbst »nur« 125 Millionen aus eigenen Mitteln auf den Tisch gelegt hatte, ergab sich hieraus eine recht einfache Rechnung: 1,5 Milliarden Schadenersatz an die Stadt, 600 Millionen an die Banken, 125 Millionen Eigenkapital, das macht rund 2,2 Milliarden. Bei einer Entschädigungszahlung von 3,55 Milliarden blieben Silverstein also etwa 1,3 Milliarden – gesetzt den Fall, dass er nicht wieder aufbaute …

Augenblick mal.

Wieso eigentlich »nicht«? Hatten wir nicht oben gelernt, dass er zum Wiederaufbau vertraglich verpflichtet war?

Werfen wir hierzu einen Blick über die Schulter von Barry Ostrager, dem Anwalt, der die Versicherungen vertritt, einen Blick in Silversteins Vertrag mit der Stadt New York:

> Die erste Klausel verpflichtete Silverstein, sämtliche Versicherungsentschädigungen zum Wiederaufbau zu verwenden, falls das World Trade Center zerstört würde. Aber die zweite Klausel verpflichtete die Hafenbehörde, Silverstein zu *erlauben*, das WTC exakt so wieder aufzubauen, wie es gewesen war, damit er die gleiche Fläche erneut vermieten könnte. Was aber, wenn, was offenbar der Fall war, es unmöglich war, den Komplex exakt so wieder aufzubauen, wie er gewesen war? … Faszinierenderweise stand dazu im Vertrag überhaupt nichts, außer dass für den Fall, dass ein Wiederaufbau nicht ratsam erschiene, beide Seiten verhandeln müssten.[5]

Auf gut Deutsch: *Wow*. Denn das bedeutet: Stimmte die Hafenbehörde zum Beispiel dem Vorschlag des Architekten Daniel Libeskind zu und wiese Silverstein an, »Bau uns das da hin!«, konnte jener auf seinen Vertrag pochen, einfach »Nein« sagen – und sich verabschieden. Mit allem, was ihm jenseits der etwa 2 Milliarden Kosten an Gewinn bliebe. Entweder knapp 1,5 Milliarden, falls die Versicherungen »nur« 3,55 Milliarden zahlten – oder eben 5 Milliarden, sollte Silverstein vor Gericht Recht bekommen.

Das erklärt vermutlich den Eifer von Silversteins (mit dreißig Prozent an allen Prozessgewinnen beteiligten) Anwälten in diesem prinzipiell aussichtslosen und völlig aus der Luft gegriffenen »Es-waren-zwei-Schadensfälle«-Schadensfall.

Aber unterschätzen wir nicht die Intelligenz der US-Regierung und ihrer juristischen Vertreter. Natürlich fiel diese halsbrecherische Formulierung auch den zuständigen Damen und Herren Beamten auf, und als im November 2001 auf politischer Bühne verhandelt wurde, wer in welcher Höhe für etwaige Schäden würde haften müssen und wer nicht, kam Folgendes heraus: Die Hafenbehörde würde mit höchstens jener Summe haften, die sie von ihren Versicherungen erhielte. Die Architekten und Erbauer des WTC wurden vollständig entlastet. Die Fluggesellschaften würden lediglich bis zur Höhe der Schäden haften, die von ihren eigenen Versicherungen abgedeckt waren. New York selbst hatte keine Versicherung für solche Fälle: Man einigte sich auf eine Höchstgrenze von $ 350 Millionen.

Und Silverstein?

Der war eigentlich schon aus dem Schneider, nachdem die New Yorker Hafenbehörde als Besitzer der Gebäude zuerst verklagt werden würde (wenn überhaupt jemand verklagt würde, was mangels Untersuchung respektive mangels Nachweis von Nachlässigkeiten eher unwahrscheinlich war). Aber auch Silverstein bekam seine »Höchstgrenze«, bis zu der er im Fall von Schadenersatzklagen würde geradestehen müssen. Allerdings bekam er diese Absicherung nur

unter einer entscheidenden Auflage: Man würde die Haftungsbeschränkung aufheben, falls er seiner Verpflichtung nicht nachkäme, »das World Trade Center wieder aufzubauen oder am Wiederaufbau mitzuwirken«.
Damit waren die Bedenken der Demokraten im Senat vom Tisch: Silverstein würde nunmehr in keinem Fall einen Gewinn einstreichen und einfach verschwinden können, ohne zu bauen.
Wirklich?
Erinnern Sie sich noch an den Vertrag von oben?
»Exakt so, wie es gewesen war.«
Genau daran änderte auch die ungeheuer strenge Zusatzvereinbarung nichts. Denn da niemand das World Trade Center exakt so, wie es vorher gewesen war, würde wiederhaben wollen, war Silverstein mit dieser von Vater Staat selbst ausgeheckten Formulierung ab dem 16. November 2001 endgültig und vollständig aus dem Schneider.
Aber Silverstein wollte ja gar nicht aus dem Schneider sein. Silverstein wollte New York wieder aufbauen.
Und obwohl es sachlich keine Argumente für seine Riesenforderung von $ 7,1 Milliarden gab, machten sich die Anwälte der Gegenseite Sorgen – nicht wegen der Sache selbst, sondern wegen der anstehenden Prozesse. Sie wussten, dass sie Recht hatten, aber das »Recht haben« und »Recht bekommen« in der Realität oft nichts miteinander zu tun haben, weiß niemand besser als Anwälte. Ihre Sorgen galten dem Verhandlungsort und denen, die zu entscheiden hatten. Dem Richter, den Geschworenen und der öffentlichen Meinung in New York.

Falls Silverstein gewönne, stünden 7,1 statt 3,55 Milliarden Dollar zur Verfügung, um New York wieder aufzubauen.

> Welcher New Yorker Geschworene würde nicht all dieses Geld haben wollen, damit es zum Wiederaufbau seiner vom Terror erschütterten Stadt beitrüge, insbesondere, da die Mittel von einem Haufen anonymer Versicherungsgesellschaften kommen würden, von denen einige, wie (Barry Ostragers) Mandant (Die Schweizer Rückversicherung, Swiss Re) nicht einmal amerikanisch waren?[6]

Im Juli 2002 kam es zu einer ersten Anhörung vor einem New Yorker Gericht. Die Parteien gingen mit der richterlichen Aufforderung wieder auseinander, ihre »Schmerzgrenzen« schriftlich zu benennen und ihre Argumente kurz zusammenzufassen.

Im August hatten die Kontrahenten das erledigt und trafen sich erneut vor dem Richter.

Der Brancheninformationsdienst *Transkura* fasste die damalige Lage wie folgt zusammen:

> Silverstein hat den Wert der zerstörten Gebäude auf $ 5,7 Milliarden beziffert. Hinzu kommen weitere $ 2,5 Milliarden für Geschäftsausfälle, sodass er den Gesamtwert der Verluste auf $ 8,2 Milliarden schätzt … Dagegen hat die Swiss Re ganz andere Vorstellungen vom Wert des World Trade Center. Silverstein »könne unter keinerlei Umständen jemals mehr als $ 3,5 Milliarden an Versicherungszahlungen erhalten«, erklärte die Versicherung. Der unabhängige Immobilienschätzer Pearson Partners habe den tatsächlichen Barwert des Komplexes auf $ 2,156 Milliarden geschätzt … »Silverstein hatte uns gegenüber erklärt, die Immobilie sei einschließlich Geschäftsunterbrechungs-Versicherung $ 5 Milliarden wert. Er hatte sich geweigert, den Preis für diese Summe zu bezahlen, und kaufte nur eine Deckung von

> $ 3,5 Milliarden«, erklärte Jacques Dubois, Chef der Swiss Re America Holding Company. Silverstein wolle den Fehler jetzt mit neuen Werten wieder ausbügeln ... Wie weit beide Seiten noch auseinanderliegen, zeigen die Vergleichsvorschläge. Swiss Re hat nach Angaben der *New York Times* vom Freitag $ 1,8 Milliarden offeriert und Silverstein wollte $ 5,7 Milliarden haben.

Eine Einigung war damals nicht in Sicht – wie hätte sie auch in Sicht sein sollen, da die Positionen so überaus deutlich unvereinbar waren? $ 5,7 Milliarden versus $ 1,8 Milliarden?

Keine Chance auf eine »außergerichtliche Einigung«. Fest stand an diesem Tag im August 2002 nur, dass es Prozesse über Prozesse geben würde. Die ersten fanden Ende 2002 statt, weitere folgten 2003 (und einige weitere werden 2004 und 2005 folgen). Aber Realisten (vulgo Fachleute und/oder Zyniker) stellten sich damals ein echtes Horrorszenario für die kommenden Jahre vor: Silverstein würde einige Vorverhandlungen verlieren, trotzdem müsste die Hafenbehörde am Ende das Handtuch werfen und eingestehen, dass die »exakt gleiche Fläche« an Büroraum nicht wieder würde entstehen können. Damit wäre der Weg frei für Silversteins eigene Entwürfe, die bereits in den Schubladen seiner Architekten lagen. Der öffentlichkeitswirksame Entwurf von Daniel Libeskind, weltweit bejubelt, wäre danach nur noch ein Fall für die Mülltonne. Am Ende würde Silverstein sich im Rahmen eines außergerichtlichen Vergleichs mit etwa $ 3,55 Milliarden zufrieden geben, ohne verpflichtet zu sein, etwas Neues zu bauen.

Der bereits oben zitierte Stephen Brill ging visionär noch ein bisschen weiter:

> Anschließend wird (Silverstein) mit der Hafenbehörde und seinen Gläubigern aushandeln, die 3,55 Milliarden aufzuteilen, der Hafenbehörde etwa 1,5 Milliarden zahlen … und den Gläubigern und anderen weitere $ 800 Millionen.
> Auf diese Weise bliebe ihm am Ende ein Überschuss von einer Milliarde für sich und seine Partner, bei ursprünglich investierten Eigenmitteln von etwa 125 Millionen. Statt den Gewinn jedoch einzustreichen, wird er eine neue Vereinbarung mit der Hafenbehörde aushandeln, lediglich seine ursprünglichen 125 Millionen einbehalten und den Rest wieder einbringen, um den im Entwurf *seines* Architekten vorgesehenen Bürogebäudekomplex zu bauen. Daraufhin besäßen er und seine Partner diese neuen Bürotürme, frei von der ursprünglichen eigenen Investition (und) die Hafenbehörde könnte mit den eingenommenen zirka 1,5 Milliarden Versicherungsdollars die entgangenen Mietzahlungen aufgrund des neuen Abschlusses über weniger Bürofläche ausgleichen.[7]

Absurd. Völlig absurd. *Das* sollte gehen? Um – unter Vernachlässigung aller Fakten und Vertragsinhalte – zukünftig überall »Peace, Joy and Eggcake« zu haben? Außer natürlich bei den Versicherern – denen würden die eher simpel gestrickten Massenmedienvertreter nach raschem Überfliegen von Silversteins PR-Mappen (inklusive aller schillernden Turm-Designs) öffentlich unter die Nase reiben, sie wären angesichts der geforderten $ 7,1 Milliarden ja wohl noch mal mit einem blauen Auge davongekommen, sollten sich sowieso schämen und ansonsten lieber beim Kläger bedanken, statt rumzunörgeln. Der Stimmtisch ergänzt: »Versicherungen? Trifft doch die Richtigen!«
Eben.

> (Der New Yorker Bürgermeister) Bloomberg und alle anderen würden es als perfektes Ineinanderfließen wirtschaftlicher und politischer Interessen preisen. Alle wären glücklich.[8]

Abgesehen vielleicht von den Opfern und deren Hinterbliebenen, aber die interessierten bei diesem Streit niemand. Trotzdem: So durfte es natürlich nicht kommen. Jeder Sabotageversuch Silversteins gegen den von der Stadt New York gebilligten Türme-Entwurf von Daniel Libeskind musste einen öffentlichen Aufschrei zur Folge haben, und selbst wenn Silverstein vor Gericht mit seiner 7,1-Milliarden-Dollar-Klage abgeschmettert würde: Die aufmerksamen Wächter der Wahrheit, unsere unabhängigen Medien, würden das energisch verurteilen. Nur Fantasten konnten glauben, Silverstein werde mit einem solchen Husarenstück durchkommen und am Ende nicht nur *a cool billion* als Gewinn einstreichen, sondern auch gleich noch aus dem Ex-Mietobjekt sein Eigentum machen. Nie im Leben. *No way*. Keine Chance.

Ignorieren wir diesbezüglich die alles bestenfalls zu kurz meldenden US-Medien: Wenden wir uns gleich an unsere eigenen, die sind ja klüger, kritischer und generell besser informiert. Im Dezember 2003 berichteten alle namhaften deutschen Blätter unisono, knapp und vermischt (unter »Feuilleton« resp. »Modernes Leben/Architektur«), Daniel Libeskinds Entwurf werde nun doch nicht realisiert. Sondern – nach einigem Krach hinter den Kulissen – der Entwurf des Silverstein-Architekten David Childs (basierend auf dem ursprünglichen Vorschlag des nun zum Co-Architekten degradierten Daniel Libeskind). Alles auf Wunsch des neuen New Yorker Gouverneurs George Pataki.[9]

Ein Turm.

Ende gut, alles gut? Der Zwischenstand in Sachen WTC-Ersatz, präsentiert von Architekt David Childs (re.) am 19. Dezember 2003. Stolze Zeugen (v. li. n. re.): Gouverneur George Pataki, Co-Architekt Daniel Libeskind, Bürgermeister Michael Bloomberg und Larry Silverstein.

Nicht zwei. Siehe oben.
Nicht »exakt die gleiche Fläche«.
Ganz und gar nicht.
Und was ist mit der zweiten rabenschwarzen Vision der Pessimisten vom Jahresbeginn 2003, die blinden Medien würden die Abweisung von Silversteins Nebelkerzen-Klage auf

$ 7,1 Milliarden als Niederlage interpretieren, statt zu begreifen, dass sogar dies ein Sieg auf ganzer Linie für den neuen Besitzer des WTC wäre?
Nehmen wir exemplarisch *Die Welt* vom 30. September 2003 zur Hand und lesen wir die vermischte Schlagzeile: »Larry Silverstein muss schwere Schlappe vor Gericht hinnehmen.«
Wir ahnen die Pointe: Er soll bloß $ 3,5 Milliarden bekommen.
Revision anhängig.
Der Artikel endet in ahnungsloser Unschuld:

> Das Gericht hat den komplizierten Fall inzwischen an ein Geschworenengericht weiterverwiesen. Zu einem Prozess könnte es demnach frühestens im kommenden Jahr kommen. Der Versicherungsstreit könnte den Wiederaufbau von Ground Zero verzögern oder sogar ganz verhindern. Silverstein will das Geld, das er von den Versicherungen bekommt, in neue Türme stecken. Fachleute schätzen, dass der Bau neuer Hochhäuser und Transitverbindungen aber viel mehr als sieben Milliarden Dollar kosten wird.[10]

Der Hinweis fehlt, dass Silverstein bislang lediglich eine Milliarde gewonnen hat – und weiterhin zu nichts verpflichtet ist.
Es wird alles ausgehen wie prophezeiht. Friede, Freude, Eierkuchen und *a cool billion* – für Larry Silverstein, einen vorher und nachher bewunderswert klugen Geschäftsmann.
Vielleicht ist all das aber auch kein wichtiger Hinweis, sondern nur ein Kuriosum, das man nicht erwähnen muss. Sofern man täglich Milliarden an der Tankstelle ausgibt. Oder sie anderswo nicht benötigt.

Positiv formuliert: Es ist doch gut zu wissen, dass einem all diese Fakten und Kopfschmerzen verursachenen Überlegungen von fürsorglichen Politikern und Medienvertretern vollständig vorenthalten werden. Es führt ja zu nichts. Es ist doch alles viel zu kompliziert.
Reduzieren wir also komplexe Sachverhalte nicht weiter auf Stammtischniveau. Überlassen wir die Regelung der Folgen des 11. September auch in diesem Fall vertrauensvoll denen, die unser Leben auch sonst so trefflich zu regeln verstehen: Behörden, Großgrundbesitzern und deren allein der Wahrheitsfindung verpflichteten Anwälten.

5 Verschwörerische Konspirologenweiber!

Weiber!

Das dürfte George W. Bush spätestens am 26. November 2003 gedacht haben, als eine der hartnäckigsten US-Verschwörungskonspirologinnen ihn und seine ganze Regierungsmannschaft öffentlich anklagen ließ.

Die Dame heißt Ellen Mariani und hatte nie eine bunte und bilderreiche Verschwörerwebsite am Start, sondern bloß konkrete Beschwerden sowie offenbar keine Angst vor niemand: Sie klagte – unter Berufung auf das RICO-Gesetz (Racketeer Influenced and Corrupt Organizations Act), das in den Siebzigerjahren verabschiedet worden war, um die Bekämpfung der organisierten Kriminalität zu erleichtern.

Mariani beschuldigte die in ihren Augen mit der Mafia gleichzustellenden Bush und Konsorten (Cheney, Ashcroft, Rumsfeld etc.), sie hätten:

1. Kenntnis/Warnungen in Sachen 9/11 gehabt und trotzdem weder Warnungen ausgesprochen noch Schritte unternommen, die Taten zu verhindern.
2. Die Wahrheit über den 11. 9. verschleiert.
3. Gegen die Gesetze der USA verstoßen.
4. Und würden daher unter Berufung auf das RICO-Gesetz angeklagt.[1]

Im Folgenden findet sich bei Ellen Mariani so zirka alles, was die kühneren unter den weltweiten Konspriologen zusammengetragen haben, als offizielle Anklage. Mariani darf das, denn sie ist keine arbeitslose konspirologische Hausfrau mit zu viel Freizeit, sondern trauernde Witwe des 11. September. Zur Klage schrieb sie dem »POTUS«, dem Präsidenten der USA, auch gleich noch einen »offenen Brief«[2], der traurig ist, wütend, ungenau und gelegentlich kontraproduktiv in Sachen kalter, analytischer Wahrheitsfindung – aber offenbar von Herzen kommt. Mariani schreibt, was Verschwörer gern behaupten: Wenn alles sich so abgespielt hat, wie man uns erzählt, müssen Regierung und alle Behörden komplett versagt oder – schlimmer noch – das Jahrhundertverbrechen gedeckt haben. Mariani listet die bekannten Lücken in der Darstellung auf, stellt die bis heute offenen, brennenden Fragen, und kommt zu dem pathetischen Schluss:

> Vor dem Gericht der öffentlichen Meinung, Mr. Bush, werden ihre Lügen Tag für Tag enthüllt. Mein Mann, alle anderen Opfer und deren Familien sowie unsere Nation als Ganzes sind ihrer gescheiterten Führung vor und nach dem 11. 9. geopfert worden. Ich werde dies vor Gericht beweisen![3]

Hierzulande hat nur von Ellen Mariani gehört, wer tief und regelmäßig andere Informationsquellen anzapft als *Bild*, *Spiegel,* Arte und Verwandte. Mariani ist aber nicht die einzige Frau, die der Regierung Bush seit dem 11. September auf die Nerven fällt, doch auch von den anderen weiß man hierzulande relativ wenig. Das müsste man auch nicht, wenn alle sechs Frauen bloß irgendwelche wahnsinnigen Konspirologinnen wären; in dem Fall könnte man sie zusammen mit ihren männlichen Kollegen öffentlich diffamieren und medial beerdigen. Dass man es statt verbalem Totschlag beim versuchten Totschweigen belässt, hat einen relativ simplen Grund: Wie Ellen Mariani sind auch die anderen Frauen Witwen des 11. September. Und Trauernde einfach als hysterisch abzukanzeln, das fällt sogar den hartgesottensten massenmedialen Zynikern schwer.

»Jetzt kommen die Witwen«, kommentierte Alan Cabal beeindruckt für die *New York Press*, »und stellen die richtigen Fragen!«[4] Marianis Anwalt Phil Berg, ehemaliger stellvertretender Justizminister von Pennsylvania, betont, dass er und seine Mandantin nicht selbstmörderisch mit geladenen Waffen spielen, sondern lediglich die Wahrheit suchen – auf dem schwierigen Weg. Denn statt die saftige staatliche Abfindung zu kassieren und damit aller zukünftigen Klagemöglichkeiten verlustig zu gehen, haben diese Witwen – neben etwa hundert anderen »Entschädigungsberechtigten« – die letzten Fristen im Dezember 2003 verstreichen lassen. Auch wenn nichts ihre geliebten Männer wieder lebendig macht: Sie wollen wissen, was an jenem Tag geschah.

Es ist schwer, Menschen als Fanatiker oder schlicht als Idioten zu diskreditieren, die trauern und auf alle leichten Lebenshilfen in Form von Entschädigungsmillionen verzichten.

Da hilft nur ignorieren.

Aber auch das hilft am Ende gottlob nicht, und deshalb wollen wir an dieser Stelle nicht nur die desperate Klage von Ellen Mariani erwähnen, die ihren Mann Louis als Passagier des Fluges UA 175 verlor, sondern die Geschichte von Mindy Kleinberg, Kristen Breitweiser, Patty Casazza und Lorie van Auken erzählen, deren Männer in den Türmen starben.

Die vier nennen sich selbst »Bloß vier Mamas aus New Jersey« oder einfacher »The Girls«. Vier Hausfrauen und Mütter, die ihre Männer am 11. September verloren – für sie brach aber nicht nur ihr Leben zusammen (wie das so vieler anderer), sondern angesichts der Ermittlungsskandale nach dem 11. September auch jeder Glaube an das System, auf das sie bis zu diesem Tag stolz gewesen waren.
Zunächst, direkt nach dem Schock, wollten sie nur wissen, was geschehen war. Und wie es hatte geschehen können. Ein nachvollziehbarer Wunsch, wenn man seine Toten beerdigen und mit dem Leben irgendwie wieder ins Reine kommen will. Die Frauen waren zuversichtlich, die Wahrheit zu erfahren – denn daran musste doch jeder ein Interesse haben, die Behörden, die Regierung, die Medien.
Wie sie relativ rasch merkten, war das nicht der Fall.
Während der Sachverhalt mit jeder Meldung unglaublicher wurde, beschloss die Regierung Bush, alle Kraft auf die Verhinderung zukünftiger Anschläge zu verwenden – und keine Energie mehr auf die Aufklärung des Verbrechens. Mit diesem positiven, nach vorn gerichteten Beschluss konnten die meisten, die keine Verwandten zu beklagen hatten, ganz gut leben.
Die Witwen nicht.
Sie begannen, ihre Fragen öffentlich zu stellen. Mit anderen Hinterbliebenen gründeten Sie das »9/11 Steering Committee«, das sich von Anfang an für die Einrichtung einer Untersuchungskommission einsetzte. Die Regierung Bush sprach sich öffentlich gegen eine solche Kommission aus, die vier Frauen protestierten, ebenfalls öffentlich. Kristen Breitweiser, die ihren Mann Ron verloren hatte, sollte die Erste sein, die mit einer öffentlichen Ansprache die eklatanten Versäumnisse der Behörden anprangerte, und ihre

»The Girls« oder »Bloß vier Mamas aus New Jersey«, denen man in der Post-Bush-Ära hoffentlich ein Denkmal setzt.

Rede sollte am Ende dafür sorgen, dass die offizielle 9/11-Kommission überhaupt ins Leben gerufen wurde. Breitweiser, studierte Anwältin, die allerdings nur »drei Tage praktiziert hatte«, weil sie »die Juristerei hasste«[5], besann sich dessen, was sie gelernt hatte. Sie und die anderen Frauen fragten nach: Wie konnte das alles möglich sein? Wie konnte es sein, dass der Präsident, ihr Präsident, am Tag des Anschlags sogar nach dem zweiten Verkehrsmaschineneinschlag ins World Trade Center sitzen geblieben war in dieser Grundschule in Florida – dass er sich putzige Ziegengeschichten hatte vorlesen lassen?

> Ich konnte nicht aufhören, mir anzuschauen, wie der Präsident da saß und Zweitklässlern zuhörte, während mein Mann in einem Gebäude verbrannte. *(Lorie van Auken)*[6]

Wie konnte ihr Verteidigungsminister Donald Rumsfeld nach diesen Einschlägen seelenruhig in einem Meeting sitzen bleiben und zukünftige Rüstungsetats besprechen, bis vierzig Minuten später eine dritte Maschine ihm praktisch ins Fenster flog?

> Das ist mein Verteidigungsminister. Wollen Sie mir erzählen, dass Rumsfeld von seinem Schreibtisch aufstehen und aus dem Fenster schauen musste, um mitzubekommen, dass irgendetwas nicht stimmte? Wie soll das möglich sein? *(Mindy Kleinberg)*[7]

Die Witwen sammelten. Sie suchten. Sie fragten. Viel und sehr genau. Um eine kleine Auswahl zu nennen (die sehr lange und fast vollständige Liste findet sich auf der Homepage des 9/11-Steering Committee[8]):

- Wo sind all die Umschriften des Fluglotsen-Funkverkehrs vom 11. 9.? Wo sind all die Aufzeichnungen der FAA (Federal Aviation Administration(? (Vgl. Kapitel 10)
- Wo sind die »Black Boxes« und deren Umschriften von allen vier Absturzorten? Wieso hat das FBI das NTSB (National Transportation Security Board) nicht in die Ermittlungen eingebunden?

- Wie konnten alle vier Flugzeuge vom Radar verschwinden? Selbst mit ausgeschaltetem Transponder ist jede Maschine noch anhand ihres Primärsignals auf dem Radarschirm zu sehen. (Vgl. Kap. 10)
- Welche Satelliten beobachteten den nordamerikanischen Luftraum am 11. 9.? Was genau zeigen die Satellitenbilder? Welchen Firmen gehören diese Satelliten? Wo sind die Aufzeichnungen für diese Umläufe?
- Warum sagte Donald Rumsfeld unmittelbar nach dem Angriff vom 11. September, Saddam Hussein sei daran beteiligt gewesen? (Vgl. Kapitel 12)
- Warum wies Mahmud Ahmed, der Chef des pakistanischen Geheimdienstes, Saeed Sheikh an, $ 100 000 an Hijacker Mohammed Atta zu überweisen? – In welcher Beziehung steht Mahmud Ahmed zu Al-Qaida? – Woher kam das Geld? – Wussten die Behörden in Pakistan vorher von dem terroristischen Anschlag? – Am 11. September war Mahmud Ahmed zu einem Frühstücksgespräch in Washington, D. C., mit den Vorsitzenden des gemeinsamen Geheimdienstausschusses von Repräsentantenhaus und Senat, Porter Goss und Senator Bob Graham. Worüber haben sie gesprochen? (Vgl. Kapitel 9)
- Warum steht Saudi-Arabien nicht auf der Liste der Staaten, die den Terrorismus finanzieren? (Vgl. Kapitel 12)

Die Witwen fanden keine Antworten. Und sie erhielten auch keine von den Behörden. Sie fassten es nicht. Und sie kamen zum einzig vernünftigen Schluss: Etwas stimmte nicht. Irgendjemand versuchte die ganze Geschichte zu vertuschen, zu verwässern, zu verschleiern – und niemand schien schuld zu sein.

Es geht hier um Massenmord. Ich möchte wissen, wer dafür verantwortlich war. Niemand ist gefeuert worden. Niemand ist zurückgestuft worden. Die Leute, die uns heute im Fall eines ernst zu nehmenden Sicherheitsalarms beschützen, sind die gleichen Leute, die an dem Tag Dienst hatten. *(Monica Gabrielle,* Vorsitzende des 9/11 Steering Committee*)*[9]

Als im Januar 2003 die National Commission on Terrorist Attacks Upon the United States, die 9/11-Kommission, zum ersten Mal zusammentrat, waren die vier Frauen überzeugter denn je, dass nicht nur alles auf verdächtige Weise falsch gelaufen war in den ersten anderthalb Jahren der »Nicht-Ermittlungen« nach den Anschlägen, sondern dass überdies auch das erklärte Ziel der Regierung nicht erreicht war, nämlich Amerika sicherer zu machen. Im März 2003 hielt Mindy Kleinberg eine beeindruckende, wenigstens in interessierten Kreisen gebührend beachtete Rede vor den Mitgliedern der Kommission.

Betreffend die Anschläge des 11. September ist gesagt worden, die Geheimdienste müssten ununterbrochen hundertprozentig richtig liegen, die Terroristen hingegen brauchten bloß einmal Glück zu haben. Diese Erklärung für die grauenhaften Anschläge des 11. September ist, so einfach sie oberflächlich klingt, im Kern falsch. Denn am 11. 9. hatten die Terroristen nicht bloß einmal Glück: Sie hatten immer und immer wieder Glück.[10]

Kleinberg listete die Desaster haarklein auf. Das Versagen der Geheimdienste im Vorfeld, das Versagen der Einwanderungsbehörde INS, das Versagen der Security auf den Flughäfen, die neun der neunzehn angeblichen Attentäter

»singled out«, also herausgewunken hatte und trotzdem erlaubte, dass sie mit ihren Messern die Maschinen bestiegen, das Versagen von FAA und US-Luftraumverteidigung NORAD (North Amerivan Aerospace Defense Command), das Versagen des FBI und der CIA, das Versagen der US-Streitkräfte und ihres Oberbefehlshabers, General Myers, das Versagen von Verteidigungsminister Rumsfeld, das Versagen des präsidialen Secret Service und des Präsidenten persönlich. Kleinberg hat jede Wahrscheinlichkeitstheorie auf ihrer Seite, wenn sie schließt:

> Für mich ist Glück etwas, was einmal passiert. Bei diesem sich ständig wiederholende Muster von Protokollverstößen, Gesetzesverstößen und Kommunikationsverstößen kann man nicht weiterhin von Glück sprechen.[11]

Jamie Gorelick, Mitglied der Kommission und frühere stellvertretende Justizministerin der USA, zeigte sich enorm beeindruckt von Kleinbergs Vortrag und dem »Leitfaden«, den die Frauen – »Laien ohne jede Hilfe, ohne Zugang zu wichtigen Informationen« – für die Kommission zusammengestellt hatten. Als Gorelick Kleinberg fragte, was »ihr Geheimnis« sei, antwortete diese: »Achtzehn Monate nichts weiter als Trauern und die Punkte verbinden.«[12] Der »Leitfaden« wurde nach den Komplimenten dann zwar weitestgehend ignoriert, aber wer genau las oder zuhörte oder sich die Mühe machte, den Befragungen tatsächlich beizuwohnen, statt bloß die Zusammenfassungen zu lesen, der bemerkte auch bei einigen der Senatoren im Lauf des Jahres 2003 zunehmende Fassungslosigkeit angesichts der offensichtlichen Inkompetenz und Ausflüchte von Regierungs- und Behördenvertretern. Nicht nur das berühmte

Statement von Sicherheitsberaterin Rice, niemand habe die Anschläge vorhersehen können, wurde entschieden angezweifelt – auch hinsichtlich des Verhaltens der Sicherheitskräfte an den Flughäfen wurden die Senatoren gelegentlich zu Anwälten der Witwen aus New Jersey – und mit zusammengebissenen Zähnen sehr deutlich.

Ein Beispiel: Im Zusammenhang mit der *FBI-Tippoff-Liste*, auf der 61 000 Verdächtige standen, die aber keine der Airlines beachtete, weil sie »zu groß« war (und noch heute angeblich zu groß ist, obwohl sie nur noch 3 500 Namen umfasst), kritisierte Senator John F. Lehmann den alle Entschuldigungen ausführenden Vertreter der geheimdienstlichen Verkehrsüberwachungsbehörde TSA (Transport Security Administration), Claudio Manno:

> Aber mit ihren Frequent-Flyer-Listen hatten sie (die Airlines) natürlich keine Probleme – ich meine, das ist doch lächerlich … Sie reden von Fortschritten. Sie haben uns gegenüber beschrieben … das klang wie ein Indoktrinationskurs für ihre neuen Angestellten, die den Vorgang beschreiben sollen. Wie steht's mit dem gesunden Menschenverstand? Hat denn niemand je – haben sie nie gestutzt und gesagt, Augenblick mal, mein Job besteht nicht darin, zu warten, bis die Geheimdienste mir ein fertiges Produkt liefern, sondern etwas zu betrachten und zu sagen: Lässt sich das mit dem gesunden Menschenverstand vereinbaren? Lässt es sich mit dem gesunden Menschenverstand vereinbaren, junge Araber mit zehn Zentimeter langen Messern an Bord zu lassen? Hat denn keiner von Ihnen … Führung bedeutet, sich nicht hinter irgendwelchen Regeln zu verstecken, sondern darauf hinzuweisen, wenn etwas nicht stimmt. Natürlich können (die Airlines) tausende von fragwürdigen Leu-

ten erfassen. Natürlich sollten junge Araber nicht mit zehn Zentimeter langen Messern Flugzeuge besteigen dürfen, es hat bloß keiner von Ihnen seinen gesunden Menschenverstand eingesetzt.[13]

Lehmans Kollege Slade Gorton legte gleich noch mal nach – in einer Weise, die sicher nach dem Geschmack der Autorinnen des »Leitfadens« war:

GORTON: Aber nur als Terrorist verdächtigt zu werden, das bringt einen noch nicht auf die Liste?

MANNO: Wie bitte, Sir?

GORTON: Aber nur als Terrorist verdächtigt zu werden, das bringt einen noch nicht auf diese Flugverbotsliste?

MANNO: Kann es, das kommt darauf an, mit welcher Gruppe man in Verbindung steht und was es sonst noch an Informationen gibt.

GORTON: Wow, das ist ja eine unfassbare Antwort.

MANNO: Zum Beispiel gibt es eine Menge Informationen aus dem Afghanistankrieg, als sie die Camps da entdeckt haben, Listen und so etwas, und diese Namen werden auf unsere Flugverbotslisten gesetzt, wegen ihrer Verbindungen zu Al-Qaida.

GORTON: Tja, ich muss sagen, ich würde doch entschieden vorschlagen, dass die Geheimdienste der USA, wenn sie den Namen von jemand haben, den sie für einen Terroristen halten, dass dieser Name auf der Flugverbotsliste stehen *sollte*. Und ich denke, also, in meinen Augen jedenfalls ist das ein Selbstgänger.[14]

Es ging häufiger so zu vor der Kommission, und manchmal hatte man fast das Gefühl, es könnten tatsächlich wenigstens einige der brennenden Fragen beantwortet werden, die die Frauen aus New Jersey formuliert hatten. Am Ende aber reichte es grundsätzlich nur zu Frustration. In diesem Fall – also im Fall der Flugsicherung:

> Die FAA kann nicht einfach wie bisher sagen, sie hätten dem Senatsausschuss fünf oder sechs Seiten Entlastungen vorlegt, worin stand, wir wussten es nicht, wir wussten es nicht, wir wussten es nicht, wir wussten es nicht, wir wussten es nicht. Das ist wie – wie oft kann man »Wir wussten es nicht« sagen, bis einer kommt und sagt: »Mein Gott, das hättet ihr aber *sollen*«? *(Senator Bob Kerrey)* [15]

So weit, so kritisch.
Bedauerlicherweise fand nichts von all dem Niederschlag in den Zwischenberichten der Kommission, geschweige denn im Abschlussbericht, geschweige denn in unseren Tageszeitungen. Denn Thomas Kean, der Vorsitzender der Kommission, ist kein Freund des Dissens. Ganz gleich, wie hoch es bei den Befragungen herging – in den kurzen Zwischenberichten war alles immer wieder gut und einvernehmlich geregelt.
Als jener Kean im Februar 2004 allerdings verkündete, die Unterlagen aus dem Weißen Haus enthielten keinen wie auch immer gearteten Hinweis auf irgendein Versäumnis der Regierung in Sachen »Vorwarnung«, also keine »Smoking Guns«, war der Bogen eindeutig überspannt – und die Witwen wurden mal wieder richtig sauer. Ein auf zwei Stunden angesetztes Treffen mit Kean dauerte deutlich länger als drei Stunden, das Personal vor der Tür äußerte sich besorgt wegen des Geschreis von drinnen und der ständigen Auf-den-Tisch-Hauerei, und am Ende musste Kean,

wenn auch ohne blaues Auge, kleinlaut vor der Presse verkünden, seine Wortwahl sei wohl »unangemessen« gewesen, außerdem habe man ihn »falsch zitiert«.[16]
Vielleicht aber ahnen die Witwen selbst, dass solche kleinen Triumphe bloß Phyrrussiege sind. Vielleicht wissen sie selbst, dass ihre Chancen, die Wahrheit zu erfahren, täglich kleiner werden, und dass der Kampf, den sie gewählt haben, aussichtslos ist; ein Kampf gegen mediale Windmühlen, gegen einen Präsidenten, einen Justizminister, einen Verteidigungsminister, eine nationale Sicherheitsberaterin und einen FBI-Chef, der es versteht, die Öffentlichkeit zu zermürben – und besonders diese vier Frauen. Breitweiser beschreibt ihren gelegentlichen Frust:

> Man erzählt uns immer, man könne uns keine Antwort geben und keine Dokumente zeigen, weil alles als Teil der noch nicht abgeschlossenen Untersuchung zurückgehalten wird. Aber als (FBI-)Director Mueller uns zu einem Anschlusstreffen einlud – direkt nachdem dieser verdammte Bericht (über die Arbeit der Geheimdienste) veröffentlich worden war – sagte man uns, das FBI betreibe gar keine Untersuchung, die auf den Informationen basiert, auf die man uns den Zugriff verweigert. Das Einzige, was die untersuchen, sind die Entführer. Und die sind alle tot.[17]

Mit solchen Antworten geben die vier sich allerdings nicht zufrieden – aber Witwen sind ja auch keine satten Journalisten. Sie kämpfen weiter, für ihre gestorbenen Männer und für die Sicherheit ihrer Kinder. Das Motiv ist simpel:

> Niemand scheint eine Antwort zu haben. Niemand scheint uns auch nur auf eine Frage irgendetwas endgültiges, einfa-

ches antworten zu können, im Sinne von, hier, das ist die Antwort. Und das ist beunruhigend.[18]

Das Dumme ist: Die Mütter haben Recht. Und sie waren und sind zu Recht entrüstet über den nichts sagenden, klinisch toten Abschlussbericht der Kommission, über die Arbeit der Senatoren, die weniger vom Sachverhalt verstehen als die »Laien«, die Mütter. Breitweiser hat Recht, wenn sie befürchtet, dass die Wahrheit nie ans Licht kommen wird, solange die Regierung selbst entscheidet, was über ihr Verhalten und Versagen veröffentlicht wird und was nicht. So gesehen wäre es nur nachvollziehbar, wenn diese Frauen sich ab November eine andere Regierung wünschten, und es wäre durchaus möglich, dass ihr hartnäckiger Protest den einen oder anderen Wähler skeptisch werden lässt, was die noch verbleibende Glaubwürdigkeit der Regierung Bush betrifft. Damit aber werden die Frauen von schlichten Nervensägen zu einer echten Bedrohung, und ihre aufrichtige Entrüstung wird gefährlich. Zwischen den Wahlen kann man Gestalten wie Kleinberg, van Auken, Casazza, Breitweiser und das Steering Committee unter Führung der ebenfalls verwitweten Monica Gabrielle dulden.
Im Wahljahr nicht.
Hatten wir eingangs behauptet, es sei sogar für hartgesottene massenmediale Worthuren unmöglich, tapfere Frauen wie diese als hysterische Verschwörungstheoretikerinnen zu denunzieren? Ja? Verzeihung, das war ein Irrtum.
Rush Limbaugh, prominentestes Radiosprachrohr der Republikaner und von Al Franken in seinem Bestseller »Rush Limbaugh is a Big Fat Idiot« liebevoll porträtiert, kannte diesbezüglich zu Beginn der heißen Wahlkampfphase kein Pardon mehr, wählte aber immerhin einen solide-perfi-

den Ansatz, um nicht direkt als pietätloseste Peinlichkeit aller Zeiten dazustehen: Limbaugh machte die Witwen öffentlich zu gekauften Werbern der demokratischen Partei. Hören wir mal rein in seine Sendung vom 9. März 2004:

> LIMBAUGH: Tja, wie sich herausstellt, sind eine Menge dieser 9/11-Familienmitglieder Mitglieder einer politischen Organisation, die mitgegründet wurde von: Teresa Heinz Kerry! Also, das ist inzestuös! Diese Leute sind nämlich vergiftet. Die sind buchstäblich vergiftet worden von ihrem Hass. Die sind vergiftet worden von ihrem Zorn. Es ist unglaublich, wie abgrundtief diese Leute sinken können.[19]

Es folgt die Ankündigung einer Tonmontage – inklusive der Anschuldigung, die darin zu hörenden Frauen seien von demokratischen Wahlkampfstrategen »präpariert« worden. »Tatsächlich klingen diese Frauen wie demokratische Wahlkampfstratetegen, nicht wie trauernde Familienangehörige«, spottet Limbaugh. Und belegt das mit O-Tönen von Breitweiser und Gabrielle, nämlich einigen aus drei Jahren öffentlicher Gebetsmühlenarbeit clever aneinander geschnittenen, berechtigten und natürlich immer gleich klingenden Vorwürfen, Bush habe die Kommission behindert, und man wüsste doch gern, wieso er vor Kindern las, während die Türme brannten, während ihre Männer starben.
Limbaugh kommentierte den billigen Montagescherz so: »Ja, ja, ich würde gern ein paar echte Gedanken von irgendwelchen dieser Leute hören, aber ich glaube nicht, dass die Demokraten denen erlauben, authentisch zu reden.« Die Reaktionen von Breitweiser und Gabrielle fielen be-

Witwe, authentisch todtraurig, kämpferisch, bewunderswert und nicht noch weiter zu erschüttern – auch nicht von skrupellosen republikanischen Wahlkämpfern wie Rush Limbaugh: Kristen Breitweiser.

wunderswert beherrscht aus. In offenen Briefen stellten beide alles richtig, wiesen entschieden darauf hin, keiner Partei anzugehören, Breitweiser ergänzte, sie habe Bush gewählt, genauso wie ihr im World Trade Center verstorbener Mann. Beide Frauen baten darum, man möge ihr Ziel nicht verkennen und sie nicht auf diese Weise zu politischen Zwecken missbrauchen; beide unterstrichen, es ginge ihnen um die Wahrheit, und nur um die Wahrheit.
Aber beide verlangten eine öffentliche Entschuldigung.
Wie nennt man jemand, der eine solche Diffamierung fertig bringt und dann auch noch diese bescheidene Bitte der Opfer ignoriert? Setzen Sie bitte hier Ihr persönliches Lieblingswort ein: ....

Es ist hoffentlich, am Ende, kein Kampf gegen Windmühlen gewesen. Irgendwann, in nicht allzu ferner Zukunft, werden die Bürger der USA Mindy Kleinberg, Kristen Breitweiser, Patty Casazza, Lorie van Auken und Monica Gabrielle ein Fünferdenkmal errichten, am besten auf dem Platz vor dem neuen World Trade Center. So lange können wir den fünf tapferen Frauen und ihren Mitstreitern im 9/11 Steering Committee[20] nur die Daumen drücken. Oder (falls Sie gerade eine Tastatur zur Hand haben) ihnen schreiben und ihnen zurufen, dass wir bei Ihnen sind – mit unseren Gedanken und notfalls, falls wir nicht zu den inzwischen wenigstens neunzig Prozent der um jeden Cent gebrachten Prozent der Weltbevölkerung gehören, mit einer Spende. Ich bin sicher, dass insbesondere der von Herzen kommende Zuspruch die Damen und ihren »Wahrheitsverein« nicht kalt lässt.
Und deshalb wollen wir dieses eine Kapitel der bloß heimlich erzählten Geschichte des 11. September auch gebührend beenden, nämlich mit einem finalen Satz von Menschen, die anders als wir, anders als Bush, Cheney, Rumsfeld und Bin Laden wirklich und tief und persönlich betroffen und lebenslang erschüttert sind von dem, was an diesem schwarzen Dienstag geschehen ist, dem Schlusssatz aus der Pressemitteilung des 9/11 Steering Committee aus dem März 2004:

> Präsident Bush hat öffentlich gesagt, dass er sich jenen, die an diesem Tag gestorben sind, verpflichtet fühlt, und dass er eine Diskussion in Sachen »9/11« begrüsst. »Wie diese Regierung jenen Tag behandelt hat und auch den Krieg gegen den Terror, ist einer Diskussion würdig«. Wir stimmen dem von ganzem Herzen zu.

6 Hollywood Wars[1]

Attaboy. We've got ya!

COLONEL STUART, U.S. ARMY[2]

The cowards who committed this murderous act must not go unpunished

DER US-PRÄSIDENT[3]

Die im Zusammenhang mit den Geschehnissen des 11. September am Ende vermutlich (die Wahl) entscheidende Frage nach dem »Vorauswissen«, über das die US-Behörden verfügten oder wenigstens hätten verfügen *müssen*, wird uns vermutlich auch über den dritten Jahrestag des schwarzen Dienstags hinaus beschäftigen – jenseits aller einleitend beschriebenen schweren Vorwürfe von Experten wie Richard A. Clarke und jenseits aller eleganten Zurückweisungen von Condoleezza Rice.
Wir wollen aber für die Dauer dieses Kapitels annehmen, dass »Condi« tatsächlich nichts wusste oder wenigstens nichts ahnte. Was daran liegen dürfte, dass die US-Sicherheitsberaterin eine überaus kultivierte und intelligente Frau ist, die diverse Sprachen fließend spricht, diverse Etüden fließend spielt und sich garantiert nicht in Kino-Megaplexen herumtreibt oder ihre kostbaren privaten Abende damit vergeudet, Action-Filme in den DVD-Player zu schieben. Was unterm Strich schade ist, denn Steinway hin, Millionen-Beteiligung am Erdöl-Multi Chevron her: Ein

Popcorn fressender Action-Junkie auf Condis Stuhl hätte den 11. September 2001 garantiert verhindert.
Man fragt sich allerdings (jenseits der klassischen Vorlieben von Rice), wieso auch sämtliche Geheimdienstler der USA die Kinobesuche bezeihungsweise DVD-Anschaffungen kollektiv verweigert haben sollen, und das hartnäckig und jahrelang. Denn hätte wenigstens der eine oder andere sich mit den nicht sonderlich geheimen Fantasien von Hollywood-Filmemachern beschäftigt, wäre die Überraschung in US-Intelligence-Kreisen nicht halb so groß gewesen. Im Gegenteil: Man hätte alles vorhergesehen – bis ins letzte Detail.
Als die Bilder aus New York am 11. September 2001 um die Welt gingen, glaubten wohl die meisten im ersten Augenblick, es mit einem Trailer für den neuesten Hollywood-Katastrophenfilm zu tun zu haben. Der brennende Turm, das heranrasende Flugzeug, schließlich der Einsturz beider Türme – das alles war zu surreal, um wahr zu sein, zu fürchterlich, um eine Nachricht aus der Wirklichkeit darzustellen. Und natürlich war das »Skript« für den 11. September, der »Plot«, schon lange vorhanden. Nicht nur in den Köpfen von Terroristen, sondern in den Kinos der Welt.
Dominic Senas Film *Operation Swordfish* (Buch: Skip Woods), der im Sommer 2001 in den US-Kinos anlief, beginnt mit dem hinreißenden Monolog eines wahren Cineasten (Gabriel Shear, gespielt von John Travolta), der sich lang und breit und mit drastischer Eloquenz über Hollywood auslässt: »Wisst ihr, was das Problem mit Hollywood ist? Die machen Scheiße. Unglaubliche, unerhebliche Scheiße … Ich rede vom Mangel an *Realismus*. Realismus – kein beherrschendes Element der modernen amerikanischen kinematischen Vision.« Der Kino-Philosoph Shea verdeut-

licht dies am Beispiel von Geiselnahmen. Machte er Filme, sähe das alles anders aus, realistischer eben, drastischer, klarer, tödlicher: nihilistischer. Einer seiner im Halbdunkel versenkten Gesprächspartner widerspricht ihm schließlich mit der Bemerkung, das Publikum verlange nun mal nach Happyends. Shear erwidert darauf lapidar: »Das Leben ist sonderbarer als die Fiktion«, und erst danach erfahren wir, per Umschnitt, dass wir es in Shear eben nicht mit einem Filmemacher zu tun haben, sondern mit einem skrupellosen Terroristen, der im Augenblick dieses lässigen Interviews zwanzig Geiseln in seiner Gewalt hat und im Folgenden einen Haufen Milliarden von der US-Regierung erpressen wird.

Dass Filmemacher und Terroristen Brüder im Geiste sind, wusste Hollywood schon lange vor dem 11. September. Um es mit den Worten des (realen) Filmkritikers Neal Gabler zu sagen: »Genau wie in einem Kino-Blockbuster bestand die Kernidee in einer Riesenexplosion als Höhepunkt – einem großen Finale. Besser gesagt, die Logistik kam von Al-Qaida, aber die Bilder steuerte Hollywood bei.«

»Unsere Filme kamen«, so Norman Mailer in einem Interview mit *The Conservative American*, »von den Leinwänden herunter und jagten uns durch unsere Straßenschluchten«, während Regie-Altmeister Robert Altman (*Short Cuts*) noch ein bisschen weiter ging: »Die Filme beschrieben ein Muster, und diese Leute haben die Filme kopiert ... Niemand wäre auf die Idee gekommen, eine solche Gräueltat zu begehen, wenn er das nicht in einem Film gesehen hätte ... Wie können wir es wagen, weiterhin derartige Massenvernichtungen in Filmen zu zeigen? Ich glaube einfach, dass wir diese Atmosphäre kreiert und ihnen beigebracht haben, wie man es macht.«

Altman musste sich nach dieser entschiedenen Auslassung anhören, das alles sei völliger Unsinn, schließlich habe es nie einen Katastrophenfilm gegeben, in dem irgendwer ins World Trade Center geflogen wäre, außerdem habe er das alles nur gesagt, um anschließend energisch für »erwachseneres Kino« plädieren zu können, also Filme wie seine eigenen, die – so die Kritiker zum vernichtenden Abschluss – weltweit aber eben garantiert keine »Blockbuster« wären und, da Schwarzenegger eben eher selten bei Altman mitspielen darf (als was auch? Als Beistellschrank?), in Indien oder China nicht mal einen Verleih fänden. Die »Lingua Franca des Blockbusters«, so John Hoberman in der *Village Voice*, »ist entfesselte Gewalt«, der Schlüssel zum internationalen Erfolg »eine Welt unter der Regie von Roland Emmerich und zum Nutzen von Rupert Murdoch«.
An der harschen Zurückweisung der Altman-Kritik ist immerhin berechtigt, dass tatsächlich nie ein Hollywood-Terrorist eine Verkehrsmaschine ins World Trade Center lenkte (lediglich in der US-Fernsehserie *The Lone Gunmen* (dt.: Die einsamen Schützen) wurde explizit dies von Terroristen geplant – und gottlob von den heldenhaften *Gunmen* vereitelt, jedenfalls virtuell), aber ist Altmans Argument damit vom Tisch? Muss man nicht, wenn man Fanatikern den ganzen Tag kraft millionenschwerer Spezialeffekte explosive Rosinen in den Kopf setzt, damit rechnen, dass irgendwann diese Volkshochschul-Videogruppen-Amateure eigene B-Version davon nicht nur drehen wollen, sondern sogar realisieren?
Die Kritiker der Hollywood-Kritiker lassen all das nicht gelten – und verteidigen zwischen vielen sachlichen Zeilen gar die Haltung von Condi und Konsorten, die Anschläge selbst, das Vorgehen der Terroristen und erst recht der

besonders feige, weil nicht aus Verzweiflung geborene Selbstmordterror von jungen, westlich orientierten Männern aus reichem Hause, sei definitiv von niemand vorhersehbar gewesen. Ausgebildete Piloten als Märtyrer in Verkehrsmaschinen? Flugzeuge als Waffen? Terroristen, die keine Forderung im Sinn haben, sondern bloß als Hauptdarsteller und Superstars einer weltweit live ausgestrahlten Mega-Produktion in die Geschichtsbücher eingehen wollen? Absurd! Hollywood hat sich eine Menge Szenarien und Schurken ausgedacht – aber das, was am 11. September geschah, war ohne Beispiel und daher nicht vorhersehbar. Oder?

Ist der in diesem Zusammenhang oft zitierte Terroristenfilm *Die Hard 2* (Stirb Langsam 2) eine brauchbare Blaupause für den 11. September? Nur, weil die Story auf dem Flughafen Dulles (Washington) spielt, von wo auch Flug AA 77 startete? Nur, weil Terroristen Flugzeuge in ihre Gewalt bringen? Nur, weil sie die Flugkontrolle und den Tower außer Gefecht setzen? Lächerlich.

Das Gleiche gilt für den Vorgänger, *Die Hard* (Stirb Langsam) – natürlich, auch hier ist ein Hochhaus in Gefahr, aber die Terroristen haben keine Flugzeuge in ihrer Gewalt, sondern nur Bomben und Geiseln. Außerdem sind die Bösen Deutsche, keine Araber. Also scheidet auch dieser Kandidat lässig aus.

Ebenso *Independence Day*, selbst wenn der Journalist Gerhard Wisnewski den 11. September ein bloßes »Remake« dieses hirnlosesten aller Kassenknüller nennt (während Filmkritiker Richard Scheib den Spieß umkehrt und von einer »Generalprobe« spricht). Sicher, beide Präsidenten, Thomas J. Whitmore (Bill Pullman) im Film und George W. Bush (Dubya) im Leben, sind ehemalige, wenigstens offiziell akkreditierte Air-Force-Piloten, beide sind Umfragen zufolge vor der Krise eher unbeliebt, respektive unten durch bei der Bevölkerung, werden aber durch ihre entschlossene Reaktion auf die Amerika vereinenden Attacken von außen zu wahnsinnig populären Volkshelden, und beide halten ähnliche Reden an die in den Kampf ziehende Truppe, aber … ach, gönnen wir uns den Exkurs – wer spricht hier, Anfang Oktober 2001? Präsident Whitmore (vor dem Erstschlag gegen Afghanistan) oder Präsident Bush (vor dem Kampf gegen die Aliens?)

> Noch in dieser Stunde werdet ihr den größten Luftangriff in der Geschichte der Menschheit fliegen – Menschheit, hm? Dieses Wort sollte von heute an für uns alle eine neue Bedeutung erfahren. Banale Streitigkeiten, gleich welcher Art, werden uns nicht länger beschäftigen. Wir werden im gemeinsamen Interesse vereint sein … und ihr werdet ein weiteres Mal für unsere Freiheit kämpfen. Nicht gegen Tyrannei, Unterdrückung oder Verfolgung, sondern gegen unsere Auslöschung. Wir kämpfen für unser Recht zu leben. Zu existieren. Und sollten wir diesen Tag siegreich überstehen, wird der elfte September nicht nur als amerikanischer Tag in die Geschichte eingehen, sondern als der Tag, an dem die ganze Welt mit einer Stimme verkündete: Wir werden nicht stillschweigend in die Finsternis gehen! Wir werden uns nicht kampflos ergeben! Wir werden weiterleben! Wir werden überleben! An diesem Tag, an dem wir unsere Unabhängigkeit feiern! [4]

Zugegeben, hier ist Manipulation im Spiel: Der elfte September ist im Original selbstredend der vierte Juli. Aber auch das verführt natürlich niemand, sich auf dünnes Glatteis zu begeben. Der Text ist, wie das Szenario, komplett unrealistisch. Der Film sowieso. Legen wir daher beides zu den Akten. Kein Terrorist und erst recht kein Präsident hätte hier Vorlagen finden können.

Wie steht es, abschließend, um die viel gescholtenen Produktionen von *Top-Gun*-Macher Jerry Bruckheimer, der nicht nur den »eingebetteten Journalismus« des Irakkriegs salonfähig machte, sondern schon seit 1986 – eben seit *Top Gun* (Sie fürchten weder Tod noch Teufel) – über allerbeste, weil meinungsmachende Kontakte zum Pentagon verfügt? Na schön, Bruckheimers *Pearl Harbor* kam ausgerechnet im Mai 2001 in die US-Kinos, so perfekt getimt, dass ein knappes halbes Jahr danach auch das letzte Rindvieh in Oregon ganz genau wusste, was George Bush mit dem »Pearl Harbor des 21. Jahrhunderts« meinte. In Bruckheimers *Armageddon* retten – wie im wirklichen Leben – heldenhafte, patriotische Ölbohrer die Welt, allerdings vor einem Asteroiden, der nachweislich *nicht* aus Saudi-Arabien stammt. Und Bruckheimers *The Rock* (Entscheidung auf Alcatraz) fällt schon deshalb vollständig als Vorbild aus, weil hier (wie auch in *Die Hard 2* und diversen anderen Hollywood-Fantasien) verbitterte US-Militärs hinter den Anschlägen auf das eigene Land stecken, was ja nun in der Realität, auch wenn alles nach sehr gründlicher militärischer Planung aussah, nicht der Fall war – oder wenigstens nicht gewesen sein dürfte.

Erledigt also. Keine Vorlagen. Nirgendwo.

Nirgendwo?

Etwas schwerer tut man sich mit dem Entkräften des Altman-Vorwurfs, wenn man sich an die besseren, vom Publikum nicht ganz so begeistert wie *Armageddon* oder *Independence Day* frequentierten Hollywood-Arbeiten zum Thema

Terror erinnert. Stuart Bairds *Executive Decision* (Einsame Entscheidung) handelt beispielsweise nicht nur von der im Originaltitel gemeinten grässlichen Gewissensentscheidung des US-Präsidenten, ein Flugzeug voller entführter Amerikaner abschießen lassen zu müssen, sondern zudem von einem entführten Passagierflugzeug als Massenvernichtungswaffe – wenn auch mit einer Nervengasbombe an Bord, die, sofern die Maschine in Dulles, Washington (sic) landet, den gesamten Westen der USA auszulöschen droht. Fast noch unerfreulicher am *Decision*-Plot ist aber, dass die Idee, ausgebildete Piloten könnten ein Flugzeug entführen, so unerhört neu, wie das FBI, die FAA und Condi jederzeit entschuldigend behaupten, offenbar doch nicht war, jedenfalls nicht für Hollywood und ein paar Millionen Kinobesucher seit 1996: Der arabische Entführer, der im Film das Cockpit entert, schaltet zuerst den Co-Piloten aus, per Handkantenschlag, und direkt danach den Transponder, ehe er dem Käpt'n mit vorgehaltener Waffe mitteilt, er solle den Kurs beibehalten – mit dem Nachsatz: »Keine Tricks. Ich bin Pilot.«
Weiter unten, am Boden nämlich, erweist sich der Protagonist Dr. Grant (alias Kurt Russell) als großer und vorzeitiger Ausplauderer der auch Jahre später noch unheimlich heimlichen Pläne von Al-Qaida resp. der Pläne des Anführers der Terroristen, der zwar nicht Atta heißt, aber mental verbüffende Ähnlichkeit mit dem mutmaßlichen Anführer der neunzehn realen Araber hat. Dr. Grant weiß: »Hier geht es nicht um Geiseln. Hier geht es um einen Mann, der die Vereinigten Staaten treffen will ... Meiner Meinung nach will Hassan das DZ-5(-Nervengas) und die Maschine als taktische Waffe einsetzen – eine Art Atombombe für Arme. Und er will sie hier zünden, in Washington.«

Schlauer Kopf, falscher Film: Dr. Grant (Kurt Russell, re.) wusste schon 1996 mehr, als das Pentagon – bis heute – erlaubt. (*Executive Decision/* Einsame Entscheidung, 1996)

Auch wenn der Film ansonsten eher zur Verherrlichung von Armeespielzeug dient, entgeht aufmerksamen Beobachtern nicht, dass Hassans Leute vom Märtyrer-Plan bis zuletzt nichts wissen und der Anführer sogar seinen Vize erschießt, weil der nach Freisetzung des cineastischen Bin-Laden-Vertreters die Mission für erfolgreich beendet hält. Was der finstere Zellenchef eben anders sieht. Er bezeichnet sich selbst als »Gotteskrieger«, der den Feind, die USA, »im Mark treffen will« – und dafür nimmt er, der gebildete, bestens gekleidete und offenbar mit allen Regeln des Westens vertraute Terrorist, seinen Tod (und den seiner Leute) billigend in Kauf. Das kommt einem im Nachhinein dann doch relativ bekannt vor.

Dass am (natürlich glücklichen) Ende von *Executive Decision* ein Cessna-Schüler die bedrohte 747 landet, ist höchstens deshalb für unseren Fall von Belang, weil der Anfänger kein Araber ist, sondern der Hollywood-Held, nämlich Dr. Grant. Bestenfalls verdeutlicht die um Haaresbreite fatale Bruchlandung en passant auch dem Dümmsten, dass Flugschüler keinen Jumbo richtig landen können, geschweige denn in einem Hochhaus.

Noch erheblich gründlicher als beim *Executive Decision*-Besuch müssen sämtliche Geheimdienstler und Sicherheitsberater der USA allerdings in den Projektor statt auf die Leinwand geschaut haben, als sie 1998 ihre Karten für den unter der Regie von Edward Zwick entstandenen Film *The Siege* (Ausnahmezustand) lösten. Wenn der 11. September ein »Remake« ist, dann ist dies das Original.

Ralph Peters, Lieutenant Colonel der US Army bis 1998, gebührt dazu der einleitende, wenn auch schon fast finale Kommentar:

> Wenn man zurückblickt auf Hollywoods Ansätze in den Neunzigern, Terrorismus darzustellen, haben sie wirklich nur eins versäumt, nämlich Osama Bin Laden namentlich zu nennen. Die Namen sind falsch, aber die generelle Vision war exakter als alles, als praktisch jeder Geheimdienstbericht, den ich in all meinen Jahren im Pentagon gelesen habe.[5]

Aber in *The Siege* sieht der islamische Erzfeind, Ahmed Bin Talal, nicht nur zufällig aus wie Osama Bin Laden, sondern absichtlich. (Regisseur Edward Zwick sagte über seine Recherchen von 1997: »Die Leute, mit denen ich sprach, betonten schon damals seine Wichtigkeit – deshalb fand er Eingang in den Film.«)

Bin Talal alias Bin Laden ist daher bezeichnenderweise ein früherer Verbündeter der USA, und seine Leute sind wäh-

rend eines nicht näher beschriebenen nahöstlichen Befreiungskriegs von der CIA gründlich geschult worden, die in diesem Fall (in Gestalt von CIA-Agentin Elise) nicht nur im übertragenen Sinn mit dem Feind im Bett liegt.
Ali Waziri, der aus Saudi-Arabien stammende Kopf der Schläfer-Operation gegen New York, ist allerdings nicht etwa, wie in der Realität, aus Hamburg eingereist, sondern aus geografisch komplett anderer Region, nämlich aus Frankfurt – und obwohl er im Leben wie im Film auf der FBI-Watchlist stand, ist er hier (Film) wie dort (Realität) problemlos ins Land gekommen. Einige seiner Mitläufer hatten (hier wie dort) Studentenvisa, und die markigen Sätze, die die Regierungsverantwortlichen nach den tatsächlichen Anschlägen von sich gaben, kannten wir schon lange, auch wenn wir sie in anderem Zusammenhang erinnern, am liebsten im Original: »They are attacking our way of life … One of our greatest freedoms is our freedom of fear … Make no mistake. We will hunt down the enemy, we will find the enemy, and we will kill the enemy.« (Die Übersetzung liefern wir natürlich gern mit: »Sie greifen unsere Lebensweise an – zu unseren größten Freiheiten gehört, dass wir frei von Furcht leben – Täuschen Sie sich nicht: Wir werden den Feind hetzen, wir werden den Feind finden, und wir werden den Feind töten.«)
Aber nicht nur diese markigen und bemerkenswerten Kinovorlagen für präsidiale 9/11-Reden finden sich im diesbezüglich visionärsten Film aller Zeiten, sondern auch haufenweise Erkenntnisse, die Geheimdiensten hätten helfen können oder sogar müssen, den 11. September zu erahnen – und zu verhindern.
In *The Siege* findet sich alles, was man über Terrorzellen und deren Funktionsweise nachher mühsam recherchieren

musste, mit den Worten eines (Hollywood-)CIA-Mannes ausgesprochen: »Wir alle kennen das traditionelle Modell eines terroristischen Netzwerks. Eine Zelle kontrolliert alle übrigen – unglücklicherweise gilt die alte Weisheit nicht mehr. Nach dem neuen Denkmuster existieren die einzelnen Zellen unabhängig voneinander. Zelle Nummer 1 wurde eliminiert – durch das Verschwinden von Zelle 1 wurde Zelle 2 aktiviert.«

Auch das alle Geheimdienste dieser Welt kalt erwischende Prinzip »Auslöschung statt Forderung – und das unbedingt vor laufenden Kameras«, wurde auf der Leinwand Jahre zuvor vorweggenommen und bedrohlich auf den Punkt gebracht, diesmal von (Kino-)CIA-Agentin Elise, denn sie ist es, die nach der Entführung – nein, nicht eines Flugzeuges, sondern eines Busses voller unschuldiger Zivi-

»Die sind nicht hier, um zu verhandeln. Die warten auf die Kameras.« CIA-Agentin Elise (Annette Bening, li.) wieder mal im falschen Film (*The Siege*/Ausnahmezustand, 1998).

listen – mitten in New York die beängstigende Erkenntnis ausspricht: »Die sind nicht hier, um zu verhandeln! Die warten auf die Kameras!«
Es folgt, was folgen muss: Kaum sind die Nachrichten-Helikopter (hier wie dort) in New York versammelt und halten drauf, sprengt das Terroristenkommando sich selbst und alle Geiseln in die Luft. *Prime-Time-Terror at it's best*. 1998. Im Kino.
Unmittelbar nach dem 11. September klingt das dann aus dem Mund von Drehbuchautor Stephen E. DeSouza (*Die Hard*) so:

> Für mich ist das einfach unglaublich, wie viele Kameras da am Dienstag in Manhattan waren. Es ist erschreckend, aber ich kann die Einstellungen katalogisieren: die Explosion, die Rauchwolken, die weglaufenden Leute. Wir schauen zu, wie dieser Film aufpoliert wird. Je mehr Bilder wir sehen, desto mehr sieht das Ganze nach Kino aus, indem immer neue Kameraeinstellungen dazugefügt werden.[6]

Lawrence Wright, Autor von *The Siege*, ergänzt:

> Terror ist in Wirklichkeit Theater … Deshalb warten Terroristen immer darauf, dass die Kameras sie einfangen, und dafür war das World Trade Center ein klassisches Beispiel. Es gibt den Einschlag im World Trade Center, und dann, als alle Kameras der Erde auf dieses Ziel eingestellt sind: Hier kommt sie, eine zweite Maschine.[7]

An dieser Stelle sollte allerdings nicht unerwähnt bleiben, dass Wright, Zwick und deren Mitstreiter nicht nur in Sachen Planung seherische Qualitäten bewiesen, sondern auch in Sachen Verarbeitung des Terroranschlags. Denn auch die als künstlerische Mahnung gedachte, inszenierte Eskalation in *The Siege* nimmt die Realität vorweg – in sorgenvoller Kenntnis der amerikanischen Mentalität. Statt den Versuch zu unternehmen, den »Feind« und seine Beweggründe zu verstehen und entsprechend deeskalierend zu handeln, verabschiedet die US-Regierung eine militärische Lösung. Was zwar im Kino nicht direkt nach Guantanamo Bay führt, wohl aber dazu, dass sämtliche in New York lebenden Araber in einem Baseballstadion interniert werden und das Militär die Kontrolle übernimmt. Die wichtigsten amerikanischen Grundrechte gehen zügig vor die Hunde. Menschen werden ohne Verfahren festgehalten, gefoltert und notfalls erschossen.

Eine schreckliche Vorstellung.

Damals. Lange vor Abu Ghraib.

FBI-Agent Anthony »Hub« Hubbard (Denzel Washington) spricht die traurige Wahrheit aus: »Wenn wir ihn foltern, General – dann ist alles, wofür wir geblutet und gekämpft haben und gestorben sind, vorbei! Und sie haben gewonnen! Sie haben bereits gewonnen.«

Jean Baudrillard hätte es wohl nicht schöner sagen können. Und schon gar nicht vorher.

Drehbuchautor Lawrence Wright erklärte ebenfalls nachher: »Dies könnte uns wirklich verändern, besonders wenn wir diese Bedrohung weiter empfinden, dann könnte dies ein anderes Land werden. Unsere Freiheiten sind bereits, wie wir alle wissen, immens eingeschränkt worden, und auch wenn wir dies für vorübergehend halten – es könnte zum Dauerzustand werden.«

Es wird wohl niemand überraschen, dass die aufwändige und durchdachte Action-Produktion *The Siege* an den Kinokassen ein veritabler Flop war (laut *Variety* spielte der

Film lediglich $ 41 Millionen in den USA ein, während die Produktionskosten bei $ 70 Millionen lagen). Und das lag nicht nur daran, dass sich die in den USA lebenden Araber als Sündenböcke brüskiert fühlten und lautstark protestierten, sondern wohl auch am insgesamt viel zu realistischen Plot. Nach den September-Anschlägen allerdings führte *The Siege* die Verleihcharts amerikanischer Videotheken an. Gefolgt von *Die Hard*.

Betrachtet man jenseits dieser fast prophetisch anmutenden Details die Hollywood-Produktionen der letzten Jahre vor dem Hintergrund des 11. September, drängt sich allerdings die Frage nach dem Zustand oder der generellen Beschaffenheit der kollektiven amerikanischen Seele auf, die nach Terror- und Untergangsstoffen offenbar verlangte und noch immer verlangt. Zeugen die unzähligen Katastrophenfilme, wie Baudrillard vermutet, am Ende tatsächlich davon, dass »der Westen … selbstmörderisch (wird) und sich selbst den Krieg erklärt«, wenn auch lediglich unterbewusst?

Tiefenpsychologen mögen hier eifrig nicken und dem französischen Denker am Ende sogar Recht geben, wenn er den unerklärlichen Einsturz der Türme des World Trade Center, dieses doppelten Ausrufezeichens hinter der US-Weltherrschaft, als »Selbstmord« der Gebäude interpretiert. Für eine Kinderseele wie die amerikanische hingegen erscheint all das jedoch allzu weit oder allzu tief hergeholt. Denn die Filme einer Nation spiegeln ihre Mentalität wider (frei nach Siegfried Kracauer), und was für Weimar gilt, gilt auch für Washington; Baudrillards Gedanke indes spiegelt lediglich die französische Mentalität wider, also seine eigene, nicht die der von ihm betrachteten Nation.

Deshalb muss die korrgierende Frage erlaubt sein: Ist im Falle Amerikas nicht weniger die hochgradig neurotische

Klüger als die CIA und Baudrillard zusammen – und praktisch genauso erfolglos: FBI-Agent Hubbard (Denzel Washington, li.) im Disput mit der dümmeren Seite Amerikas (Bruce Willis, re.) (*The Siege*/Ausnahmezustand, 1998).

Sehnsucht nach Vernichtung im Spiel, als die *Furcht* vor Vernichtung?

Es sähe der amerikanischen Seele nicht unähnlich, diese Furcht mit grenzenloser Naivität verarbeiten und sich nach Kinderart von bösen Träumen befreien zu wollen, indem sie diese visualisiert – ob nun mit Buntstiften oder anderen Mitten zur Erzeugung von Spezialeffekten – und nach getaner Arbeit in die Mülltonne wirft.

Dass im Fall des Katastrophenfilms 9/11 die Monster nicht nur in Albträumen existierten, sondern in der Realität, und daher nicht zu bannen waren, ist grauenhaft genug – für die angebliche Kindersehnsucht nach Selbstauslöschung indes fehlt, jedenfalls im Spiegel der Leinwand, jedes Indiz.

Ein weiterer, vielleicht entscheidender Aspekt dieser kollektiven Angst allerdings wird selten oder gar nicht berücksichtigt, wenn von der »Mitschuld« Hollywoods die Rede ist oder davon, 9/11 sei wenig mehr als das Remake eines Katastrophenfilms gewesen. Denn unmöglich wäre ein so lausiger Plot bei einem profitorientierten Studio weiter gekommen als bis zum Pförtner. Nicht genug damit, dass die »Yippiee-kah-yay!« rufenden Underdog-Helden in blutverkrusteten Unterhemden fehlen, die jede Schreckenstat im letzten Augenblick verhindern; es fehlt auch die grundsätzliche Komplexität, zahlende Zuschauer würden sich mit einer derart simpel gestrickten Geschichte niemals zufrieden geben. Drama, das ist Leben ohne die öden Teile, und der angebliche Hergang des 11. September strotzt nur so von öden Teilen. Es gibt einen unsichtbaren, bösen Planer (der nicht einmal richtig gesucht, geschweige denn geschnappt wird). Es gibt Täter, und zwar Araber, was im Rahmen jeder Hollywood-Produktion absolut dankbar ist – »Die tragen einen Turban, und wir müssen nicht wissen, was unter diesem Turban vorgeht, also weiter im Text« (DeSouza). Auch das Allerböseste, was je das Licht der Blockbuster-Leinwand erblickte, nämlich der Albtraum aller jugendlichen Nächte, des jungen Harry Potters Erzfeind Lord Voldemort, trägt: Baseballkappe? Stetson? Bowler? Nein, Turban.

Es folgt – unvermeidlich in diesem dramaturgisch millimeterdünnen Brett – die gerechte Vergeltung im Rahmen der Operation *Infinite Justice*, deren unschuldige Kollateralschäden bzw. zivilen afghanischen und irakischen Opfer nicht einmal unter »Unveröffentlichte Szenen« im Rahmen der Doppel-DVD-Edition zu sehen sein werden. Das ist die ganze Geschichte. Dramaturgisch: ein totales Desaster.

Wäre *9/11* ein gelungener Hollywood-Film, gäbe es eben nicht nur Special Effects und Gut und Böse, sondern *Twists* und *Turns*, *Plotpoints* und Überraschungen im Dutzend billiger: »Ablenkung, Stan!«, um es mit dem *Swordfish*-Terrorcineasten Gabriel Shear zu sagen; wäre *9/11* ein Hollywoodfilm, steckten hochrangige US-Militärs sowie internationale Drogen-, Öl- und Waffenhändler aus Politik und Wirtschaft hinter dem Anschlag; es wären handfeste finanzielle Interessen im Spiel und wenig Skrupel. Einige hochrangige Minister oder Geheimdienstoffizielle hätten in diesem Blockbuster reichlich Dreck am Stecken und profitierten direkt von dem Terroranschlag, indem sie zum Beispiel an Rüstungsfirmen beteiligt wären oder indem ihre Verwandten in den Aufsichtsräten international operierender Fondsgesellschaften säßen, die im großen Stil das Geld saudischer Fürsten in US-Rüstungsunternehmen investieren. Vielleicht würden sogar einige der Mitwisser anschließend am Bau von Konzentrationslagern verdienen oder an der Verpflegung der US-Truppen in jedem folgenden Krieg. Oder, ganz perfid, an der Produktion eines Impfstoffs gegen Milzbrand, weil die Terroristen nach dem eigentlichen Anschlag auch noch Anthrax-Briefe verschicken würden – der Fantasie sind hier keine Grenzen gesetzt.[8]

Ebenso wenig übrigens den unsichtbaren Insiderscherzen nach endlosen nächtlichen Drehbuchbesprechungen. Da würde man dann in rechter Dramaturgenlaune *9/11* jedem anderen Datum entschieden vorziehen, also den nationalen Notruf wählen, die amerikanische Entsprechung unseres 1. Oktober, der »110«. Und Boston als Startflughafen, um das Volk für den folgenden Krieg zu gewinnen? Kinder, das merkt doch keiner – aber denkt an die »Boston Tea Party«! 1773 – *Die Geburt einer Nation*! (Zur Erinnerung: Patrioti-

Richtiges Verhalten, falscher Film (*Excecutive Decision*/Einsame Entscheidung, 1998).

sche Amerikaner verkleideten sich als Inder, nein: als Indianer, um die einheimische Bevölkerung für einen Krieg – damals gegen England – günstig zu stimmen.) Und »Atta«, ja, Mensch, wie hätte der Junge denn sonst heißen sollen, der böseste aller *Mastermind*-Drahtzieher. Nicht umsonst murmelt der Amerikaner gewohnheitsmäßig »Atta boy!«, wenn er etwas richtig bemerkenswert findet, denn »Atta boy« bedeutet ihm nichts weniger als »Mein lieber Scholli!« respektive ein anerkennendes »Guter Junge!«
Als finalen und von niemand außer den Machern bemerkten Hintergrundwitz hätte man dann vermutlich auch noch »Hollywood, California« als letzten bekannten Wohnsitz der Todesflieger angegeben, aber das war ja nun leider nicht zu machen, weil die Burschen allesamt in Florida fliegen lernten. Notgedrungen lautete daher im ersten Terroristen-

Steckbrief des FBI der letzte bekannte Wohnsitz von Atta, Al-Shehhi, Al-Omari und der Al-Sheri-Brüder: »Hollywood, Florida.«[9]

Auf die Liebesgeschichte könnte Hollywood bei diesem besonderen Film notfalls verzichten, auf die heimlichen Drahtzieher hingegen nicht. Denn integraler Bestandteil der kollektiven und völlig berechtigten Angst Amerikas ist die Sorge, die wahren Schurken könnten sich auf dem Boden der USA selbst befinden. Die Filme Hollywoods zeigen uns mehr als nur die Furcht vor einem Anschlag von außen; die Filme Hollywoods sind voll von skrupellosen Verbrechern, die aus den Reihen des Militärs und der Politik stammen und enttäuscht sind von ihrem Land, von seinen windelweichen Demokraten, die Drogendealer festsetzen wollen, statt sie weiter ihren vaterlandswichtigen Dienst für die CIA leisten zu lassen (siehe den oben zitierten Colonel Stuart in *Die Hard 2* oder den mit dem Einsatz von Nuklearwaffen gegen die eigene Bevölkerung drohenden, weil Vietnam-Spätfolgen-enttäuschten Brigadegeneral Hummel in *The Rock*).

Nach 1990 hat Hollywood die »rote Gefahr« nicht nur durch Terroristen aus Deutschland, Mittelamerika, dem nahen Osten und dem Weltall ersetzt, sondern auch und vor allem, als Drahtzieher der finstersten Taten, durch Terroristen aus den eigenen Reihen.

Die offizielle Darstellung des Hergangs des 11. September taugt daher nicht als Hollywood-Stoff. Die inoffiziellen Darstellungen der so genannten Konspirologen kommen der Sache da schon wesentlich näher. Aber genau das wirft man den Autoren eben jener Szenarien eben vor, besonders wenn sie akribisch recherchieren und ihren Verstand einsetzen: »Ihr geht zu oft ins Kino.«

Es wäre auch zu einfach, beispielsweise das zweistündige Ausbleiben jeder militärischen Intervention am 11. September damit zu erklären, dass das Militär zumindest stillhielt, wenn nicht gar eingeweiht war in die Pläne der Terroristen. Es wäre zu einfach, aus dem Umstand, dass dieser Anschlag wie gemalt war für die bereits lange vorher bestehenden Pläne der Bush-Regierung, Afghanistan und den Irak unter Kontrolle zu bringen, eine Duldung oder gar Beteiligung jener zu konstruieren, die davon profitierten. Das wäre Hollywood. Der Rest ist Leben. Realität. Profan. Shit happens. Aber große Zufälle eben auch.

Davon abgesehen, ist das Militär in der Realität fantasielos, jedenfalls viel zu fantasielos für einen solchen Plot inklusive »9/11«, »Atta«, »Boston« und »Anthrax«. Drehbuchautoren arbeiten nun mal nicht für die Armee, und Robert Baer, CIA-Mann von 1976 bis 1997, war auch nach den Anschlägen sicher: »So, wie ich das sehe, hat Hollywood mehr Fantasie als die Regierung.«[10]

Dass im Oktober 2001 eine ganze Reihe von Hollywood-Koryphäen vom Pentagon zu einem mehrtägigen Gedankenaustausch gebeten wurde[11], ist daher nur folgerichtig und hat ansonsten nichts zu bedeuten. Schließlich geschah dies *nach* den Anschlägen und diente allein der Verhinderung zukünftiger Attentate. Vorher hatten Rüstungsfabrik und Traumfabrik nichts miteinander zu tun – abgesehen von jenseits aller Krisen positiven Bilanzen und davon, dass die Erfinder von Colt und Kinematograf sozusagen bei der Geburt getrennt wurden.[12]

So ganz stimmt das dann aber leider doch nicht, dass die US-Regierung sich erst nach den Anschlägen von Hollywood beraten und in Sachen Terrorszenarien inspirieren ließ, besser gesagt, es stimmt leider ganz und gar nicht, daher soll es in diesem Zusammenhang wenigstens Erwähnung finden. Das Treffen vom Oktober 2001 war nämlich »keine Reaktion auf die jüngeren Ereignisse«, so Linda Dorf, Sprecherin des Institute for Creative Technology (ICT), sondern: »Die US Army und das ICT haben regelmäßig kommuniziert und werden weiterhin regelmäßig kommunizieren. Treffen wie dieses gab es auch vor dem 11. September – genau solche Treffen.«

Na schön. Aber ist das ICT deswegen gleich verdächtig? Und was ist das eigentlich, dieses ICT, das Treffen von Militär und Hollywood »regelmäßig« veranlasst?

Kurz und sachlich formuliert: Das ICT ist ein Projekt der University of Southern California (USC), das seit 1999 mit $ 45 Millionen vom Pentagon unterstützt wird und allerlei Nützliches wie zum Beispiel die *Mission Rehearsal Exercise* entwickelt, ein immens aufwändiges Ego-Shooter-Video-Game, das Soldaten zu Schulungszwecken auf einen virtuellen Rundgang durch umkämpfte Städte in Bosnien oder orientalisch anmutender Umgebung führt, wo die Prüflinge mit lebensbedrohenden Krisensituationen fertig werden müssen. Das Ganze ist trotz »Reset«-Button ein bisschen gediegener als jede normale Play-Station-2-Umgebung, findet doch ein raumfüllender, gebogener Projektionsschirm Verwendung, der, unterstützt von lebensechten Dolby-Surround-Sound, eine absolut überzeugende Simulation produziert – die Hersteller von militärischen Konsolen- und PC-Games lernen gern und viel vom ICT, und der »Military Entertaiment Complex«, den wir der Einfachheit halber von nun an *MecWorld* nennen wollen, ist alles andere als eine Erfindung paranoider Globalisierungsgegner.

Denn das bisschen Amtshilfe in Sachen »Playstation und andere Freizeitmanöver« ist beileibe nicht alles. Schon 1999, zu Beginn der Zusammenarbeit zwischen Militär-, Kino- und Spieleindustrie, entwickelte Paramount Digital Entertainment die Story Drive Engine (SDE) als neue Software-Plattform für eine bereits bestehende »Krisenmanagement-Simulation« des Verteidigungsministeriums, um etwas mehr spannende Hollywood-Dramaturgie in die öden Krisenszenarien der Militärs zu integrieren. Larry Tuch, Drehbuchautor und Mitentwickler der Szenarien, unterstrich schon damals, wohin der Weg führen würde:

> Die Armee gewährt der USC finanzielle Unterstützung, um das ICT aufzubauen. Dessen Aufgabe besteht darin, akademisches Fachwissen mit dem von Wissenschaftlern des Verteidigungsministeriums sowie der Unterhaltungsindustrie zu verbinden, um die Realitätsnähe von Simulationen zu verbessern. Eine Zusammenarbeit mit den kreativsten Talenten Hollywoods ist daher nicht nur wahrscheinlich, sondern Teil des Plans.[13]

Die Zusammenarbeit funktioniert jedenfalls hervorragend. Und das Militär peppt nicht nur seine Simulationen dank der klugen Köpfe aus der Traumfabrik auf, es kümmert sich seit Jahren auch liebevoll um die Terror-Plots, die auf amerikanischem Boden stattfinden.

Jedenfalls im Kino.

Mitten in Hollywood gibt es ein »Verbindungsbüro« des Verteidigungsministeriums, in dem berufssoldatische Vertreter aller Waffengattungen eingereichte Hollywood-Skripte auf Durchführbarkeit sowie Nutzen für das Armee-Image prüfen. Hintergrund ist, dass aus Kostengründen kein Studio einen Film drehen kann, in dem Hubschrauber, Flugzeuge oder Flugzeugträger vorkommen, ohne das Pentagon um Hilfe zu bitten, beziehungsweise um Leihgaben. Diese Leihgaben stellt das Pentagon natürlich zum Selbstkostenpreis zur Verfügung und verlangt ansonsten nichts von den Produzenten – außer einem Mitspracherecht bei den Drehbüchern, bis in die letzte Dialogzeile hinein. Immerhin: Ab der vom Militär freigegeben Version »Blau« (auf blauem Papier) kann die Produktionsplanung beginnen, danach wird nur noch in den Versionen »Grün«, »Gelb« und »Rosa« korrigiert, bis nichts mehr den vertraglich fixierten Zweck der Übung behindert, nämlich die Maßnahme zur Rekrutierungsunterstützung, als die das Pentagon alle Hollywood-Kriegsfilme betrachtet.

Wer dem entgegenhält, das sei ja nun wirklich nichts Neues, da die Regierung sich schon in den Vierzigerjahren der patriotischen Amtshilfe von Schauspielern und namhafter Regisseure wie John Huston, John Ford, Frank Capra und William Wyler bediente, um die Bevölkerung kriegsgünstig zu stimmen, der hat zwar die Geschichte auf seiner Seite, verkennt aber völlig den *News*-Aspekt dieser Meldung, der in einem kleinen, aber bedeutenden Unterschied besteht. Die Propagandafilme von damals waren als solche zu erkennen (so wie früher Werbung als solche zu erkennen war und das Verteidigungsministerium Kriegsministerium hieß). Heute arbeitet das Kriegsministerium (wie die Werbung) *undercover*, als Sponsor und hier wie dort als möglichst nicht namentlich genannter Partner und Geldgeber in Sachen »redaktionelle Inhalte«. Und was dann als *Black Hawk Down*, *Top Gun* oder *Pearl Harbor* ins Kino kommt, wird irrtümlich als freie und rein künstlerische Produktion betrachtet.

Oliver Stone, Oscar-prämierter Regisseur von *Platoon* und *JFK* (JFK – Tatort Dallas), der schon 2002 verwegen anmerkte, er würde gern einen »wahren« Film über den 11. September machen, kann davon Opern singen. Nachdem Stone sich geweigert hatte, Änderungen des Verteidigungsministeriums an seinem *Platoon*-Drehbuch zu akzeptieren, verweigerte das US-Militär seine Mitwirkung. Stone musste anschließend zehn Jahre lang weltweit nach Geldgebern und billig zu mietendem Kriegsgerät fahnden, um seinen Stoff realisieren zu können – und er hatte noch Glück, dass er beim Schreiben auf Totalen von Flugzeugträgern von vornherein verzichtet hatte. Sein Produzent, Arnold Kopelson, brachte das ganze Problem auf den Punkt, jedenfalls für den Fall, dass man aus Gründen der Dramaturgie einen Hubschrauber braucht. In dem Fall nämlich gilt: »Entweder man arbeitet mit der Regierung – oder man arbeitet gar nicht.«[14]

Philip Strub, Filmbeauftragter des Pentagon und daher global verantwortlich für alles, was inklusive eines Black-Hawk-Hubschraubers oder startenden F-16-Jets in die Kinos oder DVD-Player kommt, relativiert die Rolle des Pentagon: So schlimm sei das alles nicht, das US-Militär nimmt – nach Korrektur und Ergänzung sämtlicher Buchfassungen – bloß noch den Rohschnitt ab. Alle marginalen Änderungen danach sind allein Sache des Regisseurs respektive des Produzenten.

Im Abspann von *Executive Decision* fand das Pentagon immerhin sechzehn Zeilen lang dankende Erwähnung, auch Strub (»Mr. Hollywood«) bekam seinen namentlichen *Credit*. Von Steve Bradshaw für die BBC-Dokumentationsreihe *Panorama* befragt, ob er denn während der Arbeit an dem Film nie gedacht habe, das könne wirklich passieren, gab Strub zu Protokoll: »Also, nein, nein, wirklich nicht. Ich meine – wir waren bei dem Drehbuch in höchstem

Grade zuversichtlich, dass unsere Führung sämtliche Möglichkeiten auf dem Feld des Terrorismus in Betracht zieht und diesbezüglich einen weit besseren Job macht, als wir es könnten.«
So kann man sich täuschen.
Die Blaupausen für den 11. September jedenfalls konnte nicht nur jeder einsehen, der zwischen 1990 und 2001 in der Nähe eines Kinos oder DVD-Players wohnte; das Pentagon war in alle Planspiele eingeweiht, von der ersten bis zur letzten Fassung, von der virtuellen Umsetzung von Tom-Clancy-Romanen bis hin zu den prophetischen Bildern und Tönen von *Executive Decision* und *The Siege*. Hätte irgendwer aus jenen Kreisen den 11. September erfinden müssen – er hätte bloß aus jedem Drehbuch im Archiv des ICT ein paar Seiten kopieren und das Ganze neu zusammenheften müssen – Fantasie war dazu nicht mehr erforderlich.
Aber natürlich hat das niemand getan. Und natürlich wusste das Pentagon nichts von dem, was es selbst finanzierte, abnahm und genehmigte. Geschweige denn die Geheimdienste. Geschweige denn Condi, Dick und George W. »Dubya« Bush, die viel zu beschäftigt damit waren, wahlweise Chopin zu üben, Halliburton aufzubauen oder betrunken in texanische Hecken zu brettern, um wenigstens gelegentlich mal dem Kino um die Ecke einen Besuch abzustatten.
Niemand muss sich Vorwürfe gefallen lassen. Oder gar sich selbst welche machen.
Außer Hollywood.
Nicht nur Altman erkannte die Mitverantwortung des Kinos an den Anschlägen. Seine Kollegen spendeten eifrig für die Opfer, die Studios distanzierten sich von einigen

ihrer Arbeiten der Vergangenheit und gelobten Besserung, um ihren Beitrag dazu zu leisten, dass schwarze Tage wie der Dienstag im Herbst 2001 niemals wiederkehren würden.

Für einen strahlenden Augenblick schien es tatsächlich so, als meine Hollywood es ernst. Als wolle die Albtraumfabrik endgültig Abstand davon nehmen, den Globus mit Bildern der Vernichtung zu bombardieren, nachdem die Bilder Hollywoods das reale New York erreicht hatten. Für einen Augenblick im Herbst schien eine neue Welt möglich, politisch wie kulturell, ein Umdenken, Überdenken, ein »Alles neu und anders machen«, damit nie wieder ein Terrorist es für nötig hielte, sein Leben und das tausender Unschuldiger wegzuwerfen, um uns, unseren Lebensstil, unsere Kultur und am Ende sogar unsere daraus resultierenden Filme als banal, krank, menschenverachtend und degeneriert zu entlarven.

Für einen Augenblick schien es so. Der Start des Schwarzenegger-Films *Collateral Damage* (Zeit der Vergeltung) wurde von Warner nach dem 11. September auf unbestimmte Zeit verschoben (am Ende allerdings nur in den Frühsomer 2002), die ursprünglich arabischen Terroristen, die das entsprechende Hochhaus in die Luft jagen, wurden sicherheitshalber zu Drogenterroristen. Geschoben wurden auch John Woos *Windtalkers* und Barry Sonnenfelds *Big Trouble* (Big Trouble – Jede Menge Ärger). Jerry Bruckheimer legte sein Projekt *World War III* längerfristig auf Eis, weil die Darstellung der nuklearen Vernichtung von Seattle und San Diego ihm angesichts der jüngeren Ereignisse doch nicht mehr als so brillante Blockbuster-Idee erschien. MGM verstaute *Nosebleed* einstweilen im Schrank, einen Film, in dem Jackie Chan als unschuldiger Fensterputzer

über eine Terrorbande stolpert, die das WTC hochzujagen plant – unter anderem mit der von einem der Terroristen formulierten Begründung, das WTC repräsentiere »den Kapitalismus. Es repräsentiert Freiheit. Es repräsentiert alles, was Amerika ausmacht. Und diese beiden Gebäude zu stürzen, würde Amerika in die Knie zwingen«.
CBS verbannte zwei von Wolfgang Petersen produzierte Episoden der Fernsehserie *The Agency* (The Agency – im Fadenkreuz der CIA) aus dem Programm, deren erste einen von Osama Bin Laden in Auftrag gegebenen Bombenanschlag zum Thema hatte und deren zweite sich mit einem rätselhaften Fall von Milzbrand beschäftigte.
Es war, wie Neal Gabler anmerkte, »als könnte man die Zukunft sicherer machen, indem man die Vergangenheit umschrieb.«
Aber das war schon damals nicht die ganze Wahrheit. Umdenken – ja. Aber alles hat, und gern sofort, Grenzen, denn, hey! *There's no business like show business!*
Der Kinostart von Ridley Scotts *Black Hawk Down* sowie der von *Behind Enemy Lines* wurden entgegen aller öffentlichen Wahrnehmung nicht etwa pietätvoll verschoben, sondern vorverlegt; *Operation Swordfish*, in den USA bereits im Sommer 2001 gestartet, lief in Europa lediglich einige Wochen später als vorgesehen an.
Bei allen erwähnten Entscheidungen aber spielten nicht etwa Schuldgefühle oder Respekt vor den Opfern die Hauptrolle, sondern in erster Linie marktwirtschaftliche Erwägungen. Ein Comedy-Film wie *Big Trouble*, in dem Terroristen eine Atombombe an Bord eines Flugzeuges schmuggeln – das schiebt man doch besser, angesichts der Marktlage. Heroische Darstellungen von Soldaten – die zieht man doch lieber vor, so kurz vor dem Krieg.

Binnen eines Monats nach den Anschlägen, so Patrick Goldstein in der *Los Angeles Times* vom 12. September 2002, war in Hollywood wieder alles so wie immer: »Im frühen Oktober standen die Kinogänger Schlange für *Training Day*, einen Film, der von korrupten Polizisten und fragwürdigen Helden handelt – schweigen wir über den nachfolgenden Rest, über *SWAT* (SWAT – Die Spezialeinheit), *Charlies Angels 2* und *Bad Boys 2*«. Goldstein beendet seine ernüchternde Betrachtung der eben nicht vorhandenen Fähigkeit Hollywoods oder gar seiner Kunden, sich der veränderten Realität mit verändertem Verhalten zu stellen, mit den ernüchternden Worten: »Hollywoods erste Ernte an großen Vietnamfilmen – *The Deer Hunter*, *Apocalypse Now* und *Coming Home* – kam erst ein Jahrzehnt danach auf die Leinwände.«[15]

Ist demnach alles hoffnungslos? Müssen wir warten, bis Oliver Stone in fünfzehn Jahren unabhängig vom Pentagon die Produktionsmittel zusammengekratzt hat und nach *Platoon* und *JFK* den nächsten provokativen Blockbuster in unsere Kinos bringt? Was die Kinos betrifft, ist das vermutlich die traurige Wahrheit. Aber selbst wenn Hollywood erst in zehn oder zwanzig Jahren den ersten kritischen 9/11-Film abliefert: Ausgerechnet das üblicherweise zu Recht als Heimat der hirntoten Sofakartoffel gescholtene Fernsehen ist einstweilen und überdies blitzschnell in die Bresche gesprungen – mit Bravour. Die 2002 in den USA ausgestrahlte zweite Staffel der preisgekrönten Agentenserie *24* mit Kiefer Sutherland (hierzulande 2004 von Vox nachgereicht) bewies in Sachen Wahrheit (wahlweise »konspirologisches Gedankengut«) schon relativ unmittelbar nach den Anschlägen einigen Mut. Zwar besteht hier die Bedrohung nicht in entführten Flugzeugen mit Kurs auf New York, sondern in einer Nuklearwaffe, die eine islamische Terroristenzelle in Los Angeles zünden will, aber die Drahtzieher, die der Counter-Terrorist-Einheit das Leben schwer machen, sind in den US-Geheimdiensten, beim Militär sowie im unmittelbaren Umfeld des Präsidenten zu suchen. Das Ziel der US-Fernsehschurken ist durchaus nachvollziehbar: Nur durch einen Terroranschlag wird die amerikanische Bevölkerung auf Kurs zu bringen sein für das ehrgeizige Vorhaben, die Militärbudgets zu erhöhen und einen Krieg in der Nähe Afghanistans zu führen, um die Erdöl- und Erdgasvorkommen am Kaspischen Meer unter US-Kontrolle zu bringen.

Das kommt vermutlich manchem bekannt vor, und es ist überwiegend erschreckend, wie nah die Macher der Serie der Wahrheit kommen – nicht zuletzt dann, wenn sie die angeblich in den Terror verstrickten jungen, wohlhabenden Araberstudenten als bloße Sündenböcke enttarnen: Der skrupelloseste Terrorist von allen ist in *24* eine junge Amerikanerin aus allerbestem Hause, die »umgedreht« worden ist. Auch wenn die Serie am Ende (verständlicherweise) nicht alles hält, was sie anfangs verspricht, muss man den Hut vor dieser kritischen Leistung ziehen.

Und wo, Verkünder sämtlicher finsterer Schweigekartelle, auf welchem Sender, lief *24* in den USA? Auf einem kleinen, unabhängigen oder gar linksliberalen Kabelsender, klar, wo sonst – nein, eben nicht. *24* wurde ausgestrahlt aus dem schwarzen Herz des medialen Bösen, von jenem Sender, der normalerweise berühmt und berüchtigt ist als republikanische Propagandamaschine und Demokratenhasskanal Nummer eins: von Rupert Murdochs Fox.

Dieser auf den ersten Blick überraschende Umstand sollte jene wenigstens einen Augenblick irritieren, die ständig von

Zensur reden – wären sie denn an der Wahrheit interessiert und nicht an ihrer persönlichen Quote. Natürlich sendet Fox nicht deswegen *24*, weil der Sender an einer ausgewogenen Berichterstattung interessiert wäre (auch wenn das Motto der Fox-News absurderweise »Fair and Balanced« lautet): Fox will Geld verdienen, nichts weiter. Und nachdem die erste *24*-Staffel ein Riesenerfolg war, vulgo: von den Massen massenhaft nachgefragt wurde, produzierte und sendete Fox eben auch die zweite. Und die dritte.

Gegen die eigenen Überzeugungen? Nein, denn Fox hat keine Überzeugungen – nur die eine: Gewinnmaximierung. Ließen sich mit Enthüllungsgeschichten über die Machenschaften von Rumsfeld, Cheney oder Bush Spitzenquoten zur Prime Time erzielen – Fox würde sie machen. Ohne Rücksicht auf Verluste. Solange es keine finanziellen sind. Da ist sie wieder, die später noch genauer zu betrachtende größte Schwäche und gleichzeitig größte Stärke des marktwirtschaftlichen Systems. Wenn wir das Richtige verlangen, dann kriegen wir *24* und kritische Dokumentationen zur besten Sendezeit. Eben die Wahrheit statt *American Idol*.

Die Macher und Produzenten von Fernsehsendungen, Hollywoodfilmen und Zeitungen würden vermutlich sogar ihre Verwandtschaft an medizinische Versuchslabors verkaufen, wenn ihnen das höhere Quoten und Werbeeinahmen brächte; ihre politische Ideologie, sofern man überhaupt von einer solchen sprechen kann, ist jederzeit im Angebot. Wir kriegen, was wir wollen. Schönheit oder Trash. Immer wieder die Wahrheit oder immer neue Lügen. »Holt mich hier raus!« oder »Breaking The Waves«.

Je nachdem, wonach wir die Traumfabrik fragen.

7 Wer wird Billionär?

Es wäre tatsächlich enorm kostspielig, die Welt zu einem besseren, gerechteren, vielleicht sogar sichereren Ort zu machen. Nimmt man die Schätzungen des United Nations Development Program als Grundlage, müssten wir schon für die Versorgung all unserer Mitmenschen mit sauberem Wasser und sanitären Anlagen etwa $ 10 Milliarden jährlich zusätzlich zu den derzeitigen Ausgaben aufwenden. Weitere $ 15 Milliarden kämen hinzu, um zu gewährleisten, dass jede Schwangere ihr Kind unter einigermaßen hygienischen Bedingungen und mit fachkundiger Hilfe zur Welt bringen kann (was nicht bedeutet: zwei Hebammen, zwei Ärzte plus Planschbecken sowie Klassik nach Wahl). Dazu kämen weitere $ 15 Milliarden, um jedem Menschen sein täglich Brot zu geben sowie eine wenigstens rudimentäre gesundheitliche Versorgung (ohne Wasserspender im Wartezimmer, weil ohne Wartezimmer). Sollten wir auch noch davon träumen, allen Menschen das Lesen, Schreiben und Rechnen beizubringen, kämen weitere $ 8 Milliarden hinzu.

Das ist sehr, sehr, sehr viel Geld. Unvorstellbar viel. Das sind fast $ 50 Milliarden.[1]

Per anno.

Woher nehmen? Wir haben nichts. Bloß Schulden. Jährich – hierzulande – etwa $ 40 Milliarden neue.

Die Umsätze der fünfzig größten Medienkonzerne betrugen im Jahr 2001 zusammengenommen $ 415 Milliarden.[2]

Womit beileibe nicht auf ein Missverhältnis zwischen unserem völlig berechtigten Bedürfnis nach Zerstreuung und dem gleichzeitigen fortwährenden Sterben in der Welt hingewiesen sein soll, denn diese Umsatzzahl steht nur als Zwischengröße im Raum, weil sie für uns, die wir schon bei der Vorstellung von einer ganzen Jauch-Million ins Schleudern geraten, die Diskrepanz zur anderen und in diesem Zusammenhang relevanten Zahl herstellen soll: zum Etat des US-Verteidigungsministeriums. Dieser Etat nämlich liegt nur unwesentlich unter den Umsätzen der großen fünfzig angeblich die Welt kontrollierenden Mediengiganten, die für unsere Versorgung mit wichtigen Unterhaltungswerten zuständig sind: Wir und unsere Lieferanten sind also vergleichsweise bescheiden, denn Donald Rumsfelds Behörde darf im Haushaltsjahr 2004 $ 400 Milliarden ausgeben. Fast so viel, wie unsere Entertainment-Dealer mit uns *allen* umsetzen. Oder eben auch: etwa das Achtfache dessen, was wir benötigten, um die Welt zu einem lebenswerten Ort für jedermann zu machen.

Das ist noch lange nicht *der Punkt*, wie wir gleich sehen werden, aber vielleicht helfen einige rasche Zahlenspiele doch, um aus abstrakten Summen den ganz konkreten Wahnsinn anschaulich zu machen, um die Verhältnisse einschätzen zu können, in denen all diese unvorstellbaren Zahlen – 50 Milliarden hier, 400 Milliarden dort – zueinander stehen.

Die USA geben zweiundzwanzigmal so viel für ihre Verteidigung aus wie die sieben erklärten »Schurkenstaaten« Kuba, Iran, Irak, Libyen, Nordkorea, der Sudan und Syrien zusammen.[3] Das Verteidigungsbudget macht fast achtzehn Prozent des US-Gesamtbudgets aus. Der Anstieg vom Haushaltsjahr 2002 zum Haushaltsjahr 2003 betrug

$ 48 Milliarden. Zum Vergleich: Das deutsche Budget lag bei $ 23 Milliarden.
Nicht der *Anstieg*, sondern das gesamte Budget.
Russland gab insgesamt 29 Milliarden aus, Frankreich 27, Indien 16, China 14,5. Der bloße *Anstieg* des US-Rüstungsetats übertrifft bei weitem die insgesamt verfügbaren Budgets aller anderen US-Behörden: Das Energieministerium verfügt über insgesamt 22 Milliarden, die Justizbehörde über 22, das Verkehrsministerium über 20. Jährlich 12 Milliarden geben die USA für Entwicklungshilfe aus.[4] Das sind fünfundzwanzig Prozent des Anstiegs des Rüstungsetats, drei Prozent des Gesamtrüstungsetats und 0,006 Prozent des gesamten US-Haushalts. Wäre das Verteidigungsministerium – gemessen an seinen Einwohnern respektive Mitarbeitern – eine Stadt, wäre es die viertgrößte in den USA. Der Grundbesitz des Ministeriums entspricht der Fläche Nordkoreas. Die Bombardierung Afghanistans kostete $ 30 Milliarden.[5] Das Pentagon braucht 2004 $ 400 Milliarden. Das Haushaltsdefizit der USA beträgt 2004 $ 400 bis 500 Milliarden.
Die Schlussfolgerung wäre simpel und ließe sich gar unter dezenter Abwandlung eines Karl-Kraus-Aphorismus elegant und vernichtend zusammenfassen: So wurde der Krieg zu jener Krankheit, als deren Heilmittel er sich ausgibt; denn wenn wir, die wir in kriegerischen Zeiten leben, in Terrorzeiten, Krisenzeiten, die nackten Zahlen betrachten, scheint die Lösung selbst für PISA-Versager auf der Hand zu liegen: 400 Milliarden Dollar für Rüstung, 400 Milliarden Defizit, 50 Milliarden Bedarf, um die Welt zu einem besseren Ort zu machen – nur ein Idiot könnte das Ausmaß dieses Irrsinns mit dem »Erhalt heimischer Arbeitsplätze« oder »Abwehrbereitschaft« rechtfertigen.

»Das ist ja alles unerhört«, rufen die Milchmädchen, die Tauben und die Gerechten, vergessen aber dabei immer wieder gern die anderen Zahlen, die sogar das US-Rüstungsbudget im Rahmen jeder um Sachlichkeit bemühten Diskussion in einem günstigeren Licht erscheinen lassen: So gibt beispielsweise Frankreich $ 778 pro Bevölkerungskopf für Rüstung aus, die USA $ 986 (Deutschland $ 466). Gemessen am Bruttosozialprodukt, liegt der US-Anteil bei 3,2 Prozent, der französische Anteil bei 3,1 Prozent, der britische bei 2,5 Prozent (Deutschland: 1,8 Prozent). Darüber hinaus liegt das Verhältnis von Militärausgaben und Bruttosozialprodukt in fünfunddreißig Ländern weltweit prozentual höher als in den USA.[6]

Das sollte berücksichtigen, wer sich auf eine Debatte darüber einlässt, ob die hohen Ausgaben der USA für Verteidigung zu rechtfertigen sind. Wir aber wollen das hier gar nicht infrage stellen. Denn der Skandal, der bei dieser gern und meist hitzig am Thema vorbei geführten Debatte völlig untergeht, ist ein anderer. Ein erheblich größerer.

Es geht um den Feind. Den Feind, über den US-Verteidigungsminister Donald Rumsfeld am 10. September 2001 (sic) in einer Rede sagte, er stelle eine »ernsthafte Bedrohung für die Sicherheit der Vereinigten Staaten dar«.

> Dieser Feind ist eine der letzten Bastionen der Zentralplanung. Er regiert, indem er Fünf-Jahres-Pläne diktiert. Von einer einzigen Hauptstadt aus versucht er seine Forderungen über Zeitzonen, Kontinente, Ozeane und darüber hinaus durchzusetzen. Mit brutaler Konsequenz erstickt er das freie Denken und zerschmettert neue Ideen. Er zerrüttet die Verteidigung der Vereinigten Staaten und setzt die Leben von Männern und Frauen in Uniform aufs Spiel.[7]

Rumsfeld sprach nicht von der Sowjetunion. Auch nicht vom Irak. Er selbst klärte das Missverständnis nach der rhetorisch geschickten Eröffnung schockierend auf, denn der Mann ist nicht nur hochbegabt, sondern hat zudem einen exzellenten Redenschreiber: »Der Widersacher ist unserer Heimat näher. Es ist die Bürokratie des Pentagon.«[8]

Im Folgenden erklärte der Verteidigungsminister und erfolgreiche Ex-Manager seinen staunenden Zuhörern, in der aufgeblähten Pentagon-Bürokratie versickere ein Haufen Geld – aufgrund veralteter Strukturen, fehlender Koordination und mangels kompatibler Systeme. Eher versteckt zwischen sehr klugen Anmerkungen zu modernem Management, nannte Rumsfeld dann aber auch die ungefähre Summe, und die soll uns hier, im Zusammenhang mit den oben genannten, zur Rettung der Welt jährlich erforderlichen Unsummen, interessieren:

> Einigen Schätzungen zufolge können wir Transaktionen in Höhe von $ 2,3 Billionen nicht nachvollziehen.[9]

Die Billionen sind kein Tippfehler. Es sind tatsächlich »$ 2,3 trillion« .

Die Erbsenzählerabteilung des neuseeländischen Online-Nachrichtendienstes Scoop (*www.scoop.co.nz*) hat sich die Mühe gemacht, den sinnleeren Begriff »Billion« jenseits des Behelfsbildes »jährlich $ 8 000 pro Kopf der US-Bevölkerung« zu veranschaulichen: 10 000 Dollar in Hundert-Dollar-Scheinen ergeben einen Papierstapel, der etwa einen Zentimeter hoch ist. Eine Million Dollar ergeben, in dieser Weise ausgezahlt, einen Stapel, der einen Meter hoch ist. Eine Milliarde Dollar ergeben einen Stapel, der einen

Kilometer hoch ist, eine Billion einen tausend Kilometer hohen Stapel Hundert-Dollar-Scheine.[10]
2,3 Billionen Dollar reichen also für eine dicke Papierschlange von Berlin bis Madrid. Anders gesagt: Ohne Beleg abhanden gekommen ist da im Lauf der letzten Jahre etwa das Doppelte dessen, was wir bislang in den »Aufbau Ost« investiert haben, oder eben etwas mehr als unser jährliches gesamtes Bruttosozialprodukt.
Viel? Ein globaler Riesenskandal? Ja. Aber haben Sie je davon gehört?

> Früher einmal gehörte zu echter Politik, dass offen gelegt wurde, wohin die Steuergelder der Bevölkerung fließen und weshalb. Da gegenwärtig das amerikanische Militär mehr als die Hälfte der jährlichen Steuereinnahmen einstreicht, sollte das das wichtigste Thema sein, über das zu sprechen wäre. *(Gore Vidal)*[11]

Sollte. Wäre. Müsste.
Für die ganze Welt.
Ist aber kein Thema, schon gar nicht für uns Europäer, bestenfalls eine internationale Randbemerkung, die gelegentlich unter »Sonst noch was?« im Politikteil der *Washington Post* oder des *Guardian* auftaucht. Und »Aufsehen erregend« war dieser Skandal, auch wenn er schon seit Jahrzehnten immer wieder einmal das Licht der Kurzmeldungen erblickt, im Jahr 2001 nur für wenige Stunden – denn Rumsfeld hielt seine kritische Rede exakt einen Tag, bevor sich alles änderte, nämlich am 10. September.
Einen Tag darauf traf der US-Verteidigungsminister sich mit seinem Stellvertreter, Paul Wolfowitz, und dem Abgeordneten Christopher Cox, diskutierte mit beiden Mittel

und Wege, den Kongress zur Bewilligung eines höheren Rüstungsetats zu bewegen, und diskutierte bis wenigstens 9.15 Uhr relativ unbeeindruckt weiter[12], obwohl Amerika offensichtlich angegriffen wurde. Nach dem Einschlag der dritten Maschine ins Pentagon verkündete der Verteidigungsminister umgehend die neue Marschroute in Richtung Afghanistan und Irak. Im Wissen, dass sich der Rest versenden würde.
Den Gefallen wollen wir ihm hier nicht tun; wenn dies schon kein solides Geschichtsbuch ist, dann doch wenigstens ein Geschichtenbuch, und dieses große Detail ist einfach zu wichtig, um weiter unerzählt zu bleiben.
Wie versenkt und versiebt man so viel Geld – mit dem man die ganze Welt zu einem sicheren, schönen, entspannten Ort machen könnte, zu einer Welt, in der vermutlich niemand auf die Idee käme, Autobomben, Menschenbomben oder Flugzeugbomben zu zünden?
Wie versiebt man 2,3 *Billionen* Dollar?
Die amerikanische Entsprechung unseres Bundesrechnungshofs, das GAO (General Accounting Office), weiß nicht nur schon seit Jahrzehnten um das Problem des »versickernden Geldes«, sondern kennt auch die Ursachen. In einem Bericht der Behörde heißt es wenig diplomatisch:

> Seit dreißig Jahren zeigen Untersuchungen des überparteilichen, vom Kongress eingesetzten GAO, dass etwa ein Drittel des US-Militärbudgets schlicht und einfach nicht belegt ist. Aus dieser verblüffenden Tatsache ergibt sich der sinnlose Verlust von Billionen Dollar amerikanischer Steuerzahler, überwiegend zum Nutzen korrupter Rüstungsunternehmen und ihrer Seilschaften im übrigen militärisch-industriellen Komplex.[13]

Die Anklage datiert vom August 2003: Zeit für einen weltweiten Aufschrei, für ein kollektives, überdeutliches »Schluss damit!« aus allen Schlagzeilen-Rohren in Richtung der Super-Bananenrepublik? Ach, was. Und wenn sich das GAO und alle anderen Gutmenschen auf den Kopf gestellt hätten; für Schlagzeilen war das alles nicht *sexy* genug. Die humorlosen Buchhalter des Rechnungshofs gingen in ihrem Sommerbericht unverdrossen ins Detail und wussten Folgendes zu berichten: Unter anderem bezahlt das Pentagon seit 1994 grundsätzlich gern zu viel Geld für irgendwelche Leistungen, kommt aber immerhin manchmal auf die Idee, diese »Overpayments« gelegentlich zurückzuverlangen. Das kann allerdings schon mal sechs Jahre dauern, was dem GAO bei Milliardensummen als arg günstige Kreditvergabeform unter Freunden und Vettern erschien.[14] Aber nicht nur in dieser Hinsicht schaut die Verteidigungsbehörde bei nahen Familienangehörigen offenbar nicht so genau hin. Es verschwinden auch schon mal Kleingeräte, wie das Pentagon auf Befragen des GAO einräumen mussten. 2003 waren es sechsundfünfzig Flugzeuge, zweiunddreißig Panzer und sechsunddreißig Javelin-Raketenwerfer[15], die irgendwer einfach »verlegt« hatte. Danielle Brian, Vorsitzende des Project on Government Oversight, das unserem *Bund der Steuerzahler* inhaltlich nahe kommt, kommentierte geeignet: »Es gibt keine Zuständigkeiten. Jede andere Behörden würde man schließen, aber das Pentagon ist Teflon.«[16]

Gemach – was heißt denn »Teflon«? Flugzeuge, Panzer, Raketen. So was kommt schon mal weg. Man darf die Proportionen nicht aus dem Auge verlieren. Natürlich sind Raketen und Panzer teuer. Klar, eine Cruise Missile für $ 1,6 Millionen zu verbaseln oder einen Tomahawk-Marschflugkörper für $ 3 Millionen[17], das ist ärgerlich. Aber man bedenke das Gesamtbudget. Sowie die generelle Haltung des Pentagon, was die Qualität der gelieferten, gelegentlich verlegten, oft überteuerten, aber angeblich immer smarten Waren betrifft. Navy-Kommandant Al Martin (im Ruhestand) erinnert sich an die hohen Qualitätsanforderungen in Sachen »Raketen«:

> Die genauen Worte des Generals waren, dass »diese Rüstungsunternehmen ihr Geld kriegen, solange die Dinger abheben und das richtige Land treffen«.[18]

Das ist ja auch schon was. Wer wollte mehr verlangen von einer intelligenten Bombe? Und »Schwund ist überall«, wie der Volksmund weise murmelt, daher kann es selbstverständlich vorkommen, dass man massenhaft Flugzeuge, Panzer und Raketenwerfer nicht wiederfindet.

Aber all diese großen, auffälligen Verluste sind andererseits Kinkerlitzchen und erklären nur zu einem kleinen Teil die gigantischen Löcher in der Pentagon-Kasse – man muss sich schon etwas tiefer hineingraben in die Buchhaltung, bis hin zu den kleinen Verlusten, die sich unterm Strich häufen, anders gesagt: zum Teufel im Detail. Wir kennen das aus unserem eigenen Budget: Der neue BMW war kalkuliert (auch wenn wir ärgerlicherweise vergessen haben, in welchem Parkhaus er gerade steht), aber die sechs Essen im Mai, das Geschenk für Mutter, der Besuch im Zoo, und dann waren die Kinder auch noch dauernd vergrippt, drum kann einem auch schon mal Folgendes in rauen Mengen durchrutschen: Kaffeetassen für $ 7622 pro Stück[19], nicht funktionierende Flugzeug-Armlehnen für $ 670[20], Hämmer für $ 435, Kugellager für $ 350[21], Schrauben für $ 76 pro Stück (die im Baumarkt nebenan 57 Cent kosten), Klobrillen für

Er könnte sogar schwören, dass sein Kaffeepott keine 8 000 Dollar gekostet hat.

$ 640 (Marktpreis: $ 5)[22], Waschbecken für $ 409 (Marktpreis: $ 39)[23] … die Liste ließe sich beliebig fortsetzen, bis hinunter zu hundertfach überteuerten, millionenfach bestellten Dichtungen, Anspitzern und Blumenvasen, und am Ende sind es all diese für sich genommen völlig unbedeutenden Beispiele von wie geschmiert funktionierender Vetternwirtschaft, die die US-Steuerzahler alljährlich 130 für nichts und wieder nichts verschwendete Millarden Dollar kosten.

Natürlich ist das Problem bekannt, wenigstens in informierten Kreisen. Und natürlich gibt es Menschen, die dagegen kämpfen. Carl Levin, US-Senator, deckte Mitte der Achtzigerjahre intern auf, dass das Verteidigungsministerium für speziell gefertige Mikrochips das Zehnfache des Marktpreises zahlte, und ersparte dem Steuerzahler so (nach eigenen Angaben) etwa $ 500 Millionen Kosten in den folgenden Jahren.[24] Aber nicht alle, die sich bis zu den Backenzähnen im dicken Filz verbeißen, sind so erfolgreich wie Levin.

Als US-Präsident Bush Anfang 2002 verkündete, er benötige $ 48 Milliarden zusätzlich für die Landesverteidigung, berichtete CBS vom deprimierenden und auf ganzer Linie gescheiterten Versuch des Militärbuchhalters Jim Minnery, wenigstens $ 300 Millionen wiederzufinden. Die Quintessenz des Berichts ist schlicht: Es wird gemauert, versteckt, geschreddert und gelogen. Die Kritiker sind sich einig, die Bücher werden routinemäßig Jahr für Jahr manipuliert, und mit einer brauchbaren Finanzkontrolle ließen sich »48 Milliarden allein in Form von Wechselgeld im Pentagon finden, ohne die Steuerzahler belasten zu müssen«.[25]

Natürlich gab und gibt es Sanierungspläne. Der jüngste, 207 Seiten stark, stammt aus dem Jahr 2003, führte aber bei korrekter Umsetzung nach Ansicht der demokratischen Gegner von Rumsfelds immer größer werdender Macht allenfalls dazu, die »Verschwendung, den Betrug und den Missbrauch noch zu vergrößern«.[26]

Der vorherige Versuch jedenfalls, 1989 gestartet, die über zweitausend unterschiedlichen Abrechnungs-, Buchhaltungs-, Personal- und sonstigen Erfassungsysteme des Pentagon zu entwirren, führte lediglich zu einem Verlust von weiteren $ 20 Milliarden – und zum Abbruch des Versuchs.[27] Es geht eben nicht. Das liegt wohl in der Sache der Natur, die wir alle kennen: Filz ist überall und wuchert hemmungslos.

»Ich war bei Wal-Mart«, sagte (GAO-Vertreter Gregory) Kutz. »Die konnten mir in genau dem Augenblick sagen, wie viele Tuben Zahnpasta sie in Fairfax, Virginia, hatten. Und das Verteidigungsministerium findet seine chemisch-biologischen Schutzanzüge nicht wieder.«[28]

Die bereits oben zitierte Steuerzahlerschützerin Danielle Brian nennt das Pentagon »ein schwarzes Loch in Sachen Geld«[29], den Kongress blind und die Gründe gleich dazu: Es gilt generell als unpatriotisch, Verteidigungsausgaben infrage zu stellen, erst recht seit dem 11. September 2001.
Deshalb wollen wir genau das unterlassen. Es mag sein, dass die einzige verbliebene Weltmacht tatsächlich hunderte von Milliarden jährlich für Flugzeuge und Panzer ausgeben muss. Was erforderlich ist, ist erforderlich, und das sind nach übereinstimmender Aussage aller militärischen Falken und sonstigen Sicherheitsbefürworter etwa $ 270 Milliarden für das Haushaltsjahr 2004. Daran wird niemand rütteln. Nicht hier. Reden wir über den Rest. Also die 130 Etat-Milliarden, die per anno in den Taschen korrupter Rüstungshersteller verschwinden. Erinnern wir uns an die Proportionen. Dies ist nicht der übliche Filz, der zwischen Bauunternehmern und Rathäusern herrscht; dies ist nicht die putzige Vetternwirtschaft, die unter afrikanischen oder ex-sowjetischen Despoten und anderen Revolutionsgewinnlern millionenschwer blüht: Dieser satte Filz erstickt die Welt.
Erinnern wir uns an den Ausgangspunkt unserer Überlegungen. Für etwa $ 50 Milliarden jährlich könnten wir die Welt zu einem besseren Ort machen. Die $ 130 Milliarden, die ohne Gegenleistung für irgendwen in gierige Taschen versickern, bedeuten weltweiten Tod, weltweite Armut, Legasthenie, Hoffnungslosigkeit, Fanatismus, Krankheiten,

Seuchen und unbeschreibliches Leid – und sollten wir hier zu weit gegangen sein: Die $ 80 Milliarden, die nach Abzug der weltrettenden Summe blieben, könnten einen gewaltigen Beitrag dazu leisten, auch die Armut und Chancenlosigkeit weiter Teile der US-Bevölkerung zu beheben (wer dazu weiter gehende Informationen benötigt, wendet sich bevorzugt an den alle Jahre wieder chancenlosen Bewerber um das US-Präsidentenamt, den garantiert populistischen, aber unterm Strich trotzdem einfach wunderbaren Dennis Kucinich).[30]

Beenden wir das skandalöse Zahlenspiel. Vorbereitung und Durchführung des Anschlags vom 11. September kosteten – laut FBI – 250 000 Dollar, verlorene Flugzeuge (vier) nicht eingerechnet. 250 000 Dollar, das entspricht ungefähr den Zinsen, die die Profiteure der alljährlich nutzlos versickernden Pentagon-Milliarden am 11. September in den zwanzig Minuten zwischen dem Einschlag der ersten und der zweiten Maschine ins World Trade Center kassierten. Möglicherweise ist aber damit, aller Anschaulichkeit zum Trotz, der Bogen der Verhältnismäßigkeit der Zahlen überspannt.

Deshalb halten wir abschließend versöhnlich fest – mit zustimmend hocherhobenem Daumen: »Wir müssen das Pentagon vor sich selbst retten!« *(Donald Rumsfeld)* [31]

Unbedingt. Denn sollten wir weitere zwanzig Jahre zwanzig Jahre zu spät kommen, könnte sich das als fatal erweisen, und durchaus nicht nur für das scheinbar so ferne Amerika; verstehen wir, als Europäer, also die Kampfansage des US-Verteidigungsministers als Aufforderung zu helfen, wo wir nur können. Und wenn es kraft erhöhter Aufmerksamkeit und erhöhter Schlagzeilen ist, die selbst in Amerika nicht übersehen werden können.

Es steht uns nicht zu, uns in interne Angelegenheiten anderer Länder einmischen?
Davon abgesehen, dass diese Haltung entschieden antiamerikanisch ist (vgl. Irak, Afghanistan und das restliche Geschichtsbuch): Ist die Zukunft der Welt, inklusive Bangladesch, Istanbul, Bagdad und Madrid, eine interne Angelegenheit der USA? Oder wollen wir bloß weiterhin allzeit bereit sein, uns nicht in unsere eigenen Angelegenheiten einzumischen?

8 Brave Small World

Man stelle sich das vor: Verteidigungsminister Peter Struck, Multimillionär und früherer Vorstandschef einer der weltgrößten Pharmafirmen, beschließt gegen den Willen der Vereinten Nationen, den Irak mit einem im Inland produzierten, dennoch den einheimischen Steuerzahler sündhaft teuer zu stehen kommenden Bombenteppich flächendeckend zu dekorieren, respektive das fremde Land ohne Mandat der internationalen Völkergemeinschaft kriegerisch einzunehmen.
Die Aufträge zum folgenden Wiederaufbau der zerbombten Region, zum Löschen und Verwerten der brennenden Ölquellen und sogar zur Rundumversorgung der Besatzungstruppe erhält allesamt das Unternehmen von Vizekanzler Fischer, das sich bereits am Bau des Konzentrationslagers für 9/11-Kriegsgefangene mehrere goldene Nasen verdient hatte – sowie am Bau der Pipeline über das Gebiet des vorherigen Kriegsgegners Afghanistan.
All dies geschieht mit dem Segen von Kanzler Gerhard Schröder, der überhaupt nur durch eine umstrittene Stimmauszählung im Bundesland Hessen, das von seinem jüngeren Bruder Manfred regiert wird, in Amt und Würden geraten war. Der Vater der Schröder-Jungs ist Herbert W. Schröder, noch bis vor wenigen Jahren selbst Bundeskanzler, davor Chef des Bundesnachrichtendiensts und nun als Berater für eine der weltgrößten privaten Investmentfirmen

tätig, die sich auf spürsinnige Anlagen in global operierende Rüstungsunternehmen spezialisiert hat.

Sohnemann Gerhard Schröders umtriebiger Vizekanzler, Joschka Fischer, war schon unter Schröder senior Verteidigungsminister gewesen, sämtliche von Schröder junior ins Kabinett erhobenen Minister und Berater sind Millionäre und verdanken ihren Reichtum Engagements in der Öl- und Rüstungsindustrie – sogar die Umweltministerin, die seit ihrer Ernennung jede Vernichtung natürlicher Ressourcen im Schatten von Strucks wichtigem Krieg entschieden befürwortet. Einer von Schröders einflussreichsten Beratern, nämlich Vatterns Außenminister, wird, obwohl er offiziell nicht dem Kabinett angehört, mit diversen besonders delikaten Aufgaben betraut.

Nennen wir den Mann James A. Baker III und kehren damit aus der empörenden Fantasie, die wir uns wahrhaftig keinen Tag lang würden bieten lassen, zurück in die amerikanische Wirklichkeit des Jahres 2004: eine schöne, neue, kleine Welt.

Es würde den Rahmen nicht nur dieses Kapitels, sondern auch gleich den Rahmen dieses Buches sprengen, wollten wir die Verbindungen und Verstrickungen der bekannten Weltherrscher mit der unheimlichen Weltführungselite auch nur andeutungsweise dokumentieren. Deshalb halten wir uns nicht auf mit den regalkilometerlang und -breit dokumentierten vergangenen Skandalen um die internationale Geldwaschanlage BCCI[1], die Drogengeschäfte der CIA oder die Rolle von Präsidentengroßvater Prescott Bush (»Hitler's Angel«, laut *New York Tribune* 1942), sondern verschaffen uns lediglich einen kurzen Überblick über die ganz und gar nicht geheimen, dennoch viel zu wenig gewürdigten Verbindungen der derzeitigen politischen Herren der Welt – um anschließend, bei aller berechtigten Kritik an unseren eigenen Machthabern und unserem vom Kollaps bedrohten System, beruhigt weiterzuschlafen oder weiterzuwurschteln im Wissen, dass hierzulande sogar jeder Minister fliegt, der mal versehentlich fliegt, nämlich qua Meilenkonto privat oder mit der Bundesluftwaffe zum Plantschen nach Mallorca.

Bei unserem kurzen Überblick über die verwandtschaftlichen Verstrickungen von US-Politik und -Wirtschaft, die mancher Europäer aufgrund historisch gewachsener, noch nicht vollständig verheilter moralischer Bedenken eventuell fragwürdig findet, vertiefen wir mangels Skandalträchtigkeit *nicht* die vollkommen anständigen Karrieren von:

US-Justizminister John Ashcroft (vgl. Kapitel 2), der sich aus Befangenheitsgründen aus der Untersuchung des Enron-Skandals zurückziehen musste (weil er Geld von Enron erhalten hatte)[2], US-Sicherheitsberaterin Condoleezza Rice, vorher lange in Diensten von Chevron Oil, US-Handelsminister Donald Evans, früher beim texanischen Öl- und Gasgiganten Tom Brown, US-Energieminister Stanley Abraham (Colorado Oil), Andrew Card, Stabschef im Weißen Haus (General Motors), Afghanistan-Übergangs-Staatschef Hamed Karzai (vorher Berater der Ölgesellschaft Unocal, Kalifornien), Verkehrsminister Norman Mineta (vorher Vizepräsident des Rüstungsfabrikanten Lockheed Martin) sowie US-Verteidigungsminister Donald Rumsfeld. Letzterer, schon seit Zeiten von Richard Nixon mit allen politischen Wassern Washingtons gewaschen, wurde zwischen 1977 und 1985 als Vorstandschef des Pharmagiganten G. D. Searle zum Multimillionär, war danach erfolgreich tätig in diversen Technologiebranchen, wegweisend mitverantwortlich für ablenkende Zukunftstech-

»Lasst uns nicht Afghanistan bombardieren, sondern den Irak – die haben bessere Ziele.«[3] Donald Rumsfeld und seine fröhliche Truppe.

nolgien wie HDTV (High Definition Television) und ist seit 2000 wieder politisch mit viel entspannter Freude bei der Sache.

Wenigstens US-Schatzmeister Paul O'Neill wollten wir in diesem Zusammenhang eigentlich eine ganze Seite widmen, denn die hätte er verdient. Bedauerlicherweise hat O'Neill sich selbst aus der Schusslinie jeder Kritik genommen, indem er Anfang 2004 sein Amt hinschmiss und sensationell ausplauderte, die Regierung Bush habe schon lange vor dem 11. September geplant, den Irak zu übernehmen – was die Weltpresse zu allerlei dicken Schlagzeilen animierte, zur Verblüffung informierter Menschen, die sich von dieser Supersensation allenfalls zu einem gegähnten »Ach, was?« inspiriert fühlten. Interessant wäre im Zusammenhang mit O'Neill zukünftig nur noch, wie er und seine Weggefährten sich nach dieser Nestbeschmutzung auseinander finden. Denn O'Neill ist nicht nur Ex-Vorstandschef des größten texanischen Luftverschmutzers, des Aluminumkonzerns Alcoa, sondern auch Partner in der Anwaltskanzlei Vinson & Elkins, die Enron vertritt – den drittgrößten Sponsor von Bush jr. im Wahlkampf 2000.[4] Man fragt sich, wie O'Neill und Bush diese uralten Verbindungen lösen wollen, jetzt, nachdem sie sich nicht mehr leiden können. Vermutlich gar nicht, aber es würde zu weit ins Reich der Nebelkerzen führen, diesen besonderen Vorfall hier vollständig dokumentieren zu wollen.

Nicht nur der Fall O'Neill, all die beeindruckenden Karrieren des US-Millionärs-Kabinetts verdienten fraglos eine ausführliche Würdigung, aber wir wollen – aus gegebenem Anlass und Platzgründen – lediglich die hierzulande allzu wenig bekannten Laufbahnen zweier anderer Vertreter der wunderbarsten Regierung aller Zeiten ins rechtere Licht rücken; zweier Vertreter, die über drohende Rausschmisse wegen *Miles-and-More*-Missbrauchs keine Sekunde nachdenken müssten, denn ihre Antwort würde zu Recht lauten: »Wen soll ich zuerst kaufen – die Airline oder das Network, das das hat durchsickern lassen?«

Der ehemalige US-Verteidigungsminister James A. Baker III ist nicht nur Vielflieger, sondern überdies ein fleißiger und umtriebiger Mann. Als Berater bzw. Senior Consultant gehört er seit 1993 der Carlyle Group an, einer Private-Equity-Firma, die nach hauseigenen Angaben private Vermögen von $ 17,5 Milliarden in Sachen Rüstung verwaltet. Baker befindet sich in illustrer Gesellschaft, denn unter den anderen Beratern dieses exklusiven Anlageclubs für Milliardäre finden wir zum Beispiel: Frank Carlucci (ehemaliger stellvertretender Direktor der CIA, danach von 1978 bis

1981 stellvertretender US-Verteidigungsminister), John Major (ehemaliger britischer Ministerpräsident), William Kennard (ehemaliger Chef der Federal Communications Commission, der US-Kartellbehörde, zuständig für Medienmonopole), Fidel Ramos (ehemaliger Präsident der Philippinen), Afsaneh Beschloss (Schatzmeister und Investment-Verantwortlicher der Weltbank), Otto Pöhl (früherer Chef der Bundesbank), Park Tae Joon (ehemaliger Präsident von Südkorea), sowie – neben vielen weiteren bekannten und weniger bekannten, dafür unendlich einflussreichen Männern: George H. W. Bush, also »Senior«. Letzterer musste allerdings seinen Beraterjob am Ende doch aufgeben – nachdem die Carlyle Group wegen ihrer Verbindungen zum Geld der Familie Bin Laden und zu Saudi-Arabien im Zusammenhang mit dem 11. September als dringend verdächtig ins FBI-Visier geraten war und sogar unabhängige US-Organisationen den US-Präsidenten George jr. öffentlich unter Druck setzten, seinen Vater zum Ausstieg zu bewegen.[5]

Aber über die Bushs ist alles geschrieben, deshalb soll hier weiter von Carlyles *Senior Consultant* James A. Baker die Rede sein, ihrem treuesten Diener. Als Politiker diente jener im Laufe seines langen, umtriebigen Berufslebens in unterschiedlichen Positionen gleich drei republikanischen US-Präsidenten, nämlich Henry Ford, Ronald Reagan und George Bush senior – Letzterem von 1989 bis 1992 als Außenminister. In dieser diplomatischen Eigenschaft kam der texanische Jurist viel herum, bevorzugt im Mittleren Osten, den er gelegentlich auch in privaten Jets der Familie Bin Laden bereiste.[6] Bakers Anwaltsfirma Baker Botts LLP hat ihren Hauptsitz in Houston, Texas – wo sonst? –, beschäftigt weltweit 600 Anwälte und vertritt etwa die Hälf-

Mindestens so unschuldig wie Pontius Pilatus – aber in den Gesten jederzeit souveräner: James A. Baker, saudischer Anwalt aus Texas.

te der Firmen, die auf der Top-100-Liste von *Fortune* stehen.[7] Daneben aber vertritt Baker Botts auch Regierungen, bevorzugt die Regierung Saudi-Arabiens – und zwar geschmackvollerweise *gegen* die Hinterbliebenen der Opfer des 11. September, die Mitte 2002 das Heimatland von fünfzehn der neunzehn Todesterroristen wegen der vermuteten Finanzierung von Al-Qaida durch Saudi-Arabien milliardenschwer verklagten.[8] Wer hier einen möglichen Interessens- oder gar Gewissenskonflikt hineinzukonstruieren versucht, ist vermutlich Bausparer.

Im August 2002 gewann Baker Botts LLP einen weiteren großen und wichtigen Mandanten, nämlich die texanische Firma Halliburton[9], also eben jene Firma, die Vizepräsident Richard Cheney in seinen Jahren als Vorstandschef (von 1995 bis 2000) zum wichtigsten Geschäftspartner des Pentagon machte – worauf wir gleich gebührend zurückkommen. An dieser Stelle soll die Aufzählung der wichtigsten

Taten von James Baker insofern vervollständigt werden, als der texanische Anwalt sich völlig zu Recht rühmt, die Präsidentenwahl im November 2000 für George W. Bush gewonnen zu haben – tatsächlich war er nämlich derjenige, der die Farce vor ein Gericht brachte, das den Auszählungsvorgang dann gerade noch rechtzeitig vor Al Gores endgültigem Sieg abbrechen ließ.

Im Dezember 2003 schließlich erfuhren jene, die die vermischten Kurzmeldungen aus aller Welt etwas gründlicher lasen, in welcher Form sich der US-Präsident für diese Amtsergreifungshilfe erkenntlich zu zeigen gedachte. Bush beauftragte Baker, die Schulden des Irak zu »restrukturieren« – in welche Richtung?

Der Hauptgläubiger des Irak ist, man ahnt es, Anwalt Bakers Dreißig-Prozent-aller-Gewinne-für-mich-Klient: Saudi-Arabien. Die Forderungen belaufen sich auf etwa $ 40 Milliarden, inklusive diverser Reparationsforderungen aus dem ersten Golfkrieg. Selbst gelegentlich zu kritischem Denken fähigen Journalisten wie denen der *Washington Post* leuchtete Bushs Wahl ein[10], denn Baker erschien kraft seiner Nahost-Kompetenz als der richtige Mann auf dem richtigen Posten.

Ein kurzer Exkurs für die Kollegen von der *Post* und alle anderen, denen daran nichts auffällt, sei aber doch erlaubt: So einfach ist das nämlich gar nicht, in Sachen »Staatsschulden« einen Verwalter einzusetzen. Normalerweise ist das Sache des verschuldeten Staates selbst, vertreten durch seine gewählte Regierung respektive seinen Präsidenten. Und sofern wir nicht irgendwas verpasst haben, war und ist George W. Bush eben *nicht* Präsident des Irak, sondern bloß Präsident der USA, kann also eine solche Anweisung in Sachen »Schuldenverwaltung« überhaupt nicht geben.

Fällt eine verschuldete Regierung – wie im Fall des Irak – sozusagen aus, weil sie qua eines verlorenen Krieges versprengt oder verschollen ist oder sich schwer verwanzt in einem Erdloch versteckt, fällt die Verantwortung für die Nachkriegsordnung der Schulden natürlich sofort – an die USA.

Blödsinn.

Immer und jederzeit fällt die Schuldenverwaltung an die Weltbank – und zwar zwingend. Deren Präsident, James Wolfensohn, war allerdings von Anfang an strikt dagegen, die Forderungen Saudi-Arabiens gegen den Irak anzuerkennen, nicht zuletzt, weil offenbar etliche der Saudi-Milliarden von Saddam verwendet worden waren, um in den Achtzigern den saudischen Lieblingsfeind, nämlich den Iran, von der Weltkarte zu fegen. Die Haltung der Weltbank war diesbezüglich brutal: Die Schulden des Irak in Höhe von etwa $ 120 Milliarden sollten komplett unter den Tisch fallen, um den Wiederaufbau des geschundenen Landes nicht noch weiter zu behindern – und schon gar nicht sollten irgendwelche unbegründeten Forderungen nach Reparationszahlungen die Jugend des Landes auf dem Weg zu einem souveränen Irak behindern. In Prosa: Das wäre ja noch schöner, meine Herren Bush und Baker! Einfach unter dem jederzeit blinden Schirm der Medien und der Weltbank Milliarden Dollar abzocken?! So geht's eben nicht!

Greg Palast, einer der letzten brillanten und tatsächlich investigativen Journalisten, kommentierte das Ganze folgendermaßen:

> Aber unser Präsident wird sich nicht von etwas so Trivialem wie internationalem Recht davon abhalten lassen, Mr. Baker zu einem raschen Dollar zu verhelfen … Der offiziellen

Pressemitteilung zufolge hatte nicht der Präsident Mr. Baker ernannt. Sondern Mr. Bush hatte lediglich »einer Bitte der irakischen Übergangsregierung entsprochen«. Das heißt, Bush handelt als Befehlsempfänger jener Marionettenregierung, die er selbst den Irakis mit vorgehaltener Waffe aufgezwungen hat.[11]

Nur kein Neid. So kann man das machen, so ist es ganz legal. Und wenn Palast hinterher raunt, dies bedeute einen neuen Tiefpunkt in Sachen »Conflicts'R'Us-Ernennungen« der Bush-Administration, dann nur, weil er die in den Wochen und Monaten danach folgenden Halliburton-Skandale zum Zeitpunkt seines Kommentars noch nicht kennen konnte.

James Bakers relativ frischer Mandant nämlich dürfte in absehbarer Zeit reichlich Anwälte brauchen – sofern nicht Vizepräsident Cheney etwas wirklich Originelles einfällt, um seinen ehemaligen Arbeitgeber auch zukünftig vor dem Schlimmsten zu bewahren. Dass ihm etwas einfällt, steht allerdings zu befürchten, denn trotz richterlicher Anordnung rückt der US-Vize bis heute auch die hochbrisanten Unterlagen nicht vollständig heraus, die seine »Energy Task Force« im Jahr 2001 in Sachen Deregulierung des US-Stromversorgungsmarkts und anderer heikler Vereinfachungen für die Energieindustrie gesammelt hatte.[12] Ob und was diese Zurückhaltung mit dem Enron-Kollaps zu tun hat, werden wir vermutlich erst in dreißig Jahren erfahren. Oder nie.

Also lassen wir Enron, die Energy Task Force, merkwürdige Phänomene wie die Explosion der US-Strompreise sowie die mindestens ebenso merkwürdigen Stromausfälle des Jahres 2003 an dieser Stelle unter den Tisch fallen, um die Verwirrung nicht auf die Spitze zu treiben. (Wie das alles zusammenhängt, entnehmen Sie bei Bedarf dem brillanten Bericht »Shame on you!« des eben zitierten Greg Palast – und lassen sich am besten auf *www.gregpalast.com* in den Verteiler aufnehmen.)

Zurück zu Dick: Was treibt der US-Vizepräsident sonst so – wenn er nicht gerade wichtige Unterlagen zurückhalten lässt und damit Bürgerrechtsorganisationen das Leben zur Hölle macht? Vor seinem Amtsantritt als Bush-Stellvertreter war Cheney fünf Jahre lang Vorstandvorsitzender des Ölkonzerns Halliburton, davor diente er als Verteidigungsminister unter George Bush senior. Aber vor allem anderen ist festzuhalten, dass Richard »Dick« Cheney ganz generell nichts Anrüchiges oder gar Illegales tut – und selbstverständlich alle Verbindungen zu seinem früheren Arbeitgeber Halliburton mit dem Tag seines Amtsantritts abgebrochen hat. Er selbst sagte dazu im September 2003 (in der NBC-Sendung *Meet the Press*):

> Seit ich Halliburton verlassen habe, um George W. Bushs als Vizepräsident zu dienen, habe ich all meine Verbindungen mit der Firma gelöst, mich aller finanziellen Beteiligungen entledigt. Ich habe keine wie auch immer geartete finanzielle Verbindung zu Halliburton und hatte auch in den letzten drei Jahren keine mehr.

Beruhigend. Das ist ja wohl auch das Mindeste. Und gut zu wissen. Und umso besser, dass Cheney es 2003 noch einmal unterstrich, denn genau dies hatte er auch schon im Sommer 2000 als Gast von Larry King entschieden klargestellt. Andernfalls könnten misstrauische Menschen bei der märchenhaften, rein zufällig am 11. September 2001 beginnenden Halliburton-Erfolgsgeschichte, die wir gleich hören werden, auf die Idee kommen, sie hätten es hier mit einem mittleren Skandal zu tun. Aber Cheney hat ja bereits seit 2000 nichts mehr mit der Firma zu tun. Wie gesagt.

Unmittelbar nach der *Meet-the-Press*-Sendung wies der demokratische Senator Frank Lautenberg die Presse auf Cheneys Steuererklärung von 2002 hin. Danach hatte der Vizepräsident der USA 2002 $ 169 392 von Halliburton kassiert. 2001 waren es $ 205 298 gewesen, also etwas mehr als sein jährliches Vizepräsidentensalär von $ 198 600.

Nach diesen eher kontraproduktiven, komplett unfairen Enthüllungen trat Cheneys Sprecherin Catherine Martin notgedrungen die Flucht nach vorn an und bestätigte, ihr Boss werde auch 2003, 2004 und 2005 jährlich etwa $ 150 000 von Halliburton erhalten, habe jedoch keineswegs die Unwahrheit gesagt.

Wie das?

Martin erklärte ohne erkennbare Gesichtsrötung, das geflossene und weiterhin fließende Geld habe ihr Chef sich schon *vorher* verdient, in seinen Jahren als Vorstandschef der Firma von 1995 bis 2000 (zuzüglich zu seiner Abfindung), und vertraglich festschreiben lassen, dass es weiter gezahlt werden würde, auch im Fall seines Rücktritts von allen Ämtern. Dass Cheney außerdem bis heute 433 333 Aktienoptionen hält (die etwa $ 8 Millionen wert sind), macht den dialektischen Kohl da auch nicht mehr fett. Der eine oder andere fühlte sich aber dann doch an Ex-Präsident Clintons vergleichweise harmlose Wortklaubereien in Sachen »Was-genau-bedeutet-Sex?« erinnert.

Natürlich ist diese Haltung schlecht verdienender (garantiert linker und vermutlich die Schwulenehe befürwortender drogenabhängiger demokratischer oder bloß europäischer) Kommentatoren kleinlich und verrät lediglich den bemitleidens-

Der Präsident
der USA
(2000-2004)
und sein Boss
(v. li. n. re.).

werten Neid der Besitz- und Machtlosen, denn gerechterweise muss man das Ganze aus Richard Cheneys Sicht betrachten, der Sicht eines Mannes, für den 150 000 Dollar per anno wirklich nur »Peanuts« sind. Es ist daher ganz und gar nicht auszuschließen, dass der heimliche US-Präsident solche lächerlichen Summen einfach gar nicht als Eingang auf seinem Konto wahrnimmt, ebenso wenig wie sein Gehalt als Vizepräsident.

Die Kritiker von Cheneys unzähligen angeblichen »Lügen« vergessen schlicht und ergreifend, dass der Mann einen mit $ 1,3 Millionen jährlich dotierten Manager-Job aufgegeben hat, nur um seinem Vaterland zu dienen. Und verglichen mit dem $ 33-Millionen-Abfindungspaket, das Cheney zum Abschied mitnahm, sind seine derzeitigen, möglicherweise fragwürdigen Einkünfte wirklich vernachlässigenswert. Vermutlich hat er sie einfach übersehen.

Dennoch bleibt natürlich, wenigstens für Kleingeister und Erbsenzähler wie unsereins, die Halliburton-Erfolgsstory ein bisschen arg wunderbar. Der 1919 gegründete Konzern ist einer der weltweit größten Dienstleister in der Erdöl- und Erdgasbranche – von der Erschließung von Ölquellen bis zur Förderung, von der Raffinerie bis zur Infrastruktur hat Halliburton mit seinen knapp hunderttausend Beschäftigten in hundertzwanzig Ländern alles im Angebot, was das Bohrerherz begehrt.

Und sollte da noch irgendetwas fehlen, wenden Sie sich bitte nicht an die Konkurrenz, sondern an die Halliburton-Tochter Kellogg, Brown & Root (KBR), die sich auf Pipelines und Raffinierien konzentriert, darüber hinaus aber auch den Bau von Unterkünften, Versorgungsleistungen sowie Wartungen jeder Art offeriert.[13]

Die Tochter ist insofern besonders interessant, als deren Zusammenarbeit mit dem Pentagon 1992 begann, nachdem KBR für immerhin $ 9 Millionen Honorar einen vertraulichen Bericht darüber erstellt hatte, wie Privatfirmen die amerikanischen Truppen geeignet unterstützen könnten. Noch im gleichen Jahr erhielt KBR von der Armee einen ersten Fünf-Jahres-Vertrag zur Versorgung der US-Truppen im Balkaneinsatz und in anderen Krisenregionen.

Richard Cheney war 1992 *nicht* CEO von Halliburton oder gar KBR, ist also diesbezüglich komplett aus dem Schneider, das heißt *wäre* komplett aus dem Schneider, hätte er nicht damals das Amt des US-Verteidigungsministers bekleidet, also die entsprechenden hoch dotierten Aufträge an seinen zukünftigen Brötchengeber selbst vergeben.

1995 wechselte Cheney die Seiten und übernahm endlich auch offiziell die Führung von Halliburton und KBR. In den folgenden fünf Jahren verdoppelte sich das Volumen der Regierungsaufträge für Halliburton auf $ 2,3 Milliarden. Ebenfalls verdoppelt wurden die Firmenspenden an republikanische Politiker – auf $ 1,2 Millionen.[14]

Richtiges Momentum aber bekam die Erfolgsgeschichte der emsigen Texaner erst nach den Anschlägen des 11. September und den daraus resultierenden Kriegen gegen Afghanistan und den Irak. Während Halliburton am Bau der neuen Pipeline durch Afghanistan munter verdiente, vergab die Regierung den fast $ 33 Millionen schweren Auftrag zum Bau des Konzentrationslagers in Guantanamo Bay an eine Konkurrenzfirma – nämlich KBR.

Im März 2003 erhielt KBR dann vom Verteidigungsministerium (ohne öffentliche Ausschreibung) den Auftrag, die von Saddams Soldaten in Brand gesetzten Ölquellen im Irak unter Kontrolle zu bringen. Der Preis für den amerikanischen Steuerzahler liegt bei etwa einer Milliarde US-Dollar (laut Angabe des zuständigen US Army Field Support Command).[15]

Aber damit nicht genug.

Denn schon vorher, am 14. Dezember 2001, als Amerika noch schockstarr vor lauter studentischem Terror und Anthrax zitterte, hatte KBR klammheimlich auf ganz anderem Feld Nägel mit Köpfen gemacht und sich den Regierungsauftrag gesichert, für die kommenden zehn Jahre sämtliche US-Militärbasen rund um den Globus zu versorgen – rundum, vom Proviant bis zum Klopapier. Der Vertrag nennt sich Logistics Civil Augmentation Program (LOGCAP) und »besagt im Grunde, dass die Regierung über ein unbeschränktes Mandat und Budget verfügt, KBR überall in die Welt zu entsenden, um mit humanitären oder militärischen Operationen Gewinne zu erzielen« – so der Kommentar der in Berkeley, Kalifornien, beheimateten Organisation CorpWatch, die, wie der Name verrät, mit unabhängigen Argusaugen verfolgt, was die US-Konzerne so alles treiben.

Derek Z. Jackson kommentierte im September 2003 praktisch unbemerkt im *Boston Globe* den Zwischenstand:

> Halliburton ... profitiert mit Abstand am stärksten von der Invasion und Besetzung des Irak. Durch Verträge ohne Ausschreibung und ohne Begrenzung nach oben hat die Firma bereits Aufträge im Wert von $ 2 Milliarden angehäuft. Sie leistet alles, vom Reparieren der Ölfabriken bis zur Versorgung der Truppen mit Toiletten. Vor einem Jahr blickte Halliburton noch auf einen Verlust von fast einer halben Milliarde Dollar. Für das zweite Quartal 2003 wies man einen Gewinn von 26 Millionen aus.[16]

Wer nun allerdings glaubt, diesem geschäftstüchtigen Vetternwahnsinn sei schwerlich noch eine goldene Krone aufzusetzen, der sieht sich seit der Vorweihnachtszeit 2003 eines Besseren belehrt. Denn offensichtlich genügt es Halliburton und seiner kleinen Tochter KBR nicht, auf fragwürdigen Wegen die dicksten Aufträge des Militärs an Land zu ziehen und dann wenigstens anständige Arbeit abzuliefern. Nein, KBR scheint sich seiner Sache so sicher zu sein, dass man den Kunden auch noch ganz unverhohlen über den Tisch zieht – im Wissen, dass erstens sowieso keiner dazwischengeht, wenn der Vize der USA seine schützende Hand über einen hält, und zweitens der schon 1997 vom amerikanischen Rechnungshof, dem GAO, erhobene Vorwurf, KBR betrüge die Regierung und den Steuerzahler, längst vergessen ist.[17]
Die Hoffnungen von KBR dürften berechtigt sein, dennoch wollen wir hier, für die Chronik, festhalten, welche Blüten das ungehemmte Gewinnstreben von Firmen treiben kann, die sich von der Regierung geschützt wissen – nicht nur in Bananen- oder ehemaligen Sowjetrepubliken, sondern be-

sonders in den USA. Vergleichsweise harmlos war die via NBC kurz vor Weihnachten 2003 verbreitete Meldung, KBR versorge die Truppen mit verunreinigtem Essen aus schmutzigen Küchen, schließlich ist die Front kein Sterne-Restaurant, und für 28 Dollar pro Mann kann man wirklich keine Wunder erwarten, erst recht nicht bei zu diesem Zeitpunkt gelieferten einundzwanzig Millionen Mahlzeiten für die fünfundvierzig Stützpunkte in der Wüste – deshalb war der Vorwurf des demokratischen Abgeordneten Henry Waxman aus Kalifornien geschmacklos, KBR würde in »arroganter Weise den Auftraggeber übervorteilen«. Zu diesem Zeitpunkt aber stand KBR bereits gründlich in der Kritik.

Im Oktober 2003 hatte es erste Gerüchte gegeben, der Multi mit den vielen Exklusivverträgen berechne der US-Regierung für Benzinimporte aus Kuwait in den Irak (kein Scherz) $ 1,60 pro Gallone – bei einem Einkaufspreis von 71 Cent. Dies erwies sich kurze Zeit später, nach Recherchen der *New York Times*, als Falschmeldung: Tatsächlich berechnete Halliburton nicht $ 1,60 pro Gallone, sondern $ 2,64.[18]

Eine Pressesprecherin der Firma verteidigte den hohen Preis mit der gefährlichen und feindseligen Umgebung – der Gewinn sei eher gering. Dazu muss man wissen, dass die Benzinimporte einer der größten Kostenfaktoren beim Wiederaufbau des Irak sind – was angesichts der Tatsache, dass sich unter dem besetzten Wüstenboden die drittgrößten Erdölvorkommen der Erde befinden, besonders absurd ist. Von Mai bis Oktober 2003 importierte KBR einundsechzig Millionen Gallonen Benzin aus Kuwait und hundertneunundsiebzig Millionen aus der Türkei – zu einem Gesamtpreis von $ 383 Millionen.

Der kuwaitische Partner verkauft die Gallone angeblich für etwa einen Dollar an Halliburton. Andere kriegen den

Voll getankt bei Richard Cheneys Ex? Alles super – bei Halliburton ist die Kohle in guten Händen.

Großhandelspreis: 71 Cent. Halliburton zahlt weitere $ 1,21 für den Transport in den Irak. Es verbleiben 26 Cent pro Gallone an »Handling-Kosten« und Provision. (Laut US Army Corps of Engineers). Nichts war daran auszusetzen. Oder jedenfalls nicht viel. Nachdem die Kleinanzeigenpresse sich diesbezüglich wieder beruhigt hatte, reagierte Halliburton prompt: Im November 2003 stieg der Preis für eine importierte Benzingallone von $ 2,64 auf $ 3,06.[19]
Der US-Abgeordnete Henry Waxman, der das Prinzip offenbar nicht verstanden hat oder weiterhin nicht verstehen will, äußerte sich danach ein letztes Mal erbost: »Es ist unentschuldbar, dass Amerikanern absurd hohe Preise in Rechnung gestellt werden, um für Iraker Benzin zu kaufen, und skandalös, dass das Weiße Haus tatenlos zusieht.« Was sollte es denn sonst tun, Mr. Waxman?
Aber es sind nicht nur die großen und gut sichtbaren Helden des Krieges gegen den Terror, die Cheneys, Bushs und Bakers, die in unserer kleinen, an allen Ecken und Enden

brennenden Welt von den geschäftlichen Entwicklungen profitieren, die allein durch die Anschläge des 11. September möglich wurden; auch anderen, fast unsichtbaren Gestalten schaffte der Irrsinnsflug der neunzehn Araber wundersamerweise einen Haufen Probleme vom Hals – und einen Haufen Geld aufs Konto.
Sprechen wir das Zauberwort noch einmal aus: *Anthrax*.
Und benennen wir die Zauberwaffe gegen diese Bedrohung: *Bioport*.
Bis zum 11. September hatte die Firma Bioport ein echtes Problem: Drei Jahre lang hatte die amerikanische Aufsichtsbehörde FDA (Food And Drug Administration) der Firma die Zulassung für ein neu eingerichtetes Labor standhaft verweigert. Und so klang das, was Robert Myers, der Chefchemiker des Hauses, im Januar 2001 zur Lage von Bioport von sich gab, in den Ohren der meisten Zuhörer bloß wie »Pfeifen im Walde« respektive die letzten heroischen Lügen aus der Vorstandsetage eines todgeweihten Unternehmens, das jahrelang auf Panik gesetzt – und verloren hatte:

> Bioport existiert heute, um die Nachfrage nach Anthrax-Impfstoffen zu befriedigen, weil die Bedrohung durch biologische Waffen real ist und weil die Männer und Frauen, die unser Land verteidigen, auf uns angewiesen sind. Auch wenn vieles über unsere Beziehung zur FDA gesagt worden ist, ziehen wir ein Scheitern unserer Bemühungen, die Zulassung durch die FDA zu bekommen, nicht in Betracht. Wir werden sehr bald wieder einen sicheren, reinen und effektiven Anthrax-Impfstoff herstellen – und zwar rechtzeitig und zu einem angemessenen Preis. Wir haben uns ganz und gar der Vollkommenheit verschrieben, und wir werden nicht ruhen, solange wir dieses Ziel nicht erreicht haben.[20]

Auch am 11. September hatte Bioport noch keine Zulassung der FDA für seinen umstrittenen Anthrax-Impfstoff. Erst unter dem massiven Eindruck der darauf folgenden Briefanschläge entschied sich die Behörde im Dezember, aller Bedenken zum Trotz, grünes Licht für die Impfstoff-Fabrik zu geben.[21] Wir haben schon in anderem Zusammenhang (Kapitel 2) den Anthrax-Aspekt angesprochen, wollen hier aber noch einmal kurz rekapitulieren: Es gab nur sehr wenige Opfer. Das erste war ein Bildredakteur aus Florida, dessen Chefredakteur an zwei der 9/11-Attentäter Apartments vermieten ließ. Ansonsten wurden nur Nachrichtenredaktionen und Politiker, die öffentlich gegen den US Patriot Act opponierten, mit Anthrax-Briefen bedacht. Die Sporen kamen definitiv nicht aus Afghanistan oder dem Irak, sondern offensichtlich aus einem Labor in den USA.

Am sprunghaft steigenden Absatz des Gegenmittels für Anthrax-infizierte Patienten (das Antibiotikum Cipro) verdiente versehentlich nur ein deutscher Konzern, nämlich Bayer. Deutlich mehr jedoch lässt sich natürlich langfristig mit einem Impfstoff einfahren – und dieses lukrative Marktsegment eroberte unmittelbar nach den ersten Todesfällen die kleine Firma Bioport, die heute der weltweit einzige Hersteller ist, dessen Anthrax-Impfstoff BioThrax™ von der amerikanischen FDA zugelassen ist.

Verwunderlich ist daran auf den ersten Blick nur, dass die US-Regierung sich keinen größeren Partner gesucht hat – schließlich hat Donald Rumsfeld qua Karriere allerbeste Kontakte zur Pharmaindustrie. Auf den zweiten Blick aber wird alles noch ein bisschen verwunderlicher. Denn Bioport gehört, auf einigermaßen simpel nachzuvollziehenden Beteiligungswegen, den Firmen Intervac LLC und Intervac

Management LLC sowie Michigan Biologic Products. Intervac LLC ist Mehrheitseigner und befindet sich im Besitz von William J. Crowe, Fuad El-Hibri, dessen Frau Nancy, sowie der auf den Antillen ansässigen Investmentfirma von Vater Ibrahim El-Hibri, I & F Holdings.[22] Letztere war zuvor maßgeblich beteiligt an der englischen Biotech-Firma Porton Products Ltd., die im ersten Golfkrieg die US-Truppen mit Anthrax-Impfstoff versorgte und – angeblich als weltweit einziges Labor – die aufwändigst herzustellende »Ames«-Variante des Anthrax-Virus produzierte, also jenen speziellen Virus, der 2001 die USA traf. Hieraus sind ausdrücklich keine übereilten Schlüsse zu ziehen. Wäre alles so einfach, wie es uns ahnungslosen Laienermittlern gelegentlich erscheint, hätte das FBI die Bioport-Verantwortlichen längst überführt und verhaftet. Wir gehen daher von der vollständigen Unschuld aller Beteiligten aus und verfolgen erst recht nicht die von Internet-Konspirologen ausführlichst, aber gelegentlich auch arg fantasievoll »belegten« Verbindungen von Vater und Sohn El-Hibri zur Familie Bin Laden, der Citibank und diversen anderen »üblichen Verdächtigen«. James Bakers Carlyle Group (siehe oben) bestreitet inzwischen vorsichtshalber sogar im Rahmen ihrer Dauerpressemitteilung ebenso ungefragt wie energisch das Gerücht, sie sei an Bioport beteiligt.[23]
Wir schulden aber unserer Kleine-Welt-Episode am Ende wenigstens die mit einem großen, höflichen Fragezeichen versehene Erwähnung, dass nicht nur der Bioport-Mitbesitzer Fuad El-Hibri, ein Libanese, der mit deutschem und US-Pass reist, in den Neunzigern in England weilte (und dort geschäftigst gegen Milzbrand forschte), sondern dass auch sein Partner, der oben erwähnte Admiral William Crowe, der 22,5 Prozent an Intervac LLC hält, eine recht

interessante Vergangenheit hat. Crowe nämlich war von 1994 bis 1997 US-Botschafter in Großbritannien, aber das allein hätte ihn sicherlich nicht als Biotech-Experten und Partner der El-Hibris qualifiziert. Dafür sorgte dann möglicherweise schon eher die Karriere, die er vorher hingelegt hatte, denn der Mann, der am meisten von der 2001 in den USA ausgebrochenen Anthrax-Panik profitiert, war bis 1990, unter US-Präsident Ronald Reagan, Oberbefehlshaber der US-Streitkräfte.
Der Geschäftsführer von Admiral Crowes seit Dezember 2001 wieder wie geschmiert laufender Firma, Bob Cramer, verkündete im Januar 2004 nicht ohne Stolz:

> Regierungsvertreter haben unlängst ihre Befürchtungen hinsichtlich der Anfälligkeit im Falle eines massiven, aus der Luft geführten Anthrax-Angriffes nochmals unterstrichen. Dieser Vertrag gestattet anderen Behörden wie der für die Homeland Security zuständigen, den Health And Human Services sowie dem State Department, BioThrax über das Verteidigungsministerium anzufordern. [24]

Der Vertrag, von dem Kramer sprach, wurde Ende Dezember 2003 zwischen Rumsfelds Behörde und der Firma des Ex-US-Militärchefs Crowe geschlossen. Er sichert der kleinen Firma aus Michigan $ 245 Millionen zu – für (allerdings nur bei Bedarf) zu liefernde Anthrax-Impfstoffe.
Auch im kleinsten Dorf der Welt gilt: Hauptsache, gesund. Notfalls -gestoßen.

9 Scheichegal!

Die Wellenreiter des medialen Mainstreams werden seit nun fast drei Jahren nicht müde zu behaupten, Desinformationskampagnen würden ausschließlich von Verschwörungstheoretikern via konspirologischer Websites betrieben, verblendeten Fantasten, die jedes Gerücht und jeden Unsinn verbreiten, der ihnen in den hirnverbrannten Kram passt, und jedes Detail ausblenden und verschweigen, das ihnen die absurden Theorien zu vermasseln droht. Klar: So arbeiten hartgesottene Konspirologen nun mal – man will ja seine Anhänger nicht verschrecken.
Genau so (und aus den gleichen Gründen) arbeiten aber auch die schärfsten und lautesten Kritiker jener Wirklichkeitsverdreher, nämlich die Vorzeigekonspirologen des Mainstream – auch ihr Credo lautet: Was nicht passt, wird passend gemacht. An diesem Punkt unserer Reise durch die vermischten Nicht-Meldungen nach dem 11. September wollen wir uns die fast perfekt choreografierte Veröffentlichung von wichtigen Desinformationen anhand eines Beispiels vor Augen führen, das uns Deutsche als Herbergsväter der angeblich Hauptschuldigen – Atta, Jarrah, Al-Shehhi und Binalshibh – am ehesten berührt oder berühren sollte. Nennen wir dieses Fallbeispiel »Scheich gleich Scheich – Aus Omar Saeed Sheikh mach Khalid Sheikh Mohammed oder: Die heißen doch eh alle gleich, die Wickelmützen«.

Khalid Sheikh Mohammed, »die rechte Hand von Osama Bin Laden«, wurde Mitte 2002 festgenommen und als »Zahlmeister« des 11. September enttarnt. Dies veranlasste den *Spiegel* im Spätherbst 2003 zu einer vergleichsweise überhaupt nicht aktuellen Titelgeschichte[1], die in die Feststellung mündete, die Rätsel des 11. September seien endlich, dank der Aussagen von Ramsi Binalshibh und Khalid Sheikh Mohammed, fast vollständig gelöst. Der Artikel, der unter anderem mit offiziell längst widerlegten Annahmen jongliert[2], war vermutlich der Höhepunkt des tapferen Vorpreschens der Hamburger Redakteure in Sachen »Nichts hören, nichts sehen, nichts sagen«, aber wir wollen der Sache wegen annehmen, dass der *Spiegel* sich bloß in die Irre führen ließ und nicht bewusst die Tatsachen verdrehte.
Zwei Wochen zuvor hatte dasselbe Blatt in einer anderen Rubrik eher unauffällig das Buch »Wer hat Daniel Pearl ermordet?« von Bernard-Henry Lévy empfohlen. Was insofern von Belang ist, als Lévy und sein erschütternder Bericht[3] in der zu diametral entgegengesetzten Schlüssen kommenden *Spiegel*-Geschichte wenigstens erwähnt und die zentralen Aussagen des akribischen Franzosen journalistisch hätten widerlegt werden müssen. Stattdessen titelte das Nachrichtenmagazin bloß sensationell ignorant »Das Geständnis« und erwähnte zwar, jedes der in Sachen Binalshibh und Khalid Sheikh alles beweisenden (dem *Spiegel* angeblich vorliegenden) Verhörprotokolle beginne »mit dem vorsorglichen Hinweis, dass man nicht sicher sein könne, wo die echten Informationen enden – und wo Lügen beginnen«, schloss jedoch daraus mit eigenwilliger Konsequenz: »War die Geschichte des 11. September 2001 bisher eine Art Puzzle, bei dem noch einige wesentliche Teilchen fehlten, ist das Bild jetzt, nach den Aussagen, nahezu

vollständig – in einigen Bereichen sogar bis ins letzte Detail.«[4]
Neue Antworten suchte man in der Titelstory dann allerdings vergebens. Die Geständnisse Binalshibhs und Khalids (die eigenartigerweise in den Prozessen gegen die in Deutschland lebenden angeblichen Helfer der Attentäter – laut *Spiegel* – nicht verwendet werden durften), brachten, obwohl vermutlich unter Folter erzwungen, verblüffend wenig neue Erkenntnisse, genauer gesagt, gar keine. Polgar und Friedell hätten in einem solchen Fall vermutlich getitelt: »Extrablatt – sensationelle Nichtigkeiten aus aller Welt eingetroffen!«
Denn hätte man nicht erwarten müssen, dass nach mehreren Monaten intensiver CIA-»Befragung« auch Elektro-

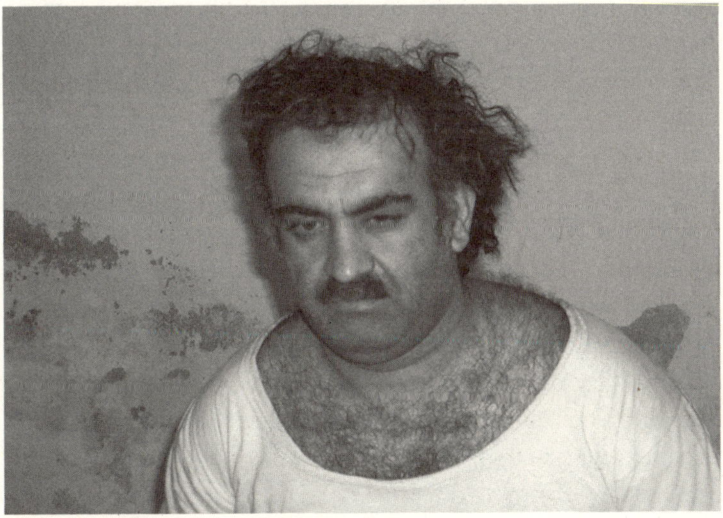

Advo-Card verlegt, ansonsten höchstwahrscheinlich tot, aber laut FBI immer noch aussagekräftigstes Mastermind Nummer eins in Sachen »9/11« (im heimlichen US-Gewahrsam): Khalid Sheikh Mohammed.

schockveteranen wie Khalid und sein Kompagnon Binalshibh alles verraten würden, was sie wussten – und nicht nur das wenige, was sie schon lange vorher, ganz freiwillig, im Interview mit Yosri Fouda, Chefreporter des arabaischen Fernsehsenders Al-Djazeera, »gestanden« hatten?[5] Skeptischer noch ließ einen der Umstand werden, dass der gefangene dicke Fisch Khalid nicht wenigstens kurz und lebendig präsentiert wurde. Immerhin, es existiert ein Foto, dass einen zerzausten Mann mit haarigem T-Shirt zeigt, und wir wollen für den Augenblick annehmen, dass das tatsächlich Khalid ist oder war, aufgenommen *nach* seiner Verhaftung irgendwann zwischen Oktober 2002 und März 2003.

Wie üblich gab es keine offizielle Erklärung und erst recht keine öffentliche Anhörung, mit der ebenfalls üblichen Begründung, das würde die Ermittlungen behindern respektive der »Gegenseite« helfen. Für die Öffentlichkeit war zu diesem Zeitpunkt der 11. September ohnehin schon so weit Richtung »historische Ereignisse« entrückt, dass niemand mehr Fragen stellte. Aufmerksamen Beobachtern allerdings kam das Ganze mehr als merkwürdig vor.

Wir blenden zurück ins Jahr 2001. Am 4. September traf General Mahmud Ahmed, der Chef des pakistanischen Geheimdienstes Inter Services Intelligence (ISI), zu Gesprächen in Washington ein. Einen Tag vor den Anschlägen berichteten die pakistanischen *Karachi News*, dieser Besuch Mahmuds sei nicht der erste seit der letzten drei Monate, was die Wichtigkeit der andauernden Gespräche unterstreiche.[6] Am Morgen des 11. September traf General Mahmud mit den Abgeordneten Porter Goss und Bob Graham zu einem Gespräch im Kapitol zusammen. Offenbar handelte es sich dabei um einen Gegenbesuch, denn in den Monaten zuvor waren Goss, Graham sowie der damalige

CIA-Chef George Tenet in Islamabad gewesen. Dass Goss und Graham, beide Geheimdienstexperten, später dem offiziellen Senatsausschuss zur Rolle der Geheimdienste am 11. September angehören sollten, klingt in den Ohren von Skeptikern höchst eigenartig, aber vermutlich hatten die beiden Abgeordneten die Berufung tatsächlich allein ihrer langjährigen Erfahrung mit verdeckten Geheimdienstoperationen zu verdanken.[7]

Wichtiger ist in diesem Zusammenhang etwas anderes: Drei Wochen nach dem 11. September meldeten indische und pakistanische Zeitungen[8], General Mahmud habe durch einen Mittelsmann die Zahlung von $ 100 000 an Mohammed Atta veranlasst. Unmittelbar nach dieser Meldung wurde General Mahmud als Chef des ISI abgesetzt und verschwand von der Bildfläche. Für Interviews steht er seither nicht zur Verfügung. Die US-Behörden bekundeten kein Interesse an einem Gespräch.

So weit, so gut – ein auf Umwegen mit den Taliban sympathisierender Pakistani-Geheimdienstchef, das kann in den besten Agentenfamilien vorkommen, und es ist nur folgerichtig, dass man ihn nach Bekanntwerden einer solch unheilvollen Verbindung sofort seines Amtes enthebt. Andernorts wäre man vielleicht sogar weiter gegangen und hätte den Mann vor Gericht gestellt, aber wir befinden uns nicht andernorts, sondern in Pakistan. Und Pakistan ist ein Verbündeter des Westens. Nehmen wir das also einfach hin. Mahmud hat versagt, das FBI hat sich beschwert, Mahmud ist suspendiert worden, wird nicht befragt und hat deshalb auch nichts mehr zu sagen.

Was allerdings seinen Verbindungsmann, den Atta-Zahlmeister betraf, wussten britische Zeitungen Anfang Oktober zu berichten, der Mann heiße Omar Saeed Sheikh, sei

Brite und habe den Terroristen des 11. September in Afghanistan Hijacking-Techniken beigebracht. CNN bestätigte am 6. Oktober, dieser Omar Saeed Sheikh sei derselbe Terrorist, der 1999 aus einem indischen Gefängnis freigepresst worden war. Überdies, so die *Times of India* am 22. Januar 2002, habe eben jener Saeed die $ 100 000 an Atta überwiesen. Demnach war also Omar Saeed Sheikh Zahlmeister und möglicherweise sogar Ausbilder der Hijacker des 11. September. Allerdings bestand zu diesem Zeitpunkt noch keine erkennbare Verbindung von Omar Saeed zu Al-Qaida, sondern lediglich eine Verbindung von Omar zu General Mahmud, also zum pakistanischen Geheimdienst, der wiederum offenbar gute Verbindungen nach Washington hatte. Wie also war Omar mit Al-Qaida verbandelt – jenseits seiner Verbindung zu General Mahmud?

Und wer ist dieser Omar Saeed Sheikh eigentlich? Erlauben wir uns eine Zusammenfassung der hunderte von Seiten umfassenden Recherchen und Erklärungen des oben erwähnten Bernard-Henri Lévy[9] sowie der bedeutendsten 9/11-Kritiker Paul Thompson[10] und Chaim Kupferberg[11], die zu diesem Aspekt des 11. September Unmengen von unglaublichem und unglaublich lesenswertem Material zusammengetragen haben.

Omar Saeed Sheikh, geboren 1973 in England als Sohn des wohlhabenden pakistanischen Stofffabrikanten Saeed Sheikh (»Perfect Fashions«), wuchs in London auf, wurde an den besten Privatschulen ausgebildet, studierte Mathematik und Statistik an der London School of Economics, spielte brillant Schach, vertrat sein Heimatland international bei den Weltmeisterschaften im Armdrücken und beherrschte diverse Kampfsportarten perfekt – kurz: Omar war ein vom Schicksal reich mit Intelligenz und Kraft beschenkter Junge aus gutem Hause, ein »Schach spielender Muskelprotz«, ein »Wunderknabe« (Lévy). 1992 meldete Omar sich offenbar als freiwilliger Helfer und ging nach Bosnien, wo er die Verbrechen der Serben gegen bosnische Muslime aus der Nähe miterleben musste. Nach dieser Erfahrung kehrte er, verwandelt zum radikalen muslimischen Kämpfer, nach London zurück, blieb allerdings nicht lange. 1993 tauchte er in Pakistan wieder auf, als Mitglied einer militanten Dschihad-Gruppierung, die für die »Befreiung« Kaschmirs kämpfte. Ein Jahr später ging er nach Afghanistan und avancierte binnen kürzester Zeit zu Osama Bin Ladens »Lieblingssohn«.[12] Im selben Jahr wurde er beim Versuch, gekidnappte britische Touristen gegen kaschmirische Separatisten auszutauschen, festgenommen und in Indien zu einer langjährigen Haftstrafe verurteilt. Im Dezember 1999 entführten Terroristen eine Maschine von Indian Airlines und landeten sie im afghanischen Kandahar. Nach achttägigen Verhandlungen wurden die hundertfünfundfünfzig Geiseln gegen Omar Saeed Sheikh und zwei weitere pakistanische Terroristen ausgetauscht.[13] Omar, spätestens nach seiner Freilassung offenbar in Diensten des ISI und gleichzeitig als möglicher Nachfolger Bin Ladens gehandelt, reiste Berichten zufolge ungehindert nach England, um seine Eltern zu besuchen.[14] Laut *Press Trust of India*[15] fanden die damals von ihm entführten britischen Touristen das alles andere als nachvollziehbar; aber wir wollen uns hier nicht fragen, weshalb Omar plötzlich so ungehindert reisen konnte. Wir halten lediglich fest, dass wir es mit einem bemerkenswerten Mann zu tun haben.

Einem Mann, der dann nach verschiedenen terroristischen Aktionen, die offenbar vom ISI gedeckt wurden, unmittelbar nach dem 11. September als Zahlmeister und Ausbilder

der 9/11-Terroristen erneut auftauchte – wieder in Verbindung mit dem pakistanischen Geheimdienst. Unmittelbar nachdem sein Chef, General Mahmud, skandalös entlassen worden und von der Bildfläche verschwunden war, tauchten allerdings urplötzlich immer neue verdächtige Zahlmeister-Namen in der Weltpresse auf: Shaykh Saiid, Sa'd Al-Sharif, Sheik Sayyid el Masry, Mustafa Ahmed al-Hawsawi, Shaikh Saiid al-Sharif, Ali Abdul Aziz Ali, Mustafa Ahmad und Adin Al-Husawi – um lediglich einen Teil des verwirrenden Angebots zu nennen. Es war nicht schwer, dabei den Überblick zu verlieren. Aber wenigstens einer, ein Journalist des *Wall Street Journal*, verlor den Überblick nicht. Was ihn das Leben kosten sollte.

Am 23. Januar 2002, einen Tag nach der Meldung der *Times of India*, Omar Saeed Sheikh sei der Mann gewesen, der Atta im Auftrag des ISI Geld geschickt hatte, verschwand in Karachi der amerikanische Journalist Daniel Pearl. Lange Zeit blieb unklar, mit wem genau er sich treffen wollte oder welche Spur er eigentlich verfolgte, aber nach Pearls grausamer Ermordung am 31. Januar stellte sich der Haupttatverdächtige fünf Tage später dem ISI, wurde den pakistanischen Behörden übergeben und nach einem langen, nichtöffentlichen Prozess am 15. Juli 2002 als Mörder von Daniel Pearl zum Tode verurteilt.

Der Täter hieß: Omar Saeed Sheikh.

Verkürzt man auf diese Weise die vielen Berichte und Spekulationen über Namen, Zahlen, Daten und Verbindungen, gelangt man zu der eher schlichten Schlussfolgerung, dass Omar Saeed Sheikh, Al-Qaida-Zahlmeister der Attentäter des 11. September, im Auftrag des pakistanischen Geheimdienstes handelte, und dass der *Wall-Street-Journal*-Reporter Daniel Pearl sterben musste, als er genau diese Verbindung entdeckte. Nachdem US-Verteidigungsminister Rumsfeld in der *London Times* vom 25. Februar dummerweise Berichte bestätigt hatte, wonach Omar ein Mitarbeiter des ISI gewesen sein könnte, ruderte Außenminister Colin Powell eine Woche später energisch zurück und schloss jegliche Verbindung zwischen dem ISI und der Ermordung Pearls kategorisch aus.

Der pakistanische Schriftsteller und Journalist Tariq Ali gehörte dank des britischen *Guardian* zu den wenigen, die dieser glatten Lüge öffentlich energisch widersprechen durften:

> Colin Powells Statement vom dritten März, in dem er die ISI von jener Verantwortung für Pearls Verschwinden und Ermordung freisprach, ist schockierend. Kaum jemand in Pakistan glaubt solchen Versicherungen. (Der pakistanische Präsident Pervez) Musharraf war nicht beteiligt, aber er muss gewusst haben, was vor sich ging. Er hatte Pearl als einen »allzu aufdringlichen Journalisten« bezeichnet, der in »Geheimdienstspiele« verstrickt war. Hat er Washington gesagt, was er weiß? Und falls, wieso erteilte Powell der ISI Absolution? … In Pakistan ist man überwiegend der Ansicht, Sheikh sei ein erfahrener ISI-Mitarbeiter, der in der Vergangenheit an Operationen in Kashmir beteiligt war. Würde er nach Washington ausgeliefert und entschlösse sich zu reden, würde die ganze Geschichte auffliegen. Seine Familie lebt in Angst. Sie glaubt, er könne vom Gericht verurteilt und hingerichtet werden, um zu verhindern, dass die Identität seiner Komplizen enthüllt wird.[16]

Ansonsten herrschte überwiegend betretenes Schweigen. Es war ja auch alles viel zu fürchterlich, um wahr zu sein. Und zu kompliziert. Nicht der simple Sachverhalt selbst, sondern die unausdenkbaren Folgen. Allem Anschein nach hatte Omar Daniel Pearl ermordet, weil Pearl herausgefunden hatte, dass der pakistanische Geheimdienst mittels seines terroristischen Topagenten mit Al-Qaida kooperierte und hinter den Anschlägen in den USA steckte: Wohin sollte diese Erkenntnis am Ende führen? Pakistan, ein Verbündeter der USA im Kampf gegen den Terror, als Drahtzieher des Verbrechens? Der Geheimdienst ISI, jährlich mit Gewinnen von $ 2,5 Milliarden am Verkauf illegaler Drogen beteiligt[17], ein noch entschieden finsterer Verein als jemals angenommen? Pakistan »der größte Schurkenstaat der Erde … in dem sich zwischen Islamabad und Karachi ein veritables schwarzes Loch bildet, welches das Bagdad des Saddam Hussein wie ein Depot für veraltete Waffen erscheinen lässt«?[18]

Undenkbar.

Aber plötzlich – mit der Verurteilung Omars – ganz offensichtlich.

Was tun? Anders gefragt: Was hat das alles mit Khalid Sheikh Mohammed zu tun?

Gute Frage. Nämlich nichts.

Aber es konnte unmöglich bei der Wahrheit bleiben, dass der Mörder Pearls, dass dieser mysteriöse ISI-Al-Qaida-Agent Omar hinter den Anschlägen von New York und Washington steckte. Dieser hässliche Faden in der ansonsten perfekt gewobenen Legende des 11. September musste dringend verschwinden, genauso wie General Mahmud verschwunden war, andernfalls hätte man Omar äußerst unangenehme Fragen stellen können, die er – schlimmer noch – gegebenenfalls sogar beantwortet hätte.

Eine Möglichkeit, ihn zum Schweigen zu bringen, war offensichtlich, ihn hinzurichten. Aber Omar würde sich das

vielleicht nicht gefallen lassen, ohne vorher zu reden. Vermutlich war er, der »Schach spielende Muskelprotz« sogar so schlau gewesen, sich gegen derartige Versuche seiner Vorgesetzten abzusichern. Wozu gibt es Notare, die im Todesfall ihres Klienten Dokumente freigeben, die dann auch andere dem Sündenbock folgen lassen?
Die andere Möglichkeit, jene, für die man sich nach Lage der Indizien entschied, bestand darin, Omar einfach auszutauschen. Einen anderen Mörder und Zahlmeister zu erfinden. Und das vor den Augen der Öffentlichkeit.
Im Juni 2002 berichteten alle größeren US-Nachrichtensender, Khalid Sheikh Mohammed sei das »Mastermind« hinter dem 11. September gewesen. Diese Information stammte von einem nicht namentlich genannten »hochrangigen US-Antiterror-Beamten«, der wiederum dem *Associated-Press*-Reporter John J. Lumpkin Rede und Antwort gestanden hatte. Lumpkin legte im Juni nach, es gebe Beweise, dass Khalid sich bereits 1999 mit einigen der Hijacker in Hamburg getroffen habe. Zu diesem Zeitpunkt wurde auch gemeldet, Khalid sei der Onkel von Ramzi Yousef, jenes Terroristen, der 1993 versucht hatte, die Twin Towers zu sprengen. Kaum war Khalid, bislang allenfalls als Mitläufer auf den Schirmen der Terrorabwehr zu sehen, auf diese Weise komplett als für alles verantwortliche »Nummer drei von Al-Qaida« enttarnt, machte er das einzig nahe Liegende: Er nahm die Beine in die Hand und tauchte unter.
Das denken *Sie* vielleicht. Aber auch nur, weil Sie noch alle Marmeln beisammen haben.
Khalid, der durchgeknallte Terrorscheich, tauchte nicht unter. Er tat genau das Gegenteil. Er gab ein Interview.
Als Gesprächspartner erwählte er hierzu den Al-Djazeera-Chefreporter Yosri Fouda.[19] Fouda traf Khalid und Ramsi

Binalshibh, den Hamburger WG-Genossen von Atta und verhinderten angeblichen »zwanzigsten Todespiloten«, in einer Wohnung in Karachi, Pakistan.
Pakistan?
Wir behalten den Ort des Treffens im Hinterkopf, für später.
Fouda gegenüber bekannten sich die beiden Terroristen zur Tat, gestanden, dass Osama Bin Laden dahinter steckte, und gaben des Weiteren zu Protokoll, dass die Anschläge von Hamburg aus geplant und koordiniert wurden. Fouda zeichnete alles auf. Leider gingen die Videobänder verloren, und die Audiotapes waren von erbärmlicher Qualität – aber das sollte sich versenden, denn der Fall jedenfalls war mit den Geständnissen von Khalid und Binalshibh so gut wie gelöst. Alles passte zusammen.
Erinnert sich noch jemand an Omar?
Wer, zum Teufel, ist Omar?
Etwas problematisch wurde die globale Nachrichtenlage, als pakistanische und US-Agenten ausgerechnet am 11. September 2002 das Terroristenhaus in Karachi stürmen, in dem Fouda sein Interview geführt hatte, und nach »stundenlangem« Schusswechsel Ramsi Binalshibh festnahmen.
Fouda korrigierte danach seine Behauptung, er habe das Interview im Juni 2002 geführt – zuerst verlegte er das Datum in den Mai zurück, danach, dem *Guardian* gegenüber, auf den einundzwanzigsten April – scheinbar banale Korrekturen, die allerdings notwendig waren, um die Legende wasserdicht zu machen, anders gesagt, zu beweisen, dass Fouda nicht erst *nach* der Entscheidung, Khalid und Binalshibh als Täter auf dem Markt zu werfen, seine Interviews geführt hatte, sondern schon vorher.

Zufällig auf den Tag genau ein Jahr nach 9/11, zufällig in Karachi, fällt »Mastermind« und »Attentäter 20« Ramsi Binalshibh zufällig kamerawirksam zwischen pakistanische ISI-Gewehre: Danach bleiben überhaupt und ganz bewusst keine Fragen mehr.

Aber zurück zum ersten Jahrestag des 11. September, zurück nach Pakistan, nach Karachi.
Zwei Tage nach der Ausstrahlung von Foudas Interview stürmten FBI- und ISI-Leute das Terrorhaus, erschossen zwei Terroristen und nahmen Binalshibh sowie einige andere Personen fest, darunter auch die Frau von Khalid Sheikh Mohammed sowie seine beiden Söhne, neun und sieben Jahre alt. Die *Asia Times Online* berichtete am 30. Oktober 2002, einer der beiden Toten sei Khalid Sheikh Mohammed gewesen – seine Witwe und die Kinder hätten die Leiche identifiziert. Da Khalid am 1. März 2003 offiziell festgenommen wurde, müssen Frau und Kinder sich wohl geirrt haben.

Schon kurz vor dieser Korrektur der Aussage der Witwe aber vermeldete die amerikanische Nachrichtenagentur United Press International (UPI) eine fast ebenso große Sensation. Am 30. September hieß es: »Nach Aussagen von zwei CIA-Mitarbeitern war *Wall-Street-Journal*-Reporter Daniel Pearl auf der Spur des Mannes, der mutmaßlich die Flugzeugentführungen und Angriffe des 11. September auf New York und Washington plante, als er in Pakistan entführt und ermordet wurde.«[20]

Endlich! Das stimmte! Die Geschichte war offenbar doch nicht vergessen. Packte jetzt doch UPI aus – Pakistan, Omar, General Ahmed, Pearl: Der Skandal des Jahres hinter dem Skandal des Jahrhunderts?

»Bob Baer«, lesen wir weiter, früherer CIA-Agent, sagt, »er habe Pearl mit unveröffentlichten Informationen versorgt« – über … na? … »Khalid Sheikh Mohammed«.

Hoppla.

Aber was ist dann mit Omar, dem Hauptverdächtigen, nein, dem als *Mörder* zum Tode Verurteilten im Pearl-Fall?

UPI klärt alles auf: Zwar habe es Berichte über vier andere Männer gegeben, die von der pakistanischen Polizei ebenfalls im Zusammenhang mit Pearls Ermordung verhaftet worden seien, aber nachdem ja nun die neuen Verdächtigen vor Gericht gestellt würden, müssten auch die Verfahren gegen die vier ursprünglich Verurteilten natürlich neu aufgenommen werden, da die frischen Fakten die Anklage gegen Omar und seine Komplizen – gegenstandslos werden ließen.

Perfekt. Omars Freispruch stand damit nichts mehr im Wege. Entlastet in allen Anklagepunkten. Khalid war's, und zwar gleich *alles*: Nicht nur Planer, Trainer und Zahlmeister, sondern auch Pearl-Mörder.

Erinnerungsfoto: Omar Saeed Sheikh, britischer Staatsbürger, pakistanischer Agent, mutmaßlicher Planer und Drahtzieher des 11. September, wird hiermit unter den Augen der Öffentlichkeit als Fußnote der Geschichte endgültig entlassen.

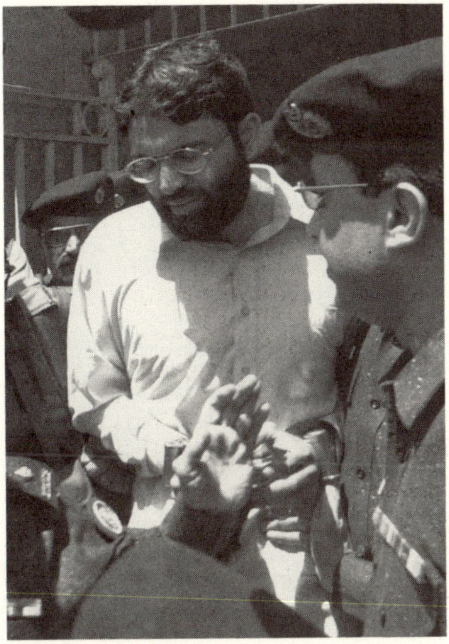

Eleganter kann man das kaum machen.
Und endlich wird uns auch klar, weshalb die beiden plötzlich interviewsüchtigen Masterminds Mohammed und Binalshibh den Kollegen Fouda ausgerechnet ins verdächtige Pakistan bestellten – hätten sie ihn anderswohin beordert, nach Riad, Hawaii oder Hamburg, hätte man wohl kaum Khalid den Mord an Pearl in einem Hinterhof in Karachi anhängen können.
So haben alle, was sie verdienen: Omar, vorübergehend überführter Drahtzieher, verurteilter Mörder und eine der interessantesten Figuren im Schachspiel um die New Yorker Türme, ist aus dem Schneider, aus dem Bild und wieder ein freier Mann und Agent; eine Fußnote der Geschichte des 11. September – vielleicht nicht einmal das.

Khalid Scheikh Mohammed ist gefasst und hat ausgesagt, hinter verschlossenen Türen. Zwar weiß niemand, wann, wo oder wie die Verhaftung nun tatsächlich stattfand und wann die Aufnahme entstand, die den zerzausten Scheich zeigt, aber das ist nicht wirklich wichtig. Wichtig ist nur: Alle Rätsel sind gelöst. Die bekannte Verbindung ist bestätigt: Al-Qaida – Khalid und Binalshibh – Hamburg – Atta – 9/11.

Pakistan? Omar? General Ahmad? Goss und Graham? ISI und CIA? Wo sollen die noch ins Bild passen?

Und so schließt sich der Kreis – mit dem vollständig gelösten Rätsel, dem »Geständnis« und dem *Spiegel*-Fazit: Das Bild ist vollständig – »in einigen Bereichen sogar bis ins letzte Detail«.

Ein vorletztes Detail: Offen bleibt – mangels öffentlicher Auftritte von Khalid – was an dem Gerücht dran ist, er sei beim Angriff auf das Terrorhaus in Pakistan gestorben. Das *TIME Magazine* behauptet am 20. Januar 2003, es habe sich um einen Irrtum gehandelt – die Fingerabdrücke bewiesen, dass der Tote eben nicht Khalid gewesen sei. Aber was ist mit der Witwe und den Söhnen? Wieso hatten die das Gegenteil behauptet? Nur eine Propagandalüge der *Asia Times*? Möglich.

Wäre da nicht ein Artikel vom 9. März 2003 im britischen *Sunday Telegraph*, demzufolge die beiden am 11. September 2002 bei der Erstürmung des Hauses in Karachi aufgegriffenen jungen Söhne von Khalid Sheikh Mohammed von der CIA benutzt würden, »um ihren Vater zum Reden zu bringen«. Laut *Telegraph*[21] wurden die beiden Jungen am 10. März 2003 an einen geheim gehaltenen Ort in den USA verbracht, wo sie »ermutigt würden, über die Aktivitäten ihres Vaters zu sprechen«. Ein – natürlich – anonymer Beamter ergänzt zu unserer Beruhigung: »Wir fassen sie mit Samthandschuhen an … Schließlich sind sie nur kleine Kinder, aber wir müssen so viel wie möglich über die vergangenen Aktivitäten ihres Vaters erfahren.«

Großartig. So kommen die Agenten an ihre Informationen, die der *Spiegel* dann zwar nicht bekommt, aber trotzdem druckt. Auch das bleibt in der langen »Geständnis«-Titelstory unkommentiert vom stets gut informierten »Nachrichtenmagazin« aus der Hamburger Innenstadt. Die US-Behörden, nicht erst seit den Skandalen von Guantanamo Bay und Abu Ghraib berüchtigt für ihre eher laxe Auslegung der Genfer Konventionen, räumen ein, dass sie einen sieben- und einen neunjährigen Jungen festhalten und zum Reden »ermutigen«.

Warum?

Um den schon vorher so geschwätzigen Khalid zu einem Geständnis zu bewegen, das über sein schon längst veröffentlichtes Geständnis hinausgeht? Oder nur, weil die beiden Jungen wissen, dass ihr Vater am 11. September 2002 erschossen wurde? Wo ist *Amnesty*? Kann sich irgendjemand darum kümmern, dass die Jungs jeden Tag eine warme Suppe kriegen, und vor allem, dass sie nicht in vier Monaten in einem Fluss landen?

Und auch wenn das abschließend nach einer extrem dämlichen und konservativen Frage klingt – denkt eigentlich auch mal einer an die Mutter? Wo ist die eigentlich geblieben? Schon bei ihrem Gatten, also entsorgt? Oder lebenslänglich herzlich willkommen in Langley, Virginia?

Das Bild ist – bis auf ein paar hundert Millionen wichtige Details – vollständig. In der Tat.

10 Wahrnehmung schwankend, Kurse stabil

Eine Vorbemerkung: Diese im Gegensatz zu den vorangegangenen Episoden nicht verdichtete, sondern eher ausführliche Beweisaufnahme verdankt ihre Existenz zwei äußerst konservativen Überzeugungen, die da lauten »Im Zweifel für den Angeklagten« und »Die Naturgesetze gelten ohne Ausnahme«.

Wer beides entschieden zurückweist, kann diesen Teil – der notgedrungen gelegentlich redundant wirkt – getrost überspringen. Denn wer meint, Naturgesetze könnten von Terroristen nach Belieben außer Kraft gesetzt werden, oder die Auffassung vertritt, eine Anschuldigung allein reiche, um jemanden auch ohne jeden Schuldbeweis zu lynchen, dem fehlt – bei allem Respekt – das erforderliche Rüstzeug für die nachfolgenden Betrachtungen.

Natürlich lässt sich dem entgegenhalten, auch bekennende Lynchjustizler und dogmatische Heliozentriker könnten charmante, und unterhaltende Leute sein, aber hier geht es eben weiterhin nicht um Charme oder Klatsch, sondern um die kritische, gelegentlich mühevolle Betrachtung eines der wichtigsten historischen Ereignisse und seiner insgesamt desaströsen Folgen. Und dazu braucht es erstens Verstand und zweitens Konsens wenigstens auf elementarster Ebene, im Sinne von: Es gelten, unbedingt und unabdingbar, Unschuldsvermutung und Naturgesetze.

Was den 11. September 2001 betrifft, hat sich indes die überwiegende Zahl der Betrachter und Kommentatoren von allen Grundsätzen der Gerechtigkeit sowie der Physik schon sehr früh und sehr beiläufig verabschiedet – ohne sich im Lauf der Jahre wieder an dies oder jenes zu erinnern. Es wird daher niemand erstaunen, dass die öffentliche Wahrnehmung des äußerst konkreten Ereignisses »11. September« nicht nur im Großen und Ganzen, sondern auch im Detail – nämlich in Sachen »Flugzeuge, Flugrouten und Einschläge« mit den inzwischen dokumentierten, wenn auch kaum bekannten Fakten fast keine Berührungspunkte mehr aufweist. Zu den Gründen wird weiter unten mehr zu sagen sein. An dieser Stelle wollen wir es bei dem Hinweis bewenden lassen, dass de facto bis heute in Sachen Tathergang nichts von dem bewiesen ist, was wir im guten Glauben für längst bewiesen hielten; es sind im Gegenteil fast alle Indizien, die die so zu nennende »Anklage« präsentiert hatte, offiziell widerlegt.

Tatsache ist: Für den behaupteten Hergang des 11. September 2001 zwischen 8 und 10 Uhr morgens gibt es inzwischen, trotz einer mehrere tausend Seiten umfassenden Zeugenbefragung seitens der offiziellen 9/11-Untersuchungskommission, annähernd so viele Beweise wie für die Existenz von Massenvernichtungswaffen im Irak, nämlich exakt keine.

Wir werden uns im Folgenden nicht mit der im Rahmen der offiziellen Befragungen (sowie der dazugehörigen Berichterstattung) immer wieder öffentlichkeitswirksam rauf und runter diskutierten Frage beschäftigen, ob die US-Geheimdienste etwas von dem geplanten Anschlag wussten oder hätten wissen können. Nicht, dass diese Frage unerheblich wäre, im Gegenteil, sie ist am Ende von erheblicher

Bedeutung. Aber sie ist nicht am Anfang zu stellen, sondern zuletzt. Denn wer einen hochkomplexen Vorgang wie diesen betrachtet und zu beurteilen versucht, kann das nicht von allen Seiten gleichzeitig und gleichermaßen gründlich tun – das Scheitern des Betrachters an der schieren Fülle der zur Verfügung stehenden Informationen wäre vorprogrammiert. Deshalb werden wir uns hier auf jenen Bereich konzentrieren, der uns am aussichtsreichsten erscheint, bei genauer Betrachtung Hinweise zu liefern, die die offizielle Darstellung nicht nur infrage stellen, sondern schlüssig widerlegen.

Eben dieser Versuch ist bei Fragen nach der Rolle einzelner Sicherheitsberater, Geheimdienste, einzelner Geheimdienstler oder dem exakten Wortlaut von Dokumenten, die bis zum jüngsten Tag nicht freigegeben werden, wenig Erfolg versprechend. Die oberflächliche Betrachtung führt zwar, wie wir in den vorangegangenen Kapiteln zeigen konnten, zu vagen oder intuitiv klaren Vermutungen die Profiteure sowie Urheber des 11. September betreffend, aber eben nicht zu handfesten Beweisen. Um sich in den Untiefen dieses komplizierten Falles nicht vollends im Spekulativen zu verlieren, ist es daher ratsam, sich bei der konkreten Indiziensuche dicht unter der Oberfläche umzusehen.

Unternimmt man den kühnen Versuch, den offiziellen Mythos des 11. September 2001 zu widerlegen, muss man daher zuallererst die Mutter aller Prämissen zu Fall bringen, die Basisübereinkunft, auf der alles Folgende beruht, und die da lautet: »Vier Passagiermaschinen wurden von Al-Qaida-Terroristen entführt und in Gebäude gesteuert.«

Die Zwischenbemerkung sei uns gestattet, dass wir uns hiermit in absurder Nähe zur »Beweislastumkehr« befinden,

denn unter normalen Umständen müsste der Ankläger einen Schuldbeweis erbringen, nicht der Verteidiger einen Unschuldsbeweis – aber da sich die Anklage diese Mühe auch weiterhin nicht machen wird und der Richter offenbar gewillt ist, auch ohne vorliegende Beweise unsere Mandantin, die unverhüllte Wahrheit, lebenslänglich wegzusperren, haben wir wohl keine Wahl.
Kann der Beweis erbracht werden, dass obige Kernaussage falsch ist, sind alle weiteren Schlussfolgerungen zu überprüfen, anders gesagt: Sofern wir zweifelsfrei nachweisen können, dass entweder die neunzehn angeblichen Täter die Maschinen nicht entführten, oder dass die entführten Maschinen nicht vom Kurs abwichen, oder dass die Maschinen, die abstürzten, nicht die entführten Maschinen waren, wäre der Rest des Falles neu zu bewerten. Juristisch gesehen, spräche man hier von einer aufgrund neuer Beweise gebotenen Wiederaufnahme des Verfahrens. So stehen wir also hier und jetzt vor der Herausforderung, einen Beweis gegen die offizielle Darstellung zu erbringen, damit unser »Klient«, die Geschichte, eine Chance auf ein neues, gerechtes Verfahren bekommt. Wir werden es versuchen. Und dabei – nach Lage der Dinge und aufgrund der heute vorliegenden Fakten – der Wahrheit so nahe kommen, wie es augenblicklich geht.
Einer Wahrheit, die bei aller Rätselhaftigkeit wenig oder nichts mit dem zu tun hat, was angeblich, nach unserer bisherigen Wahrnehmung, am 11. September 2001 geschah. Wir führen diese Beweisaufnahme nach bestem Wissen durch – und im Bewusstsein, dass wir uns auf sprichwörtlich dünnes Eis begeben. Daher verwenden wir ausdrücklich keine dubiosen Quellen oder Kommentare, sondern beziehen uns in allen wesentlichen Punkten auf von den

US-Behörden dokumentierte Fakten, auf Aussagen von eingeschworenen Zeugen sowie offizielle Verlautbarungen der betroffenen Fluggesellschaften und der zuständigen Behörden – nicht auf Hörensagen, Mutmaßungen oder Kommentare von Konspirologen des Mainstreams oder seiner Internet-Gegenbewegung.

Aller Sorgfalt bei der Aus- und Bewertung der Quellen zum Trotz wäre unsere Beweisführung, wie wir wissen, leicht zu zerschmettern: Legte man uns auch nur ein wirkliches Gegenbeweisstück vor – einen Flugschreiber, eine Radaraufzeichnung, Satellitendaten, eine Passagierliste, einen Zeugen der Anklage – wären wir möglicherweise in Erklärungsnot respektive gezwungen, unsere Schlussfolgerungen zu revidieren. Die Tatsache, dass all diese problemlos zu erbringenden Beweise der Anklage bis 2004, also drei Jahre danach, vollständig fehlen, erlaubt uns indes eine gewisse Zuversicht bei der anstehenden Argumentation.

Um dieser Argumentation unvoreingenommen folgen zu können, bedarf es allerdings eines gewissen Maßes an Konzentration – sowie der Bereitschaft, sich von allem frei zu machen, was jedem von uns nach drei Jahren gebetsmühlenartiger Wiederholung als gesichert und bewiesen gilt. Das ist gelegentlich etwas mühsam, aber wer sich davon nicht abschrecken lässt, den heißen wir hiermit herzlich willkommen an Bord unseres turbulenten Fluges von der großen Lüge zum Zwischenstand in Sachen »Wahrheit« anhand sehr konkreter Aussagen und Daten. Offizielle Darstellung kontra Fakten, Beweisstück A: Flugrouten und keine Abweichungen.

American Airlines 11

Die offizielle Darstellung: Der Flug American Airlines 11 startete um 8.01 Uhr (vierzehn Minuten verspätet) vom Logan Airport, Boston, zu einem Flug nach Los Angeles. An Bord befanden sich 81 Passagiere und 11 Besatzungsmitglieder. FBI-Chef Robert Mueller zufolge entführten die Hijacker, die »offensichtlich frei erhältliche Teppichmesser verwendeten«, die Maschine und brachten sie um 8.13 Uhr vom Kurs ab. Eine gute halbe Stunde später, um 8.45 Uhr, stürzte Flug American Airlines 11 in den Nordturm des World Trade Center.[1]
Laut US-Flugsicherungsbehörde, der FAA (Federal Aviation Administration), wurde die nordamerikanische Luftraumverteidigung NORAD (North American Aerospace Defense Command) um 8.40 Uhr von einer »möglichen« Entführung des Fluges AA 11 benachrichtigt.[2] Der Zeitpunkt des Einschlags wurde später, nach Auswertung seismologischer Daten, auf 8.46 Uhr korrigiert.

Die Fakten: Die kolportierte erste Kursabweichung von American Airlines 11 um 8.13 Uhr ist bis heute durch nichts belegt oder gar bewiesen. Im Gegenteil: Dieser ersten Kursabweichung wurde mehrfach widersprochen, zum ersten Mal am 12. September 2001. Die *Washington Post* berichtete:

> Verantwortliche des Flughafens Boston sagten, sie hätten bis zum Crash keine Kursabweichung der Maschine bemerkt, und die Kontrolltürme hätten keine ungewöhnliche Kommunikation mit Piloten oder irgendwelchen Besatzungsmitgliedern gehabt.[3]

Wenigstens der erste Teil dieser frischen Augenzeugenaussage in Sachen »keine Kursabweichung« (zum Rest kommen wir gleich) wurde knapp zwei Jahre später von offizieller Stelle unterstrichen. Colonel Alan Scott, Vertreter der US-Luftraumverteidigung NORAD, sagte vor der Untersuchungskommission zum 11. September aus:

> Der erste Zeitpunkt, zu dem irgendetwas … Ungewöhnliches passierte, war um 8.20 Uhr, als der elektronische Transponder von American Airlines 11 erlosch, oder, wenn sie so wollen, einfach vom Schirm verschwand.[4]

Der »Transponder«, von dem Scott spricht, liefert alle Daten über Flughöhe und Geschwindigkeit eines Flugzeugs sowie eine vierstellige Kennnummer, die neben dem Primärradarsignal (einem »Blip«) über die Schirme der Lotsen wandert. Es gibt also, einfacher gesagt, zwei Radar-Anhaltspunkte für die Bodenkontrolle. Schaltet man den Transponder aus, kann man den Kurs der Maschine weiterhin anhand des Primärradarsignals verfolgen. Allerdings hat man in diesem Fall keine Informationen mehr, wie hoch oder wie schnell die Maschine fliegt – und um welche Maschine es sich handelt.

Nach Colonel Scotts Aussage geschah vor 8.20 Uhr also nichts Auffälliges – einen Kurswechsel hätte man sicherlich als »unnormal« verbucht. Wir halten daher fest: AA 11 wechselte vor 8.20 Uhr nicht den Kurs. Alle diesbezüglich kursierenden Karten sind als überholt anzusehen. (Korrigierte Karten finden sich neben einem »Timetable« im Anhang.)

Wann also wich Flug 11 vom Kurs ab, wenn nicht um 8.13 Uhr? Etwa zwischen 8.20 Uhr und 8.28 Uhr, zum

Zeitpunkt des offiziell zweiten Kurswechsels direkt in Richtung New York? Davon gehen wir bislang aus, nicht zuletzt aufgrund folgender Erklärung des bereits oben zitierten NORAD-Verantwortlichen:

> Um 8.46 Uhr, das ist der nächste aufgezeichnete Vorfall, kriegen wir die letzten Radardaten; wobei übrigens viele der Radardaten für diese Primärziele (die Flugzeuge) waren an jenem Tag nicht zu sehen. Sie wurden Tage später vom 84sten Radarauswertungsgeschwader und anderen, vergleichbaren Dienststellen ausgewertet, Fachleuten in Sachen retrospektiver Auswertung von Radaraufzeichnungen, die aus dem vorhandenen Material im Wissen um die tatsächlichen Vorfälle im Nachhinein Dinge herausfiltern konnten, die während des Vorfalls selbst vielleicht gar nicht zu erkennen waren.[5]

Bestechend. Oder ausführlicher übersetzt: Die Kursänderung war zwar am Tag selbst von niemandem zu erkennen, wurde aber von Experten im Wissen um das, was anschließend geschah, rekonstruiert. Das ist, bei allem Respekt, kein Beweis für irgendetwas, davon abgesehen erwähnt Colonel Scott weder hier noch an anderer Stelle seiner Aussage einen Kurswechsel.

Wer dann?

Wir müssen uns wohl den Aussagen der Augenzeugen zuwenden – und die gibt es. Im Fall des Fluges 11 stammt die einzige zuverlässige Beschreibung der Vorfälle an Bord von der Stewardess Betty Ong, die gegen 8.20 Uhr von Bord aus die American-Airlines-Zentrale anrief.[6]

Der vor der offiziellen Untersuchungskommission zum 11. September öffentlich vorgeführte Mitschnitt des dreiundzwanzigminütigen Telefonats zwischen Ong und zwei American-Airlines-Angestellten entzog im Januar 2004 sämtlichen Fantasien von Verschwörungstheoretikern den Boden, die davon ausgingen, es hätten sich möglicherweise überhaupt keine Entführer an Bord befunden oder die Maschinen wären gar nicht entführt worden: Stewardess Ong schilderte sehr genau das Geschehen an Bord und berichtete, die Entführer hätten Mitglieder der Crew und einen Passagier niedergestochen. Wir sehen daher als bewiesen an, dass Flug 11 kurz vor 8.20 Uhr entführt wurde. Zu diesem Zeitpunkt wurde auch – siehe oben – der Transponder ausgeschaltet. Unmittelbar darauf berichtete Ong, »zwei oder drei Männer« wären im Cockpit, und die Piloten antworteten nicht mehr auf Anfragen der Crew via Bordtelefon.

Die Aussage der Stewardess ist aber nicht nur deshalb interessant, weil sie etliche offizielle Aussagen verifiziert. Fast noch interessanter ist – wenn auch nur für aufmerksame Zuhörer – was Ong *nicht* sagt. Zum einen konnte sie die Täter nicht beschreiben.[7] Wie alle anderen hier zugelassenen Zeugen (also neben Ong die Passagiere, die sich von Bord des Fluges 93 telefonisch meldeten), spricht die Stewardess mit keiner Silbe von Arabern oder arabisch aussehenden Entführern. Auf diesen Aspekt kommen wir weiter unten zurück.

Zweitens berichtet Ong, »zwei oder drei Männer hätten sich Zugang zum Cockpit verschafft, und die Kabinencrew könne nicht mehr mit dem Piloten kommunizieren.«[8] Da wir vom FBI wissen, dass fünf namentlich identifizierte Terroristen Flug 11 entführten, gehen wir davon aus, dass die verbleibenden zwei oder drei Hijacker die Passagiere in Schach hielten. Aber hören wir dazu noch einmal Betty Ong (die von ihr genannten »Nummern« beziehen sich auf die an Bord befindlichen Crew-Mitglieder):

> Unsere Nummer 1 ist niedergestochen worden. Und wer sonst noch …? Und unsere Nummer 5 – unsere First-Class-Passagiere sind – eine Flugbegleiterin und unser Purser sind erstochen worden Und wir kommen nicht ins Cockpit rein, die Tür lässt sich nicht öffnen. Hallo?[9]

Vermutlich kennen wir hiermit einen der Gründe, weshalb die FAA den Mitschnitt des Telefonats erst nach einer öffentlichen Klage-Androhung der Untersuchungskommission im Oktober 2003 herausrückte. Vorher war man davon ausgegangen, bei den Anrufen handelte es sich um Gerüchte, da die FAA sich außerstande sah, die Existenz irgendwelcher Bänder zu bestätigen.

Entscheidend ist: Selbst wenn es bislang keinem Kommentator aufgefallen ist, widerspricht die einzige Augenzeugin entschieden der offiziellen Darstellung des Tathergangs. Wir halten daher am Rande fest: Die Crew versuchte, die Cockpit-Tür zu öffnen – ohne Erfolg. Das klingt nach einer banalen Information, aber hätten zwei oder drei Hijacker die Tür von außen bewacht, wäre die Crew wohl kaum auf die Idee gekommen, sie öffnen zu wollen. Und da ins Cockpit einer Boeing 767 beim besten Willen nicht fünf Entführer sowie zwei (tote oder lebendige) Piloten hineinpassen, sehen wir als schlüssig und zweifelsfrei bewiesen an, dass nicht fünf Männer, sondern lediglich die von Ong genannten zwei oder drei Männer Flug 11 entführten.

Weshalb das FBI auch nach der veröffentlichten Aussage von Ong weiterhin von fünf Entführern ausgeht, bleibt einstweilen rätselhaft. Wir kommen darauf im Zusammenhang mit

Flug 93 zurück, denn auch hier sprechen alle Zeugen von drei Entführern, nicht von den offiziell behaupteten vier.
Die dritte und für uns an dieser Stelle entscheidende Weglassung in Ongs Bericht aber ist wiederum der angebliche Kurswechsel. Die Stewardess erwähnt ihn zu keinem Zeitpunkt, obwohl das Telefonat von 8.20 Uhr bis etwa 8.44 Uhr dauert. Ihre Gesprächspartner bei American Airlines erwähnen ebenfalls keinen Kurswechsel. Unmittelbar vor dem Einschlag eines Flugzeuges in den Nordturm hören wir die von Ong angerufene Miss Gonzalez mit einem namentlich nicht identifizierten Kollegen über Flug 11 sprechen, und auch dessen unaufgeregte Aussage spricht eher durch Weglassungen Bände.

> Er (Flug 11) hat seinen Transponder ausgeschaltet, deshalb haben wir seine genaue Höhe nicht. Wir orientieren uns bloß am … sie (die Verantwortlichen bei American Airlines) glauben scheinbar, dass (die Lotsen) ihn auf dem Primärradar haben. Sie scheinen zu glauben, dass er (Flug 11) sinkt.[10]

Man glaubt, man meint, es scheint – nur eins hat offensichtlich nicht stattgefunden: ein Kurswechsel.
Nachdem NORAD-Verwantwortliche, Augenzeugin und Airline-Personal uns keinen wie auch immer gearteten Hinweis auf den Zeitpunkt der Kursabweichung geben und sowohl Flugschreiber als auch Cockpit-Voice-Recorder offenbar zerstört wurden, wenden wir uns zum Schluss Hilfe suchend den veröffentlichten Aufzeichnungen des Funkverkehrs zwischen den an diesem Tag zuständigen Lotsen und Piloten zu.
Die Umschriften der Funkaufzeichnungen in Sachen Flug 11 wurden am 16. September 2001 von der *New York Times*

veröffentlicht. Die darin dokumentierten Wortwechsel belegen allerdings ebenfalls lediglich das Gegenteil der offiziellen Darstellung, nämlich dass Flug 11 bis wenigstens 8.40 Uhr auf vorgeschriebenem Kurs flog – und zu diesem Zeitpunkt in 29 000 Fuß Höhe vom Piloten des Fluges US Airlines 583 gesichtet wurde.[11]
Nach 8.41 Uhr fehlen weitere Positionsangaben betreffend Flug 11, also ist durchaus denkbar, wenn auch nicht belegt, dass die Maschine ab diesem Zeitpunkt auf New York zusteuerte. Wir halten uns aber nicht mit Spekulationen auf, sondern halten lediglich fest: Sämtliche bislang angenommenen Kursabweichungen von Flug 11 Richtung New York *vor* 8.40 Uhr müssen aufgrund der vorliegenden Daten und Aussagen als widerlegt gelten. NORAD bestätigt dies:

> Nach unseren Aufzeichnungen benachrichtigte uns die FAA um 8.40 Uhr erstmalig von einer möglichen Entführung von American-Airlines-Flug 11. Und die ursprüngliche Reaktion auf unsere Nachfrage war zu dem Zeitpunkt, die mögliche Entführung sei nicht bestätigt.[12]

Gehen wir davon aus, dass die an diesem Tag zuständigen Lotsen (und das waren etliche) weder Verbrecher noch allesamt Idioten waren. Um 8.14 Uhr endete der Funkverkehr mit Flug 11, um 8.20 Uhr verabschiedete sich der Transponder. Hätte es zusätzlich zu diesen beiden Ereignissen einen Kurswechsel gegeben, wäre NORAD spätestens um 8.23 Uhr von einer defintiven Entführung informiert worden. Stattdessen wurde NORAD um 8.40 Uhr von einer »möglichen« Entführung benachrichtigt, die man auf Nachfrage nicht einmal bestätigen mochte.

Die zuständigen Lotsen versuchten ab 8.15 Uhr, den abgebrochenen Funkkontakt zu Flug 11 wiederherzustellen. Sie alarmierten jedoch keine der anderen in der Luft befindlichen Verkehrsmaschinen über eine ihren Kurs in unbekannter Höhe querende, möglicherweise entführte Maschine – was die Lotsen fraglos getan hätten, wäre der Kurs von Flug 11 jener komplett irreguläre gewesen, an dem die offizielle Darstellung ohne jeden Nachweis festhält.

Dieser Punkt ist deutlich hervorzuheben: Laut offizieller Darstellung befand sich Flug 11 seit 8.14 Uhr (von uns korrigiert auf 8.20) fast dreißig (!) Minuten lang in unbekannter Höhe (!) auf Kollisionskurs mit diversen anderen im US-Luftraum auf Ost-West-Kurs befindlichen Passagiermaschinen, ohne dass die gefährdeten Maschinen von ihren jeweiligen Lotsen wenigstens gewarnt worden wären. Überdies bewegte sich Flug 11 nach *offizieller* Darstellung seit 8.20 Uhr in unbekannter Höhe direkt auf das Kernkraftwerk Indian Point am Ufer des Hudson River zu, ohne dass irgendwer von irgendwem darauf hingewiesen worden wäre. Ein Absturz einer Maschine in dieser Gegend hätte New York für hundert Jahre unbewohnbar gemacht.

Für die Reaktion der Lotsen gibt es weiterhin nur eine Erklärung: Es kann vor 8.40 Uhr keinen Kurswechsel gegeben haben.

Direkt nach den Anschlägen berichteten diverse Journalisten, die Fluglotsen wären völlig überrascht gewesen vom Ereignis in New York, da sie doch Flug 11 noch auf ihren Schirmen sahen. Was war da in das Hochhaus geflogen? Eine tief fliegende »zweimotorige Cessna« vielleicht[13], wie es zunächst hieß?

Was auch immer – es war bestimmt nicht Flug 11. Lieutenant Colonel Dawne Deskins (Air National Guard) war so frei, ABC-Reporter Peter Jennings hierzu einen spontanen Gedanken ins Mikrofon zu sprechen:

> Sie (die Flugkontrolle) sagten uns, dass American Airlines Flug 11 noch immer in der Luft wäre. Und jetzt sehen wir uns das an, und, tja, wenn, wenn ein Flugzeug das World Trade Center getroffen hat, wer war das?[14]

Irreführende Meldungen? Überholt, längst korrigiert? Im Gegenteil. Im Januar 2004 sah sich die New Yorker Hafenbehörde, Vermieterin des World Trade Center, richterlich genötigt, dem Wunsch der *New York Times* nach Veröffentlichung des gesamten Notfall-Funkverkehrs am Boden nachzugeben. Den für unseren Fall interessantesten Dialog aus dem zweitausend Seiten umfassenden Transkript kommentierte Mike Kelly für die *North Jersey Media Group*.[15] Kelly merkte an, auch achtundzwanzig Monate nach den Anschlägen sei immer noch völlig unklar, was die Flugaufsichtsbehörde FAA an diesem Tag getan respektive versäumt habe, denn die veröffentlichten Transkripte enthüllen, dass die Fluglotsen am New Yorker Flughafen La Guardia sogar noch im Dunklen tappten, nachdem der Nordturm getroffen worden war. In einem Wortwechsel, der stattfindet, während der Nordturm bereits in Flammen steht, unmittelbar vor dem Einschlag eines zweiten Flugzeugs in den Südturm um 9.03 Uhr, fragt ein namentlich nicht identifizierter Lotse aus dem Kontrollturm La Guardia:
»›Wisst ihr Jungs, was am World Trade Center passiert ist?‹ Ein zweiter, unidentifizierter Lotse im Kontrollturm antwortet: ›Wir hören uns das gerade in den Nachrichten an. Wisst ihr irgendwas Genaueres? Was ist passiert, da ist ein Flugzeug reingeflogen?‹

›Wir haben gehört, eine Bombe hätte es getroffen‹, sagt der erste Mann.
›Wir haben gehört, es war ein Flugzeug‹, antwortet der zweite Mann und fügt hinzu, er schalte gerade den Fernsehapparat ein. ›Wir versuchen, ein Update zu kriegen.‹
›Aber ihr wisst nichts?‹, sagt der erste Mann.
›Wir wissen nichts‹, sagt der zweite Mann. ›Wir sehen es uns jetzt gerade auf Channel 5 an.‹«
Dieser Dialog gegen 9 Uhr morgens hätte absolut nichts Irritierendes, hörten wir hier zwei ganz normalen Mitmenschen zu, die via CNN herauszufinden versuchen, was gerade in Lower Manhattan passiert. Aber dass hier zwei für exakt diesen Sektor zuständige *Fluglotsen* sprechen, also eben jene Leute »ganz oben in der Informationskette«, die angeblich schon seit 8.20 Uhr ein vom Kurs abgekommenes Flugzeug auf ihren Radarschirmen im raschen Sinkflug südwärts fliegen sahen und in höchstem Maße alarmiert hätten sein müssen – das ist zumindest Besorgnis erregend, denn es würde entweder bedeuten, dass die US-Lotsen durch die Bank vollständig inkompetent sind, oder dass sie eben zu keinem Zeitpunkt vom Kurs abgekommene Flüge auf ihren Radarschirmen sahen – und deshalb ebenso überrascht waren wie der Rest der Welt.
Zu ergänzen ist, dass nach offizieller Darstellung um 8.52 Uhr (also sechs Minuten *nach* dem ersten Einschlag) endlich zwei Abfangjäger von der Otis Air National Guard Base aufstiegen, um Flug 11 abzufangen. Die Otis Air Base liegt 188 Meilen von New York entfernt, auf der Halbinsel Cape Cod südlich von Boston. NORAD-General Craig McKinley bestätigte vor der Untersuchungskommission, die Jets wären zum Zeitpunkt des *zweiten* Einschlags (9.03 Uhr) noch 71 Meilen von New York entfernt gewesen. Wären sie ab 8.52 Uhr auf direktem Weg nach New York geflogen, er-

gäbe das eine Durchschnittsgeschwindigkeit von »nur« etwa sechshundertdreißig Meilen pro Stunde. Dies widerspricht allen Angaben der NORAD-Verantwortlichen, die behaupten, die Jets wären mit einer Geschwindigkeit von eintausendeinhundert bis eintausendzweihundert Meilen pro Stunde auf dem Weg zu Flug 11 gewesen. Dies wiederum bedeutet: Der *offiziellen* Darstellung zufolge flogen die Jets verdächtig langsam. Folgt man dieser Darstellung, kommt man zwangsläufig zu dem Schluss, dass die Piloten sich absichtlich Zeit ließen.

Eine absurde Vorstellung.

Entspräche die *offizielle* Darstellung den Tatsachen, müssten nicht nur zwei Dutzend Fluglotsen, sondern auch etliche NORAD-Verantwortliche sowie wenigstens zwei Jetpiloten allein in diesem ersten Entführungsfall als Mitwisser eingeweiht gewesen sein. Da diese *offizielle* Annahme in eine hanebüchene, jeder rationalen Grundlage entbehrende Verschwörungstheorie mündete, konstatieren wir, dass sich nach gewissenhafter Bewertung der vorliegenden Informationen folgende Korrekturen der offiziellen Darstellung zwangsläufig ergeben.

Flug American Airlines 11 wich vor 8.40 Uhr nicht vom geplanten Kurs Richtung Los Angeles ab und befand sich unmittelbar vor diesem Zeitpunkt noch in 29 000 Fuß Höhe. Was bedeutet, dass sich Flug 11 um 8.40 Uhr, sechs Minuten vor dem Einschlag eines ersten Flugobjekts ins World Trade Center, in der Gegend von Watkins Glen an der Grenze der Bundesstaaten New York und Pennsylvania befand, mithin etwa hundertfünfzig Meilen von New York entfernt. (Vgl. Karten im Anhang)

Die Kampfjets, die um 8.52 Uhr von der Otis Air Base aufstiegen, flogen nicht in Richtung New York, sondern in

Richtung des von allen Lotsen und von NORAD vermuteten Aufenthaltsorts des Fluges 11 zirka hundertfünfzig Meilen nordwestlich von New York. In dem Augenblick, in dem NORAD-General Larry K. Arnold den Start der Jäger anordnete, sah er im Fernsehen Rauch aus dem World Trade Center aufsteigen und fragte sich nach eigener Aussage, »wie so viele von uns, die mit dieser Angelegenheit befasst waren«, was das zu bedeuten habe:

> Hat es etwas mit diesem besonderen Vorfall zu tun? Was wir nicht glaubten, denn wir sprachen mit dem Center Boston, und wir dachten nicht an die unmittelbare Umgebung von New York.[16]

Der Pilot des einen Jets (Aliasname »Duffy«) gab später zu Protokoll, bis zum Einschlag der *zweiten* Maschine um 9.03 Uhr geglaubt zu haben, er jage der *ersten* Maschine hinterher, also Flug 11.[17] Damit bestätigen auch Verhalten und Aussagen der Jet-Piloten unsere Vermutung, dass Flug 11 wenigstens bis 8.40 Uhr auf korrektem Kurs war – glaubt man der Aussage von »Duffy«, sogar noch deutlich nach 8.55 Uhr. Die Jets flogen ab 8.52 Uhr tatsächlich mit tausendzweihundert Meilen pro Stunde der gesuchten Maschine eiligst hinterher und befanden sich daher um 9.03 Uhr noch immer relativ weit, nämlich einundsiebzig Meilen, von New York entfernt. Die konspirologische Theorie, die Piloten wären absichtlich langsam geflogen, ist damit ausgeräumt.

Fazit: Denkt man die offizielle Darstellung der Geschehnisse in Sachen »Flug AA 11« konsequent zu Ende, ergibt sich zwingend, dass die Terroristen diverse Helfer gehabt haben müssen – unter den Fluglotsen, bei der FAA, beim

NORAD und sogar in den Kanzeln der zuständigen Abfangjäger. Eine solche Verschwörung ist nach menschlichem Ermessen nicht zu bewerkstelligen.

Die offizielle Verschwörungstheorie in Sachen Flug 11 ist überdies durch nichts zu belegen, dafür aber durch eine Reihe von Indizien und beeideter Aussagen widerlegt. Nach den Aussagen von Betty Ong steht fest, dass nicht fünf, sondern maximal drei Männer die Maschine entführten. Es ist möglich, dass einer von ihnen Mohammed Atta war. Der Beweis, dass er überhaupt an Bord des Fluges AA 11 war, ist allerdings nicht erbracht, denn die offizielle Passagierliste von Flug 11 ist bis heute nicht veröffentlicht worden. Die von Associated Press unmittelbar nach dem Anschlag veröffentlichte »unvollständige« Liste[18] umfasste die von FBI-Chef Mueller bestätigten zweiundneunzig Personen an Bord – allerdings umfasste diese Liste *ohne* den Namen oder wenigstens das »Alias« eines der genannten Entführer zweiundneunzig Personen. Der leicht zu erbringende Beweis, dass auch nur einer der genannten Attentäter auf der Passagierliste stand oder Flug 11 antrat, steht daher bis heute aus.

Sobald dieser Beweis erbracht ist, ergibt sich die Notwendigkeit, einen zweiten Beweis zu erbringen, nämlich den, dass Atta derjenige war, der die Maschine entführte. Und nach Erbringung dieses zweiten Beweis fehlte, zuletzt, der Beweis, dass er die Maschine in den Nordturm steuerte.

Sofern das möglich war. Denn nach Auswertung der uns vorliegenden Fakten muss als bewiesen gelten, dass Flug 11 sich um 8.40 Uhr nirgendwo anders befunden haben kann als in Reiseflughöhe, also 29 000 Fuß, auf vorgesehenem Kurs, folglich etwa hundertfünfzig Meilen von New York entfernt.

Entscheidend ist: Da sechs Minuten später, nämlich um 8.46 Uhr, ein Flugzeug in den Nordturm des WTC einschlug, ist nach Lage der hier angeführten Beweise ohne jeden Zweifel auszuschließen, dass es sich bei diesem Flugobjekt um die Boeing 767 gehandelt haben kann, die sich als Flug 11 von Boston auf dem Weg nach Los Angeles befand – denn eine Boeing 767 kann *definitiv* nicht binnen sechs Minuten hundertfünfzig Meilen zurücklegen, sondern bei einer Höchstgeschwindigkeit von maximal fünfhundert Meilen pro Stunde höchstens fünfundsiebzig Meilen. Somit wäre AA 11 um 8.46 Uhr, sofern es vor 9.00 Uhr *überhaupt* eine Kursabweichung gab, noch wenigstens fünfundsiebzig Meilen von New York entfernt gewesen. In der Region also, in der die aufgestiegenen Jets zu genau diesem Zeitpunkt nach der Maschine suchten, was wiederum dafür spricht, dass Flug 11 erst nach 9.00 Uhr den Kurs wechselte.
Aufgrund der uns vorliegenden Daten und aller offiziellen Aussagen ist daher festzuhalten, dass Flug 11 sich möglicherweise bereits vor 8.46 Uhr im Sinkflug befand, aber ebenso entschieden auszuschließen, dass es sich bei dem Flugobjekt, das um 8.46 Uhr in den Nordturm des World Trade Center stürzte, um Flug 11 gehandelt haben kann.

United Airlines 175

Die offizielle Darstellung: »Gegen 7.58 Uhr verließ United Airlines 175, ebenfalls mit Ziel Los Angeles, Logan Airport mit 56 Passagieren und 9 Besatzungsmitgliedern an Bord. Um 9.05 Uhr stürzte Flug 175 in den Südturm des World

Trade Center, der um 9.55 Uhr zusammenbrach. Der Pilot war vermutlich Marwan Al-Shehhi.«[19]
Die FAA korrigierte die Startzeit von Flug 175 auf 8.14 Uhr (14 Minuten Verspätung). Nach eigenen Angaben benachrichtigte die FAA NORAD um 8.43 Uhr von einer möglichen Entführung des Fluges 175. NORAD widersprach dieser Aussage später: die FAA habe erst um 9.05 Uhr (also zwei Minuten nach dem Einschlag) gemeldet, UA 175 sei »möglicherweise« entführt worden.[20]
Die Verantwortlichen bei United Airlines wussten nach eigener Angabe »gegen 8.50 Uhr« von der Entführung des Fluges. Nach 9.00 Uhr bestand kein Kontakt mehr zur Maschine.[21]
Der Einschlag in den Südturm ereignete sich (von seismologischen Daten gestützt) um 9.03 Uhr.

Die Fakten: Wie in allen Fällen ist uns auch im Fall »Flug 175« bis heute kein Beweis vorgelegt worden, dass sich nur einer der angeblichen Täter an Bord der Maschine befand. Weder ist die Passagierliste veröffentlicht worden, noch wurden auf Bordkartenabschnitten entsprechende Fingerabdrücke gefunden, noch konnten Attentäter anhand von DNA-Proben namentlich identifiziert werden.
Es ist bis heute kein Beweis vorgelegt worden, dass Marwan Al-Shehhi die Maschine steuerte. Die Vermutung des FBI, er sei der Pilot gewesen, stützt sich allein auf die Tatsache, dass Al-Shehhi als einziger der angeblich an Bord befindlichen angeblich fünf Araber einen Pilotenschein besaß.
Wie im Fall des Fluges 11 ist die behauptete Kursabweichung von UA 175 gegen 8.43 Uhr ist bis heute nicht belegt. Aus dem veröffentlichen Funkverkehr ergibt sich kein

Hinweis auf eine solche Abweichung, die Radaraufzeichnungen sind bis heute nicht veröffentlicht oder existieren nicht (siehe Flug 11), beide Flugschreiber wurden (wie bei Flug 11) nicht geborgen, ebenso wenig wurden vollständige und gerichtsfeste Umschriften des Funkverkehrs zwischen der Bodenkontrolle und den an diesem Tag in der Luft befindlichen Verkehrsmaschinen hergestellt oder gar veröffentlicht.

Aus den von der *New York Times* veröffentlichten Umschriften des Funkverkehrs geht lediglich hervor, dass um 8.52 Uhr ein Flugobjekt mit unbekannter Transponder-Kennung im Steigflug in einer Höhe von 33 500 Fuß auf dem Radar gesichtet wurde – und sich zwischenzeitlich auf Kollisionskurs mit anderen an diesem Tag gestarteten Maschinen befand. Hierzu entspann sich zwischen den zuständigen Dienststellen folgender Dialog, hier mit einigen erklärenden Bemerkungen (in Klammern) sowie fehlenden Satzzeichen versehen (im Anhang im O-Ton).[22] Der zuständige Lotse fragt seinen Kollegen, der für den benachbarten Luftraum zuständig ist:

> Sehen Sie UAL 175 irgendwo? Und tun Sie mir einen Gefallen, Sie sehen das Ziel da mit (Transponder-)Code 3321, das auf 335 (33 500 Fuß) steigt, weiß nicht, wer das ist … wir haben hier möglicherweise eine Entführung, wir haben hier drüben gerade ein paar Probleme … Das kann echter Verkehr sein (= ein Flugzeug), keiner weiß es, ich kriege UA 175 momentan überhaupt nicht und ich weiß nicht, wo (der Flug) hin ist.

Natürlich bleibt hier reichlich Interpretationsspielraum. Ein Fluglotse mit dreißig Jahren Berufserfahrung, dem die Umschriften im Original vorlagen, äußerte mir gegenüber nach gründlichem Abwägen vorsichtige Verwirrung ob dieser Informationen: »Wo er hin ist« kann immerhin zweierlei bedeuten: Entweder, UA 175 war zu diesem Zeitpunkt (8.52 Uhr) komplett vom Primär- und Sekundärradar verschwunden, vulgo »weg«, oder UA 175 hatte nur die Funkfrequenz gewechselt. Natürlich kann UA 175 auch den Transponder-Code »gewechselt« haben, aber besonders logisch erscheint das nicht, zumal NORAD-Colonel Alan Scott vor dem offiziellen Untersuchungsausschuss zum 11. September die bemerkenswerte Feststellung traf (Hervorhebung von mir):

> United 175, die zweite Maschine, die übrigens vor dem Einschlag *zu keinem Zeitpunkt den Transponder ausgeschaltet hatte*, stürzt um 9.02 Uhr in den Südturm.[23]

Sofern der Colonel, dem alle zur Beurteilung des Sachverhalts erforderlichen internen Informationen vorlagen, die Wahrheit sagte – und wieso sollten wir daran zweifeln? –, wurde die Transponder-Kennung von UA 175 entweder während des Fluges umgestellt, um »Verwirrung zu stiften«, wie manche Kommentatoren meinten (ohne das genauer zu erklären, denn was soll daran verwirrender sein als *ohne* Transponder zu fliegen?), oder die vom Lotsen gesichtete Maschine mit der an diesem Tag nicht vergebenen Kennung 3321 war eben *nicht* UA 175.

Laut einem zwischenzeitlich vergessenen Bericht der *Washington Post* vom 17. September 2001 waren sich diesbezüglich auch die Lotsen ziemlich sicher. Die nämlich entdeckten zu dieser Zeit einen »Eindringling« über Allentown, Pennsylvania, also eine Maschine mit unbekannter Transponder-

Kennung, die in den Luftraum eingedrungen war. Der Vorgesetzte der erstaunten Lotsen wurde mit den Worten zitiert: »Ich glaube, wir haben es hier mit zwei Flugzeugen zu tun.«[24]
Schon wieder eine dieser reißerischen, längst widerlegten Zeitungsenten? Wohl kaum, denn aus offiziellem Mund klingt es zwei Jahre später immer noch genauso:

> Wir wurden davor in keiner wie auch immer gearteten Weise gewarnt. Tatsächlich wurde die Maschine später als möglicherweise entführt gemeldet, was ... im Grunde nur zu weiterer Verwirrung führte, weil uns nicht klar war, welche Maschinen tatsächlich in die Türme gestürzt waren. Zu dem Zeitpunkt wussten wir nur, dass wir zwei Maschinen hatten, die in die Türme gestürzt waren. Und wir hatten zwei Maschinen, die als entführt gemeldet waren.[25]

Wir konstatieren daher behutsam: Am Tag selbst gab es alles andere als eindeutige Hinweise darauf, Flug 175 könne in den Südturm gestürzt sein. Sowohl die Lotsen als auch das NORAD gingen davon aus, es mit *verschiedenen* Maschinen zu tun zu haben. Die Verantwortlichen von United Airlines nennen 9.00 Uhr als Zeitpunkt, an dem der Kontakt endete.[26] Entscheidend ist nun, *wo* sich Flug 175 zu diesem Zeitpunkt befand – und wir haben keinen Grund, der Angabe der Fluggesellschaft selbst zu misstrauen. Am 11. September 2001 hieß es in der offiziellen Presseerklärung in Sachen Flug 175:

> United hat den Verlust dieser Maschine bestätigt. Der letzte Radarkontakt mit dieser Maschine war zwischen Newark, New Jersey und Philadelphia.[27]

Wir fügen die beiden Informationen aus sicherer Quelle zusammen und erhalten die verbindliche Aussage: Der Radarkontakt mit Flug 175 ging um 9.00 Uhr zwischen Newark und Philadelphia verloren. UA 175 befand sich also zu diesem Zeitpunkt etwa hundert Kilometer von den Twin Towers entfernt.
Drei Minuten später traf ein Flugzeug den Südturm.

Diese Maschine raste nach offiziellen Angaben mit einer Geschwindigkeit von fünfhundertvierzig bis fünfhundertneunzig Meilen pro Stunde in den Turm[28], obwohl die Höchstgeschwindigkeit einer Boeing 767 in »dünner Luft«, also in 35 000 Fuß Höhe, lediglich vierhundertachtzig Meilen pro Stunde beträgt und in wenigen hundert Metern Höhe maximal dreihundertachtzig. Eine brauchbare Erklärung für dieses Phänomen wäre, dass »Höchstgeschwindigkeit« ein äußerst dehnbarer Begriff ist. Eine andere brauchbare Erklärung wäre, dass eine leere Maschine deutlich schneller fliegt als eine Maschine voller Sitze, Passagiere und anderer Lasten.
Zweitens – weit wichtiger – ist die Frage zu beantworten, was das merkwürdige Gebilde am Rumpf von UA 175 darstellt, das in allen offiziellen Videos und Aufnahmen zu sehen ist, aber offiziell nie kommentiert oder gar erklärt wurde. Wir erlauben uns hier noch einmal, dieses mysteriöse, fahrlässig vernachlässigte »Teil« in gebotener Größe zu zeigen.

Der turbinengroße Anbau am Rumpf von UA 175.

Bildfehler, aufreißende Ladeklappe oder UFO-Schatten?

Bei der in den Südturm stürzenden Maschine soll es sich um eine Boeing 767-222 gehandelt haben. Sofern das der Wahrheit entspricht, müssten an dieser Boeing, die am Morgen als Flug 175 aus Boston startete, einige gravierende Veränderungen am Rumpf vorgenommen worden sein. Serienmäßig verfügt die Boeing 767-222 jedenfalls definitiv nicht über diese Riesenausbuchtung, die deutlich größer ist als die Turbinen – und wer je eine Turbine aus der Nähe gesehen hat, weiß, wie groß dieses sonderbare Teil ist.

Zum Vergleich: *So* sieht eine normale 767 von unten aus (Seite 203):

Ohne asymmetrische Anbauten flugfähig: Boeing 767-200.

Wir halten fest: Am Rumpf der Maschine, die mit unerklärlich hohem Tempo den Südturm traf, befand sich ein monströs großes »Ersatzteil«, das man an keiner anderen Boeing findet. Niemand, schon gar nicht die offizielle Untersuchungskommission, hat die Fluggesellschaft befragt, was das war oder gewesen sein könnte. Oder weshalb man es hat montieren lassen.

Die Frage, ob es sich um einen Schatten, einen Extratank, eine Bombe oder bloß um eine aufreißende Fahrwerks- oder Ladeklappe handelt, ist – leider unter Ausschluss der Öffentlichkeit – ausführlich kontrovers debattiert worden[29], und es spricht für die Ernsthaftigkeit der so genannten Zweifler oder Konspirologen (unter denen in diesem Fall erstaunlich viele Fachleute waren), dass einige wenige am Ende sogar einräumen, es könne sich möglicherweise doch um finale Zerfallserscheinungen der malträtierten Maschine gehandelt haben. Die meisten Experten teilen diese Ansicht allerdings nicht, da die Zerfallserscheinung im Rahmen des von allen Seiten dokumentierten Anflugs der Maschine eben eindeutig nicht »zerfällt« und das »Ding« die ganze Zeit stabil unter der Maschine hängt; aber persönliche Ansichten sollen nicht Gegenstand dieser Beweisaufnahme sein. Die Frage bleibt unbeantwortet (und öffentlich ungestellt): Was ist das, was da am Rumpf dieses Flugzeugs jedem Betrachter ins Auge springt, der darauf hingewiesen wird?

Fazit: Die Vorgänge um Flug 175 sind hinsichtlich der kaum vorhandenen Fluglostenkommunikation diffuser als im Fall des Fluges 11, deshalb ist eine Korrektur der offiziellen Darstellung nur auf Grundlage des Funkverkehrs unzulässig. Festzuhalten ist jedoch, dass UA 175 offenbar mit durchgehend eingeschaltetem Transponder auf vorgesehenen Kurs flog, wenigstens bis 8.40 Uhr, möglicherweise sogar noch um 9.05 Uhr, also zwei Minuten nach dem Einschlag. Nach 8.42 Uhr gibt es keine verbindliche Aussage betreffend die Route von Flug 175, aber um 9.00 Uhr befand sich die Maschine fünfzig Meilen von New York entfernt. Um 9.03 Uhr stürzte eine zirka fünfhundertachtzig Meilen pro Stunden schnelle Maschine in den Südturm, an deren Unterseite sich ein auffälliges Gebilde befand, das man unter einer normalen Boeing 767 vergeblich sucht.
Für die Behauptung, das Flugzeug, das in den Südturm stürzte, sei Flug 175 gewesen, gibt es weiterhin keinen Beleg. Die unter Eid getätigten Aussagen der United-Airlines-Verantwortlichen hingegen lassen nur den Schluss zu, dass das unmöglich war.
Nach gründlicher Auswertung der bis heute vorliegenden Fakten konstatieren wir daher: Es ist nicht ohne »jeden Schat-

ten eines Zweifels« auszuschließen, dass die Maschine, die in den Südturm stürzte, UA 175 gewesen sein könnte. Die Wahrscheinlichkeit dafür ist allerdings äußerst gering.

Flug American Airlines 77

Die offizielle Darstellung: »Gegen 8.20 Uhr verließ American Airlines Flug 77 den Flughafen Dulles International (Washington) mit 58 Passagieren und 6 Besatzungsmitgliedern an Bord. Der letzte routinemäßige Funkkontakt mit der Maschine erfolgte um 8.50 Uhr. Einige Minuten später drehte die Maschine ohne Erlaubnis bei. Um 9.39 Uhr stürzte Flug 77 in die Südwestflanke des Pentagon.«[30]
Der Pilot der Maschine war nach offiziellen Angaben »vermutlich« der Araber Hani Hanjour, der erfahrenste[31] der vier mutmaßlichen Todespiloten.
Die FAA benachrichtigte NORAD nach eigenen Angaben um 9.24 Uhr von einer »möglichen« Entführung des Fluges.[32]
Um 9.30 Uhr starteten zwei US-Abfangjäger von der Air Force Base Langley in Virginia, drehten, den Notfall-Regularien folgend, zunächst eine Schleife über dem Meer und flogen anschließend mit einer Geschwindigkeit von sechshundertsechzig Meilen pro Stunde Richtung Washington, um Flug 77 abzufangen.[33] Die Maschinen kamen Minuten zu spät, um den Absturz von Flug 77 zu verhindern.

Die Fakten: Wie in allen betrachteten Fällen existiert kein Beweis, dass sich auch nur einer der angeblichen Entführer tatsächlich an Bord der entführten Maschine befand. Eine vollständige Passagierliste des Fluges 77 ist bis heute nicht veröffentlicht worden, keiner der Beschuldigten ist anhand von Videoaufnahmen (beim Einchecken) oder von DNA-Proben namentlich identifiziert worden

Die »Vermutung«, Hani Hanjour habe die Maschine gesteuert, gründet sich allein auf den Umstand, dass er als einziger der angeblich an Bord befindlichen angeblichen Entführer einen Pilotenschein besaß.

Das »Wendemanöver« der Maschine über Kentucky ist durch nichts belegt, weder Radaraufzeichnungen noch Aufzeichnungen des Funkverkehrs noch Aussagen der zuständigen Lotsen sind offiziell veröffentlicht worden. Die vorliegenden Umschriften des Funkverkehrs ergeben indes keinen Hinweis auf ein Wendemanöver mit anschließendem Rückflug nach Washington, sondern nur darauf, dass AA 77 zwischen 8.50 Uhr und 8.57 Uhr von den Radarschirmen *vollständig* verschwand, also abstürzte oder landete.

Im Detail: Um 8.51 Uhr meldet sich Flug 77 zum letzten Mal bei der Flugsicherung Indianapolis, Sektor Henderson. Um 8.57 Uhr bittet einer der Lotsen den Piloten, auf Flughöhe 350 zu bleiben, also 35 000 Fuß. Der Funkkontakt ist zu diesem Zeitpunkt bereits unterbrochen worden, offenbar abrupt. Telefonisch berichtet der Lotse der American-Airlines-Zentrale (die er um Hilfe bittet), er habe Flug 77 an der Westseite seines Luftraums gehabt, darauf sei die Maschine beigedreht und nun, direkt danach (9.00 Uhr), sei sie spurlos verschwunden. Man habe keinen Funkkontakt mehr und wisse nicht, »was mit ihr passiert ist«. Um 9.02 Uhr, nachdem auch die Fluggesellschaft selbst versucht hat, den Piloten zu erreichen, bestätigt der Lotse: »Wir haben keinen Radarkontakt und keine Verbindung zu ihm (Flug 77).«[34]

Fast zwanzig Minuten nach dem Ende der Funkverbindung zu Flug 77, um 9.09 Uhr, bestätigt die Fluggesellschaft, Flug 11 sei offenbar ins World Trade Center gestürzt – die Lotsen in Indianapolis aber sehen sich noch immer nicht veranlasst, in Sachen Flug 77 NORAD zu benachrichtigen. Warum nicht?
Entweder (Konsequenz der offiziellen Darstellung) weil sie komplett inkompetent waren oder (Konsequenz der konspirologischen Darstellung) weil sie tief drinsteckten in diesem riesigen Komplott, oder – weil sie einfach nicht wussten, was sie melden sollten? Eine Entführung? Darauf gab es keinen Hinweis. Keinen Notfall-Code, keinen Mayday-Ruf, gar nichts. Schlimmer noch, offenbar war Flug 77 zwischen 8.50 und 9.00 Uhr vom Radarschirm komplett verschwunden. Der Funkverkehr jedenfalls ergibt keinen Hinweis auf den Verbleib von Flug 77. Festhalten lässt sich daher nur, dass die Lotsen in Indianapolis zwischen 9.00 Uhr und 9.14 Uhr überhaupt keine Maschine mehr auf ihren Schirmen hatten. Zwischen 8.50 Uhr und 9.14 Uhr, also endlose vierundzwanzig Minuten lang, war die Maschine »weg«.
Die offizielle, unter Eid getätigte Aussage von American-Airlines-Chef Gerard J. Arpey verdient in diesem Zusammenhang (wenn auch nur am Rande) allerdings besondere Würdigung.

> Während wir versuchten, eine Bestätigung zu bekommen, dass die Maschine, die das World Trade Center getroffen hatte, Flug 11 war, erfuhren wir von Beamten der Flugsicherung, dass ein weiterer unserer Flüge nicht auf Funkanfragen reagierte und kein Transponder-Signal mehr sendete, und dass die Flugkontrolle seine Position nicht feststellen konnte.[35]

So weit, so bestätigend, aber Arpeys Nachsatz ist verblüffend:

> Zu diesem Zeitpunkt (um 9.05 Uhr) glaubten wir, die zweite Maschine, die ins Center gestürzt war, könnte Flug 77 gewesen sein.[36]

Eine erstaunliche Aussage. Und dass diesbezüglich keines der 9/11-Kommissionsmitglieder wenigstens interessiert nachfragte, verrät Kompetenz in Bodennähe: Ein Flugzeug, dass um kurz vor neun, zirka sechshundert Kilometer von New York entfernt, vom Radarschirm verschwand, hätte nach eingeschworener Ansicht eines Top-Experten acht Minuten später in den Südturm des World Trade knallen können? Dazu hätte Flug 77 während dieser acht Minuten den Gashebel auf viereinhalbfache Schallgeschwindigkeit hochschieben müssen, aber gut: Das kann man schon mal behaupten, und da dies nach Ansicht des American-Airlines-Managements immerhin denkbar erschien, wollen wir die Aussage hier einfach als »verwirrend« stehen lassen – sowie als dezenten Hinweis auf die Kompetenz der Mitglieder der Kommission in Detailfragen.
Wir halten jenseits aller mutig geworfenen Nebelkerzen fest: Flug 77 verschwand um kurz vor neun von den Schirmen und ward – jedenfalls von den Lotsen in Indianapolis – nie wieder gesehen. American Airlines wusste davon, weil die Lotsen die Verantwortlichen informiert hatten. Aber niemand benachrichtigte NORAD, denn die Maschine war einfach »weg«. Wie üblich bestätigt NORAD die traurige Wahrheit:

> Unseren Aufzeichnungen können Sie die Zeit entnehmen, zu der wir darüber informiert wurden, Flug American Air-

> lines 77 sei möglicherweise entführt worden. Und ich kann Ihnen sagen, dass ich nicht wusste, und dass nach meiner Meinung niemand im NORAD-System wusste, wo dieses Flugzeug war.[37]

Und das erstaunliche vierundzwanzig Minuten lang. Denn frühestens um 9.14 Uhr taucht eine Maschine irgendwo im Luftraum über West Virginia auf – eine »unidentifizierbare« allerdings, den Lotsen zufolge, mit Kurs auf Washington. Die Flugkontrolle von West Virginia meldet daraufhin (um 9.24 Uhr) der FAA, es befinde sich »möglicherweise« eine entführte Maschine in ihrem Luftraum.

Wieso so spät – und wieso »möglicherweise«? Erst recht angesichts der inzwischen jedem Fernsehbesitzer bekannten Geschehnisse in New York? Ist da ein weiterer Lotse Teil des großen finsteren Komplotts der kleinen Leute, auf das die offizielle Darstellung schnurgerade hinausläuft?

Bleiben wir bei den wenigen gesicherten Fakten, die uns vorliegen. Die zuständige Lotsin vom Flugleitzentrum Washington (Danielle O'Brien) sagte ABC-Reporter Peter Jennings, sie habe eine Maschine mit hoher Geschwindigkeit im Südwesten des Flughafen Dulles »auf dem Schirm entdeckt«. Diese Maschine flog nach ihrer Aussage sehr schnell, und es wäre »beispiellos für eine Passagiermaschine, mit derartigem Tempo, unidentifiziert und ohne jede Art der Kommunikation« durch »unseren Luftraum zu schießen«.[38]

USA Today präzisierte, ebenfalls nach einem Gespräch mit der Lotsin, die Maschine sei etwa fünfhundert Meilen pro Stunde schnell gewesen und habe eine unbekannte Transponder-Kennung gesendet. Vor der Untersuchungskommission legte Colonel Alan Scott noch einmal nach:

> Etwa zur gleichen Zeit (9.10 Uhr), erscheint sozusagen weit draußen im Westen, America(n Airlines) 77 wieder auf den Radarschirmen, die in der Zwischenzeit ihren Transponder ausgeschaltet und nach links Richtung Washington gewendet hatte. Und nach meinem Verständnis beginnen die FAA-Lotsen nun nach eindeutigen Erkennungsmerkmalen für die Maschine zu suchen, und sie wissen nicht, ob das 77 ist, und sie fragen eine Menge Leute, ob sie das ist, darunter eine C-130 die westwärts Richtung Ohio fliegt.[39]

Wiederum vorsichtig formuliert: Niemand hielt diese Maschine für Flug 77. Was sich mit enormer Dummheit der Lotsen erklären lässt – oder eben mit Kompetenz.
Um 9.39 Uhr stürzt ein Flugzeug nach abenteuerlichem Wende- und Sinkmanöver sowie flachem Anflug in acht Metern Höhe in den Südwestflügel des Pentagon – zur Überraschung aller, die sich bereits seit 9.00 Uhr mit den verschiedenen angeblich und tatsächlich entführten Maschinen des Tages beschäftigen. US-Sicherheitskoordinator Richard A. Clarke, bei dem per Videoschaltung die Erkenntnisse der zuständigen Behörden und Ministerien zusammenlaufen, lässt sich unmittelbar vor dem Einschlag von FAA-Chefin Jane Garvey über den entführten Flug 93 sowie den angeblich entführten Flug 1989 (siehe unten) informieren, als das Pentagon aus heiterem Himmel getroffen wird.[40]
Das gerade erst mit Stahlträgern verstärkte Gebäude zerreißt die Maschine in winzige Teile und stürzt später teilweise ein. Das Fehlen von typischen Trümmerteilen an der Absturzstelle (Flügel, Leitwerk, Turbinen, Innenausstattung) wird offiziell mit der hohen Geschwindigkeit der Maschine beim Aufprall begründet, das Fehlen von Leichenteilen mit Pie-

tät bei der Berichterstattung. Auch wenn diverse Zeugen den Anflug eines großen Jets schilderten und damit außer Frage stehen dürfte, dass ein Flugzeug das Pentagon traf (keine Rakete), fehlt bis heute jeder Beweis, dass es sich bei diesem nachweislich vorhandenen Flugzeug um Flug 77 handelte.

Merkwürdigerweise wurde der Anflug von niemand gefilmt – außer von einer Überwachungskamera neben dem Pentagon. Das Video könnte in der Tat Aufschluss darüber geben, ob die Maschine tatsächlich Flug 77 war, aber bedauerlicherweise hat das FBI ausgerechnet jene beiden Einzelbilder aus der Aufzeichnung getilgt und als »Verschlusssache« bis 2040 zu den Akten genommen, auf denen man die Maschine würde erkennen können.

Wir wollen an dieser Stelle das stärkste Argument derer nicht verschweigen, die sicher sind, dass tatsächlich Flug AA 77 das Pentagon traf: 63 der 64 Menschen an Bord wurden nach offiziellen Angaben per DNA-Analyse identifiziert (wenn auch nicht namentlich – schon gar nicht die Entführer). Wir wollen aber ebenso wenig verschweigen, dass laut offizieller Darstellung die gesamte Maschine beim Aufprall auf die frisch verstärkte Pentagonwand bei zirka 1000 Grad Celsius atomisiert wurde – nicht einmal die riesigen Stahlturbinen überstanden diesen ungeheuren Crash. Wohl aber die DNA fast aller zerfetzten Insassen. Unter anderen, also normalen Umständen, wird DNA bei Temperaturen von über 150 Grad Celsius in Sachen »Identifikation« unbrauchbar. Weshalb auch keines der Opfer der Flüge AA 11 und UA 175 identifiziert werden konnte. Trotzdem aber alle Opfer des Fluges AA 77. Die New Yorker Leichenbeschauer könnten offenbar viel von ihren Kollegen aus Washington lernen, besser gesagt: Letzteren gebührt mindestens der Nobelpreis, denn sie haben die DNA-Analyse von allen physikalischen Schranken befreit.

Fazit: American Airlines 77 verschwand zwischen 8.50 und 8.57 Uhr von den Radarschirmen und war im Folgenden unauffindbar. Die nächstliegende Erklärung für eine solche Beobachtung ist, dass die betreffende Maschine entweder landete oder abstürzte.

Zwischen 9.14 Uhr und 9.24 Uhr tauchte im Luftraum über West Virginia eine unidentifizierbare Maschine auf, die nicht auf Funkanfragen reagierte, und schoss mit einer Geschwindigkeit, die von Passagiermaschinen in dieser Flughöhe faktisch nicht erreicht wird, auf Washington zu. Die Wahrscheinlichkeit, dass es sich um ein und dieselbe Maschine handelte, ist gering, auch in den Augen der an diesem Tag zuständigen Lotsen. Um 9.24 Uhr benachrichtigte daher die FAA NORAD, es handle sich »möglicherweise« um den seit einer knappen halben Stunden vermissten Flug 77. Aufgrund der späten Warnung starteten die Abfangjäger erst um 9.30 Uhr und erreichten das Pentagon nicht mehr rechtzeitig.

Wäre der Kurs von Flug 77 jener gewesen, von dem die offizielle Darstellung ausgeht, müssten diverse Verantwortliche beim NORAD von 9.00 Uhr bis 9.30 Uhr die Abfangjäger bewusst am Boden zurückgehalten haben, wären also Teil einer großen Verschwörung. Diese Vorstellung ist vollkommen absurd.

Nach Auswertung der uns vorliegenden Fakten lautet die wahrscheinlichste Erklärung in diesem Fall, dass Flug 77 gegen 9.00 Uhr in Kentucky abstürzte oder landete und dass eine andere Maschine das Pentagon traf. In diesem Zusammenhang verweisen wir auf die am Abend des 11. Septem-

ber 2001 von der FAA verbreitete Meldung, es habe einen weiteren Absturz in Kentucky gegeben.[41] Die Meldung wurde später als Irrtum dementiert.[42]
Hierzu und zu den anderen nachträglich dementierten FAA-Meldungen am 11. September wird weiter unten noch mehr zu sagen sein.

United Airlines 93

Die offizielle Darstellung: »Gegen 8.42 Uhr (42 Minuten verspätet) verließ United Airlines Flug 93 den Flughafen Newark International mit 37 Passagieren und 7 Besatzungsmitgliedern an Bord. Ziad Jarrah war der einzige der vier Hijacker an Bord, der nachweislich einen Pilotenschein hatte, daher wird davon ausgegangen, dass er der Pilot war. Gegen 10.03 Uhr stürzte Flug 93 in der Gemeinde Stoney Creek in Südwest-Pennsylvania ab.«[43]
Um 9.16 Uhr, fünfzig Minuten (!) vor dem Absturz (und eine halbe Stunde nach dem ersten Einschlag ins World Trade Center) benachrichtigte die FAA NORAD von einer »möglichen« Entführung des Fluges 93.[44] Acht Minuten später meldete sich die Maschine zurück, nur um kurz darauf, um 9.34 Uhr, wiederum als entführt zu gelten. Um 9.40 Uhr wendete UA 93 nahe Cleveland und flog zurück nach Nordosten, Richtung Washington.
Gegen 10 Uhr endete der Flug in einem Feld nahe Shanksville, Pennsyslvania. Laut Vertretern von United Airlines um 10.00 Uhr[45], laut seismischer Aufzeichnung um 10.06 Uhr, laut FBI um 10.03 Uhr.

Nach letzten Erkenntnissen (des FBI) drangen einige aufgebrachte, heldenhafte Passagiere, die zuvor von ihren Handys und den Bordtelefonen ihren Verwandten und anderen Zeugen vom Geschehen an Bord berichteten, zwar nicht ins Cockpit vor, veranlassten aber den mutmaßlichen Piloten der Maschine, Ziad Jarrah, mit ihrem Radau an der Cockpittür zu einer für alle Insassen tödlichen Bruchlandung.[46]

Die Fakten: Wie in allen hier betrachteten Fällen existiert kein Beweis, dass sich auch nur einer der namentlich genannten Entführer tatsächlich an Bord der entführten Maschine befand. Eine vollständige Passagierliste ist bis heute nicht veröffentlicht worden, keiner der Beschuldigten wurde anhand von DNA-Proben namentlich identifiziert.

Die Vermutung, Ziad Jarrah habe die Maschine gesteuert, gründet sich allein auf den Umstand, dass er als einziger der angeblich an Bord befindlichen angeblichen Entführer einen Pilotenschein besaß.

Die Aussage von Colonel Scott, UA 93 sei bereits um 9.16 Uhr als entführt gemeldet worden, ist weit merkwürdiger, als sie auf den ersten Blick scheint. Denn wieso informierte die FAA NORAD schon so früh von einer möglichen Entführung? Wir haben inzwischen gelernt, dass die FAA NORAD erst nach dem Verschwinden einer Maschine vom Primärradar, bei Kursabweichungen oder anderen Auffälligkeiten benachrichtigt. Daher müssen wir davon ausgehen, dass UA 93 gegen 9.10 Uhr aus einem der genannten Gründe »auffällig« wurde. Aber wieso? Verschwand UA 93 um diese Zeit von den Radarschirmen? Wurde der Transponder ausgeschaltet?

Offiziell: weder noch. Aber offenbar stimmte irgendetwas mit Flug 93 zu diesem Zeitpunkt nicht – sonst ergäbe die FAA-Meldung an NORAD keinen Sinn.

Um 9.24 Uhr war die Maschine dann allerdings noch – oder wieder – in der Luft, und die Piloten wurden erfolgreich ermahnt, die Cockpittür zu verriegeln. Denn wie Andy Studdert, der damalige Chief Operating Officer von United Airlines vor der Untersuchungskommssion, ausführte, wurde Flug 93 um 9.24 Uhr informiert, zwei Flugzeuge hätten das World Trade Center getroffen, und man solle Vorkehrungen treffen, um ein Eindringen von Passagieren ins Cockpit zu verhindern. Um 9.26 Uhr bestätigte Flug 93 den Erhalt der Nachricht.[47]

Danach herrschte dann allerdings nur noch Schweigen. Sofort, komplett und überraschend. Obwohl die Piloten von Flug 93 wussten, was in New York geschehen war, obwohl sie die Cockpittür verriegelt hatten, und obwohl sie die Finger auf dem Transponder hatten, um im Fall eines Falles sofort den vierstelligen Notfallcode einzutippen, gelang es den Entführern, binnen weniger Sekunden die Crew zu meucheln, die Tür zu knacken, die Piloten zu töten, den Transponder auszuschalten und die Kontrolle zu übernehmen.

Profis eben.

Aber sogar für Leichtgläubige bleibt die Frage unbeantwortet: Wieso verschwand UA 93 für die FAA gegen 9.10 Uhr von den Schirmen – und wieso reagierte irgendwer dann um 9.26 Uhr wieder auf die dringende Bitte der Airline, Sicherheitsvorkehrungen zu treffen? Nur um zehn stumme Minuten später erneut als entführt zu gelten?

An Letzterem kann kein Zweifel bestehen: Flug 93 wurde entführt, das beweisen die zahlreichen Anrufe der Passagiere

von Bord der Maschine, deren Authentizität wir nicht infrage stellen, obwohl sie allesamt nicht aufgezeichnet wurden. Aber auch betreffend diese Anrufe ist festzuhalten, was wir schon oben, hinsichtlich den Anrufs von Stewardess Ong bemerkten: Keiner der Zeugen, die von Bord des Fluges 93 anriefen, sprach von vier Entführern. *Alle* sprachen von drei.[48] Und nur einer der Ohrenzeugen, also jener Menschen, die die Anrufe von Bord entgegennahmen, meinte im Nachhinein sich zu erinnern, es wäre von Entführern die Rede gewesen, die »wie Iraner« aussahen. In allen anderen Anrufen (die teilweise zehn Minuten dauerten) war davon ausdrücklich nicht die Rede. Sogar Zeugen bei Kiosküberfällen sind genauer, was die ethnischen Merkmale der Täter betrifft – sofern es denn Merkmale gibt.
Versuchen wir anhand der Anrufe zu rekonstruieren, was nach der Entführung des schon vorher als entführt geltenden Fluges geschah.
Um 9.34 Uhr übernahmen die Entführer das Cockpit, nachdem sie aufgestanden waren, sich (ausgerechnet) rote Stirnbänder umgebunden hatten (Rot: für Kamikaze eine zulässige Farbe, für islamische Märtyrer im Angesicht des Todes zumindest ungewöhnlich) und nach vorn gestürmt waren.[49] Fünf Minuten später, um 9.39 Uhr, verwechselte einer der 757-Cockpit-erfahrenen Entführer den Kabinen-Durchsageknopf mit dem Knopf für die Funkverbindung zum Boden (ein dummer Fehler, der schon Atta passiert war), verkündete, er sei der Kapitän, es befinde sich eine Bombe an Bord, und die Maschine sei auf dem Rückweg zum Flughafen. Dies ereignete sich dreiundzwanzig Minuten vor dem Absturz; die Flugkontrolle hörte die Durchsage, die Abfangjäger waren in der Luft (ganz in der Nähe, über Washington, wo gerade Flug 77 abgestürzt war), Ame-

rika befand sich im Alarmzustand. Aber auch in diesem Fall erreichten die Kampfjets ihr Ziel aus unerfindlichen Gründen nicht rechtzeitig.

Um 9.45 erhält die Telefonistin Lisa Jefferson bei der Telefongesellschaft GTE Verizon einen Anruf des UA-93-Passagiers Todd Beamer. Beamer schildert ihr, *drei* Männer hätten das Flugzeug entführt, zwei seien mit Messern ins Cockpit marschiert und hätten die Tür von innen verriegelt. Der dritte stünde in der ersten Klasse und habe sich mit einem Gürtel eine Bombe um den Bauch geschnallt. »Zwei Menschen lägen auf dem Boden in der ersten Klasse, sagte Todd ... Lisa Jefferson hörte, wie eine Flugbegleiterin neben Todd sagte, die Männer am Boden seien der Kapitän und der Co-Pilot. Die Flugbegleiterin nannte keine Namen und sagte auch nichts von einer Uniform, aber sie schien sich sicher zu sein.«[50]

Das ist »Hörensagen« aus dritter Hand, und wir müssen aus zwei Gründen davon ausgehen, dass die Stewardess sich irrte (oder Jefferson). Auf dem Band des Cockpit-Voice-Recorders ist zu vernehmen, dass einer der Entführer um 9.45 Uhr eine Anweisung gab, den »Piloten wieder zurückzubringen«. Überdies müssen wir uns bei allem angenommenen Passagiermut fragen: Wären beide Piloten tot gewesen – wer hätte die Maschine dann nach erfolgreicher Rückeroberung steuern sollen?

Die Aufzeichnung aus dem Cockpit bleibt mysteriös. Außer den Angehörigen hat sie bislang niemand hören dürfen, und einer der Zuhörer sagte danach, das Band werfe mehr Fragen auf, als es beantworte.[51]

Das Gleiche gilt für die meisten anderen Daten in Sachen Flug UA 93. Wir wollen hier nur die wichtigsten Punkte nennen, denn bedauerlicherweise ist in diesem Fall der

Funkverkehr zwischen der Maschine und den Lotsen nie veröffentlicht worden, womit einer der wichtigsten Anhaltspunkte für eine wenigstens vorläufige Bewertung fehlt.
Daher bleiben überwiegend Widersprüche – geboren aus allerlei Quellen, die »angeblich« von »Offiziellen« oder »Insidern« dies oder jenes erfahren haben wollen, sowie beunruhigende Zeugenaussagen, die laut US-Behörden nicht ernst zu nehmen sind.
Nach Angaben von United Airlines verschwand der UA-93-»Blip« um 10.00 Uhr vom Radar. Laut FBI stürzte die Maschine um 10.03 Uhr ab. Laut seismologischer Auswertung um 10.06 Uhr. CNN hingegen berichtete am 11. September von einem zweiten Absturz in Pennsylvania.[52] Am Ende sollten beide Abstürze Flug 93 gewesen sein, allerdings zeitlich drei bis sechs Minuten von sich selbst entfernt – und räumlich sechs bis acht Meilen.
Die Berichte der Augenzeugen sind allenfalls geeignet, die Verwirrung zu vergrößern. Lee Purbaugh, über dessen Kopf die Maschine flatternd hinwegschoss und der als Erster den Absturzort erreichte, sagte aus: »Es war unglaublich ... Etwas dermaßen Großes hatte sich so schnell in Nichts aufgelöst. Nichts war mehr da. Alles war klein geschreddert.«[53] Der örtliche Leichenbeschauer fügte hinzu: »Wenn man es nicht wusste, hätte man glauben können, das Flugzeug sei ohne Insassen gewesen. Man hätte meinen können, sie hätten sie woanders abgesetzt.«[54] Das Gesamtgewicht der vierundvierzig Menschen an Bord betrug laut Gerichtsmediziner Wallace Miller 3750 Kilogramm. Es wurden jedoch nur 300 Kilogramm menschlicher Überreste geborgen. Sechzig Prozent der geborgenen Überreste waren nicht zu identifizieren[55], Wrackteile wurden noch in acht Meilen Entfernung von der Absturzstelle geborgen.

Der deutsche Journalist Gerhard Wisnewski (»*Operation 9/11. Angriff auf den Globus*«)[56] folgert aus den zahlreichen Ungereimtheiten um diesen letzten Flug, das, was auf dem Acker nahe Shanksville explodierte, könne nicht Flug 93 gewesen sein. Andere Skeptiker sind sicher, dass die Maschine nicht abstürzte, sondern von US-Jägern abgeschossen wurde.

Offiziellen Angaben zufolge war das nicht der Fall. Zum einen waren die Abfangjäger aus unerklärlichen Gründen auch in diesem Fall nicht zur Stelle, zum anderen hätten sie, selbst wenn sie da gewesen wären, die Maschine nicht abschießen dürfen, da der Präsident die erforderliche »Executive Decision« zu diesem Zeitpunkt noch nicht getroffen hatte. Dieser offiziellen Darstellung widerspricht Sicherheitskooordinator Richard A. Clarke: Seinem Bericht zufolge gab Bush den Abschussbefehl, *bevor* die Präsidentenmaschine Air Force One um 9.55 Uhr vom Flughafen Sarasota in Florida abhob.

Fazit: Anders als bei den Flügen 11, 175 und 77 lässt sich aus der Lage der Fakten kein endgültiges Urteil fällen, was mit Flug 93 geschah. Fest steht nur, dass Flug 93 nicht von vier, sondern von drei Männern entführt wurde. Möglicherweise sahen sie »iranisch« aus, obwohl nur einer der zahlreich anrufenden Passagiere sie angeblich so beschrieb. Alle anderen verzichteten auffälligerweise auf diesen Hinweis. Im Übrigen schließen wir uns diesbezüglich vorläufig – aller Fragen zum Trotz – der offiziellen Darstellung an.

Obwohl wir über UA 93 wegen der zahlreichen Anrufe von Bord am meisten zu wissen scheinen, bleibt dieser Flug der mysteriöseste von allen. Denn im Fall UA 93 hatten die

Kampfjets nach der ersten »Entführt«-Meldung um 9.16 Uhr unendliche fünfzig Minuten Zeit, die Maschine abzufangen. Nach der zweiten Meldung um 9.40 Uhr hätten sie immer noch dreiundzwanzig Minuten Zeit gehabt – und da sie bereits in der Luft und nicht weit entfernt waren, wäre es ein Leichtes gewesen, das Ziel zu erreichen. Dass ihnen das bis zum Schluss angeblich nicht gelang, ist überaus merkwürdig. Wir werden dieses Rätsel hier nicht lösen können. Aber wir werden im Folgenden einige bislang nicht berücksichtigte Details ergänzen, die das vollständige Versagen der Luftabwehr vielleicht auch in diesem Fall erklären helfen.

Delta 1989 und andere Punkte

Sollten Sie nie von Delta 1989 gehört haben, wäre das nicht verwunderlich, denn dieser Flug stürzte am 11. September nicht ab, daher scheint es müßig, ihm unsere Aufmerksamkeit zu widmen. Wir gönnen uns trotzdem einige irritierende Minuten – als notwendige Zugabe.
Flug 1989, eine Boeing 767, startete am 11. September kurz nach 8 Uhr morgens von Boston aus in Richtung Los Angeles, unmittelbar nach den Flügen 11 und 175. Im Verlauf des Vormittags sollte Delta 1989 zu einem von diversen verwirrenden Punkten auf den Schirmen der US-Lotsen und der FAA werden.
Um 9.27 Uhr, lange nach dem Verschwinden der direkt davor gestarteten Flüge 11 und 175, befand sich Delta 1989 in unmittelbarer Nähe von Flug 93 auf Ost-West-Kurs –

und wurde neun Minuten nach der ersten versehentlichen »Flug 93 vermisst«-Meldung ebenfalls als vermisst gemeldet, da den Lotsen in dieser Gegend offenbar ein Radar-»Blip« zehn bis zwanzig Minuten lang »abhanden gekommen« war, und zwar vollständig. Für uns ist in diesem Zusammenhang vor allem relevant: Einer der Flüge, entweder UA 93 oder Delta 1989, war vorübergehend verschwunden, hatte sich also offenbar in Luft aufgelöst.

> Um 9.27 Uhr meldete die FAA aus Boston eine fünfte Maschine als vermisst, Delta Flug 89 – und viele Leute haben nie von Delta Flug 89 gehört. Wir bezeichnen diesen Flug als ersten »roten Hering« des Tages, denn es gab in den Stunden direkt nach den eigentlichen Anschlägen eine ganze Reihe von gemeldeten »möglichen« Entführungen.[57]

Dreizehn Minuten – sowie eine verspätete »Wir sind in Ordnung«-Meldung von Flug 89 später –, also um 9.40 Uhr, passierte dann Folgendes irgendwo zwischen den beiden wieder erkennbaren Punkten auf den Schirmen: Einer der beiden Flüge drehte plötzlich bei und flog wieder Richtung Südost. Aber welcher? 93 oder 89? Die Lotsen wussten es nicht, die NORAD-Verantwortlichen waren auch zwei Jahre danach noch verwirrt, denn unmittelbar nach dem Pentagon-Crash schaltete oben im Norden Flug 93 seinen Transponder ab und kehrte um, und eine Minute später, um 9.41 Uhr, meldete die FAA zum zweiten Mal Flug 89 als vermisst.[58] Was sich zum zweiten Mal als Irrtum erweisen sollte.
Wir sind gut beraten, diesen Irrtum – wie die vielen anderen Irrtümer des Tages – nicht mit der Inkompetenz der FAA oder der Lotsen zu erklären, sondern genauer hinzuschauen. Denn am Morgen des 11. September standen in

der FAA-Kommandozentrale in Herndon, Virginia, nicht drei oder vier fragwürdige Flugobjekte auf der Wandtafel, sondern *elf* – neben den unidentifizierten Maschinen über Allentown (siehe oben) und der »möglichen« AA 77 über Virginia gab es unter anderem einen TWA-Flug, der sich weigerte, in Pittsburgh zu landen und nach Washington weiterfliegen wollte, sowie einen Midwest-Express-Flug, der über West Virginia vom Radar verschwand.[59] Noch eine Stunde später wurde gemeldet, an Bord einer in Rockford, Illinois, gelandeten Passagiermaschine habe sich eine Bombe befunden, und eine weitere Linienmaschine sei vom Radar verschwunden und in Kentucky abgestürzt. Über diesen Absturz benachrichtigte FAA-Chefin Jane Garvey auch das Weiße Haus. Erst später korrigierte sie sich, nachdem sie erfahren hatte, dass es sich bei allen Meldungen offenbar um Falschmeldungen handelte.[60]
Vergegenwärtigen wir uns, dass dieses Chaos nicht hätte entstehen können, wenn lediglich vier Passagiermaschinen ihre Transponder ausgeschaltet und den Kurs gewechselt hätten. Offensichtlich gab es eine ganze Reihe von weiteren unerklärlichen Flugbewegungen, die für Verwirrung sorgten.

> Um 10.07 Uhr meldet die FAA, an Bord von Flug 93 befinde sich eine Bombe – vier Minuten nach dem Absturz. Um 10.15 Uhr wird der Crash gemeldet. Sie sehen daran, dass die Verzögerungszeit inzwischen von sieben auf neun und auf fünfzehn Minuten angewachsen ist, wegen der zahlreichen gleichzeitigen Vorfälle. Und es gab Meldungen über weitere Maschinen, während wir anfingen, andere Flugzeuge umzuleiten, die an diesem Tag nur zu Übungszwecken draußen waren.[61]

»Übungszwecken«?
Erinnern wir uns an den »Eindringling über Allentown«[62], der mit Flug 175 verwechselt wurde. Erinnern wir uns, dass American Airlines den zweiten Turmtreffer zunächst als zweite eigene Maschine (Flug 77) reklamierte und erst, nachdem Flug 175 nicht wiederzufinden war, konstatierte, dass es wohl jene andere Maschine gewesen sein musste. Erinnern wir uns außerdem, dass ausgerechnet an diesem Tag, dem 11. September 2001, tatsächlich eine groß angelegte Militärübung (Codename: »Vigilant Guardian«) stattfand, in deren Rahmen ein Luftangriff auf die USA simuliert werden sollte. Verständlicherweise fragten sich daher einige der zuständigen Offiziere nach den ersten »Entführungsmeldungen«, ob auch diese »Teil der Übung« wären.[63] Offensichtlich tanzte im Rahmen des Manövers, das am Ende doch kein offizielles war, ein ganzer Haufen merkwürdiger Punkte über die Radarschirme. Kein Wunder, dass die FAA eine schlechte Figur machte.

> Die Verwirrung nahm derartige Formen an, dass die FAA gegenüber Beamten des Weißen Hauses, die Präsident Bush nach Washington zurückbringen wollten, einräumen musste, man könne den Verbleib von sieben Maschinen nicht erklären. Vier dieser Maschinen stellten sich am Ende als die abgestürzten heraus – aber es sollte eine Weile dauern, das zu klären. Noch beunruhigender aber war, dass die FAA weitere anderthalb Stunden brauchte, drei weitere Maschinen zu erklären.[64]

Die entscheidende Information in dieser Zusammenfassung ist, dass vier der sieben unidentifizierbaren Maschinen sich nach langem Hin und Her als die entpuppten, die abgestürzt

waren, nämlich bis man sich eins und eins zusammenzählte:
Flugzeuge waren verschwunden.
Flugzeuge waren in Gebäude geflogen.
Folglich mussten die verschwundenen Flugzeuge jene gewesen sein, die die Gebäude trafen.
Ohne spitzfindig sein zu wollen: Ist das eine Kausalkette – oder eine Rechnung, auf die jedes Milchmädchen stolz wäre?

Der Plan und die Entführer

Die offizielle Darstellung in Prosa: Im Auftrag von Osama Bin Laden, Terrorchef und Al-Qaida-Mastermind, brachten neunzehn gründlich geschulte, überwiegend saudiarabische Selbstmordattentäter am 11. September 2001 vier US-Passagiermaschinen in ihre Gewalt und lenkten diese ins World Trade Center sowie ins Pentagon. Die Terroristen handelten im Vorfeld unauffällig und besonnen, lieferten den Behörden nicht den geringsten Hinweis auf ihr Vorhaben und hatten keine Unterstützer in den USA.
Überprüfen wir Wahrnehmung und Wirklichkeit anhand dessen, was wir über den Planer und Anführer der Hijacker wissen oder zu wissen meinen: In unserer Wahrnehmung ist Mohammed Atta erwiesenermaßen der Haupttäter. In unserer Wahrnehmung ist er überführt: hatte Teppichmesser in der Wohnung, Pilotenuniformen im Gepäck sowie ein Geständnis in Form seines letzten Willens. Nichts davon stimmt.
Dank der früh eingestellten Untersuchung (vgl. Kapitel 2) wissen wir offiziell auch heute wenig mehr über Atta

als im Dezember 2002, als FBI-Chef Robert Mueller vor dem Senatsausschuss zur Rolle der Geheimdienste die Erkenntnisse seiner Behörde zusammenfasste.[65]

Atta verbrachte die Nacht vor dem Anschlag in einem Motel in Portland, Maine. Er reiste am Morgen des 11. September mit einem Zubringerflug nach Boston. Seine Koffer wurden als einzige nicht vom Zubringerflug in den Gepäckraum des Fluges AA 11 nach Los Angeles verladen. Das FBI fand sie später, laut Mueller enthielten sie einen dreiseitigen handgeschriebenen Brief, der Anweisungen für eine »ähnliche Tat« enthielt, aber nicht spezifisch für den 11. September.

Kopien des unspezifischen Briefes fand das FBI auch im Auto des mutmaßlichen AA-77-Attentäters Nawaf Al-Hamsi und an der UA-93-Absturzstelle in Pennsylvania. Überdies enthielt das Gepäck offenbar auch Attas Testament, wenngleich Mueller davon im Dezember 2002 nichts sagte. In diesem Testament finden sich keine Hinweise auf die geplante Tat, sondern vor allem ausführliche Anweisungen, was mit dem Leichnam des Verfassers geschehen soll, wie er aufgebahrt werden möchte, wie die Totenkleider gefertigt sein sollen, wer zu seiner Beisetzung erscheinen soll und wer nicht.

Im Lauf der Jahre geisterten immer wieder sensationelle, leichtverdauliche Enthüllungen durch die Medien: Attentäter Jarrah hatte angeblich mit Atta telefoniert und ihn »Boss« genannt; das Codewort der 9/11-Aktion lautete vertraulichen Quellen zufolge »Porsche«; wichtige Telefonate waren abgefangen, aber zu spät übersetzt worden (Telefonate, die laut FBI, NSA und CIA allerdings ebenfalls »unspezifisch waren«, sodass »unklar bleibt, ob sie etwas mit dem 11. September zu tun hatten«).[66]

Zwar wird durch ständige Wiederholung (»Atta war's«) ein Sachverhalt nicht wahrer, aber durchaus in dieser Weise für immer wahrer genommen. Deshalb müssen wir an dieser Stelle festhalten, dass die Beweislage gegen Atta als Täter des 11. September äußerst dünn war und ist, respektive dass bis heute kein einziger Beweis für seine Täterschaft existiert. Dass er ein Al-Qaida-Sympathisant und potenzieller Flugzeugentführer war, wollen wir hier nicht infrage stellen. Dass er hingegen plante, am 11. September ein Flugzeug zu entführen, darauf gibt es weiterhin nicht den leisesten validen Hinweis. Geschweige denn darauf, dass er es tat.
Stattdessen aber finden wir in seinem Verhalten vor und während der Tat eine Reihe von eher eigenartigen Verhaltensweisen, die im Zusammenhang mit den oben dokumentierten Merkwürdigkeiten zumindest Erwähnung finden sollten.[67]
Vergegenwärtigen wir uns Attas verwegenes Verhalten angesichts seines Plans: Der Anführer der angeblichen neunzehn Täter des schwarzen Dienstags reiste am wichtigsten Tag seines Lebens per Zubringerflug aus Portland an, eine Stunde vor dem Start seines Fluges AA 11 von Boston nach LA. Atta war *Frequent Flyer*, hatte sich einige Tage vor dem 11. September eine neue Karte bestellt[68] und wusste, dass US-Inlandsflüge nicht immer pünktlich starten, sondern meist unpünktlich. Angeblich musste er laufen, um Flug 11 noch zu erreichen.[69] Mit oder ohne schweißtreibenden Endspurt stellt sich die Frage: Wieso riskierte er, den Anschlussflug zu verpassen?
Nachdem er dann die Maschine übernommen hatte, schaltete er sofort den Transponder aus. Atta war demnach ein erfahrener Pilot. Trotzdem verwechselte er Minuten später den Knopf für Durchsagen an die Passagiere mit der Funk-

verbindung zum Boden und verkündete, es sei eine Bombe an Bord, man fliege zurück zum Flughafen. Bis zuletzt fand Atta den Funkknopf nicht wieder – der Welt blieb so ein finales »Allah ist groß« aus dem Cockpit erspart.

Atta ging aus unerfindlichen Gründen das Risiko ein, abgeschossen zu werden. Statt einen Flug zu entführen, der in New York startete, wählte er einen Flug aus dem relativ weit vom Ziel entfernten Boston. Er musste wissen, dass er direkt nach einem Kurswechsel Richtung Süden binnen höchstens zwanzig Minuten Abfangjäger um sich herum haben würde (zumal er, wie bereits oben erwähnt, direkt auf das Kernkraftwerk Indian Point zusteuerte); dennoch wählte er den weiten Weg. Seine Pläne für die anderen an diesem Tag zu entführenden Maschinen waren sogar noch deutlich waghalsiger. Zwar sollten alle fast gleichzeitig starten und unmittelbar nacheinander, in kurzen Abständen entführt werden (woraus dann wegen der üblichen Verzögerungen nichts wurde), in jedem Fall aber waren die Flüge 77 und 93, aus Planersicht, hundertprozentige Abschusskandidaten. Beide starteten in relativer Nähe ihrer späteren Ziele, aber in beiden Fällen muss Atta seine Komplizen angewiesen haben, mit den Entführungen zu warten, bis die Maschinen jeweils eine halbe Stunde von ihren Zielen *entfernt* wären – und dann die gleiche Strecke wieder zurückzufliegen. In beiden Fällen musste Atta nicht nur befürchten, sondern *wissen*, dass US-Jets die Maschinen lange vor dem Erreichen ihrer Ziele abfangen und vermutlich abschießen würden. Dem lässt sich entgegenhalten, genau das sei vermutlich sein Plan gewesen: entweder das Pentagon und das Weiße Haus zu treffen *oder* den US-Präsidenten zum Abschuss von Verkehrsmaschinen voller Amerikaner zu zwingen. Wollte Atta hingegen tatsächlich unbedingt New York und Washington

treffen, ergäbe der Plan, Flug 77 und 93 derartig weit entfernt von den Zielen zu entführen, keinen Sinn.[70]
Wir halten fest: Mohammed Atta ging am 11. September ohne Not das Risiko ein, seinen Flug von Boston nach LA zu verpassen. Er führte in seinem Gepäck sein Testament mit sich, in dem er vor allem verfügte, wie im Fall seines Ablebens mit seinem Leichnam zu verfahren wäre. Er wusste, dass sein Körper an diesem Tag in Stücke gerissen würde. In seinem Gepäck befand sich außerdem ein Brief mit Anweisungen für Märtyrer. Atta gab das Gepäck auf, wusste also, dass es mit ihm verbrennen würde. Es blieb zufällig hängen.
Atta entführte Flug 11 von Boston aus im Wissen, dass er vermutlich nicht ungehindert nach New York kommen würde. Er war als Pilot versiert genug, eine Maschine aus 29 000 Fuß Höhe irgendwo hoch über Albany ohne Hilfe vom Tower im raschen Sinkflug nach Downtown Manhattan zu steuern; er beherrschte die Cockpit-Technik perfekt, nicht aber die Durchsageknöpfe. Seine Pläne für die anderen an diesem Tag entführten Maschinen, insbesondere die Flüge 77 und 93, entbehren jeder Logik. Keiner der Todespiloten verspürte im Moment des Anflugs auf die Ziele das Bedürfnis, der lauschenden Welt eine finale Botschaft zu hinterlassen. Keiner der Todespiloten hinterließ in seinem Hotelzimmer ein Geständnis, eine Erklärung oder wenigstens eine echte Spur. Kein Mitwisser packte aus (abgesehen von Binalshibh und Khalid, vgl. Kapitel 8). Keinem Mitwisser war bis heute eine Beteiligung an Attas angeblicher Planung nachzuweisen. Alle »Al-Qaida-Agenten« des 11. September reisten unter ihren wirklichen Namen. Das FBI wusste bereits eine Stunde später alles, und Richard A. Clarke, dem zuständigen US-Sicherheitskoordinator, gebührt der abschließende Kommentar zu diesem Teilaspekt der merkwürdigen Flugbewegun-

gen des 11. September. Clarke schildert den Anruf des FBI-Mannes Dale Watson gegen 10 Uhr so:

> (Watson sagte:) »Wir haben die Passagierlisten von den Fluglinien bekommen. Wir erkennen ein paar Namen wieder, Dick. Die gehören zu Al-Qaida.« Ich war verblüfft – nicht darüber, dass Al-Qaida hinter dem Angriff steckte, sondern dass Al-Qaida-Agenten an Bord von Flugzeugen waren und Namen verwandten, von denen das FBI wusste, dass sie zu Al-Qaida gehörten.« – »Verdammte Scheiße, wie sind die dann an Bord gekommen?«, wollte ich wissen. »Hey, erschlag nicht den Boten, mein Freund. Die CIA hat vergessen, uns von denen zu erzählen.«[71]

Sicher. Die Legende lebt. Grenzdebile überall. Nicht nur bei den Geheimdiensten, bei der Bodenkontrolle, bei der Luftabwehr, in den Kanzeln der Jets, sondern auch an den Steuerknüppeln der Maschinen.
Die offizielle Darstellung der zwei entscheidenden Stunden des 11. September ist – unter Vernachlässigung aller Fakten und des gesunden Menschenverstandes – schlüssig.

Offizielle Verschwörungstheorie vs. Fakten

Was zeichnet eine Verschwörungstheorie grundsätzlich aus? Vor allem doch – unabhängig vom Gegenstand der Theorie, ganz gleich, ob es um John F. Kennedy, Marilyn, die Mondlandung oder den 11. September geht: ein eklatanter Mangel an Beweisen, an Zeugen, an überhaupt Be- oder

Widerlegbarem. Überdies Fantasie. Sowie Weglassungen. Sowie eine Prise Unwahrscheinliches, das allem bisher Erlebten sowie allen kolportierten Erfahrungen widerspricht. Immer aber finden wir, wenn wir es mit Verschwörungstheorien zu tun haben, etwas Monströses und Unglaubliches im Hintergrund. Weshalb wir Verschwörungstheorien in der Regel – zu Recht – ablehnen.

Die offizielle Darstellung des 11. September ist, wie wir hier gezeigt haben, *qua definitionem* nichts weiter als eine lupenreine Verschwörungstheorie.

Das größte Verdienst der Meinungsmacher in Sachen 9/11 dürfte daher darin bestehen, diese völlig hanebüchene Verschwörungstheorie der ganzen Welt als gesicherte Wahrheit verkauft zu haben.

Im Fall »9/11« ist zu konstatieren, dass sämtliche Beweise, die problemlos zu erbringen sein müssten, nicht erbracht wurden. Es fehlen unter anderem:

Ein Beweis, dass die neunzehn Beschuldigten an Bord der Maschinen waren – zu erbringen durch die Originalpassagierlisten.

Ein Beweis, dass Araber unter den Entführern waren – zu erbringen durch wenigstens eine oder zwei Zeugenaussagen, die den bisherigen zwanzig Zeugen widersprechen (die nichts von Arabern berichteten).

Ein Beweis, dass die Maschinen von jeweils fünf (im Fall UA 93: vier) Männern entführt wurden, nicht – wie alle Zeugen behaupten – von jeweils drei Männern.

Ein Beweis, dass die Maschinen, die das WTC und das Pentagon trafen, die gleichen Maschinen waren, die am Morgen in Boston und Washington starteten.

Ein Beweis, dass die ursprünglichen Maschinen überhaupt vom Kurs abwichen.

Überdies verstößt die offizielle Verschwörungstheorie nicht nur gegen den gesunden Menschenverstand, sondern auch gegen die Naturgesetze, und dass sie uns im Großen und Ganzen prima in den Kram passt, macht sie keinen Deut glaubwürdiger. Beerdigen wir die offizielle Darstellung des 11. September 2001 daher endgültig neben allen anderen empörenden Verschwörungstheorien und suchen wir abschließend nach einer Erklärung, die im Gegensatz zur großen Massenmedienlüge Zeugenaussagen, Beweise und Naturgesetze berücksichtigt.

Wir halten an dieser Stelle vorsichtshalber fest: So, wie wir bisher glaubten, kann es nach Lage der Fakten nicht gewesen sein. Wer das nach den obigen Ausführungen noch behaupten will, verleugnet alles, was wir von den vernommenen Zeugen und aus den vorliegenden Daten wissen. Und ganz gleich, für welche *andere* Erklärung wir uns am Ende entscheiden – der Rückweg zur ursprünglichen Aussage, nämlich »die offizielle Erklärung entspricht der Wahrheit«, steht uns von hier an nicht mehr offen, selbst wenn wir alle im Folgenden angebotenen Erklärungen ablehnen. Wir müssen eine andere Erklärung finden – so oder so.

Wie schwierig das ist, beweisen jene Zweifler, die in der Vergangenheit ebenfalls über die zahllosen Ungereimtheiten der offiziellen Theorie gestolpert sind und Alternativen angeboten haben. Zu ihnen gehört Paul Thompson, der engagierte Betreiber des Center for Cooperative Research, der seine Sicht der Dinge in einer langen, kommentierten Meldungssammlung unter dem Titel »*The Failure to Defend the Skies*«[72] zusammenfasste und insbesondere auf diesen Aspekt hinwies: Am 11. September 2001 waren vier Verkehrsmaschinen fast zwei Stunden lang auf angeblich merkwürdigen Kursen unterwegs und stürzten abschließend überwiegend in große, einigermaßen gut erkennbare und normalerweise auch gut geschützte Gebäude, ohne dass auch nur *eine* dieser Maschinen wenigstens von einem Abfangjäger begleitet worden wäre. Zwei Stunden lang »entführte Maschinen« – und zwei Stunden lang kein Abfangjäger weit und breit. Bei allen Nebelkerzen, die um uns herum abgeworfen wurden, dürfen wir diese Tatsache nicht vergessen: hundertzehn Minuten – und kein Abfangjäger.

Thompson verweist in diesem Zusammenhang auf ein historisches Beispiel: Am 26. Oktober 1999 antwortete der Privatjet des Golfers Payne Stewart nicht auf eine Funkanfrage der Luftraumüberwachung. Nachdem der zuständige Lotse viereinhalb Minuten vergeblich versucht hatte, den Kontakt zu der ohne Funk auf falschem Kurs fliegenden Maschine wiederherzustellen, alarmierten seine Vorgesetzten weisungsgemäß NORAD, respektive die Air Force. Dem in 46 000 Fuß Höhe fliegenden Jet des (zwischenzeitlich an einem Herzinfarkt verstorbenen) Profi-Golfers stand sechzehn Minuten später ein F-16-Jäger abschussbereit Tragfläche an Tragfläche zur Seite.

Thompson hat Recht, wenn er das zweistündige Fernbleiben aller Abfangjäger unter den erklärten Begleiterscheinungen für schlechterdings unmöglich erklärt, sofern nicht – vorsichtig formuliert – irgendwer vollständig versagt hat. Entweder sämtliche Fluglotsen oder diejenigen, die für das Aufsteigen der Abfangjäger zuständig waren oder deren Vorgesetzte. Und Thompson zieht den konsequenten Schluss: Wenn es so war, wie man uns erzählt, wenn alle Zeitangaben und Kurswechsel stimmen, müssen FAA und/oder NORAD (assistiert vom Verteidigungsministerium und/oder den Geheimdiensten) den Anschlag gedeckt beziehungsweise zugelassen haben, dass die Terroristen ihre Ziele erreichten. Thompson hat außerdem Recht, wenn er unter diesen Umständen eine weiter gehende Untersuchung fordert, die die Schuldigen benennt und ihre Verurteilung erlaubt. Mit dieser Forderung ist er nicht allein. US-Senator Bill Nelson fragte stellvertretend für viele:

> Warum stiegen keine (Maschinen) von der Andrews Air Force Base auf, zehn Meilen vom Pentagon entfernt, gegen 8.50 Uhr, als das Militär wusste, dass eine entführte Maschine das World Trade Center getroffen hatte? Oder um 9.06 Uhr, als, wie man uns sagte, die FAA alle Maschinen zum Landen aufgefordert hatte, von Washington, DC, bis Cleveland?[73]

Thompson geht allerdings bei seinen Schlussfolgerungen davon aus, dass tatsächlich die sattsam bekannten vier oder fünf »offiziellen« Terroristen die jeweiligen Maschinen steuerten und dass die Angaben betreffend alle Kursabweichungen korrekt sind. Wir haben aber oben nachgewiesen, dass eben dies nicht der Fall ist. Anders gesagt: Stimmte der erste Teil der offiziellen Schilderung der Geschehnisse, hätte Thompson Recht. In diesem Fall müssten wir von einer Beteiligung von FAA, NORAD und Militär an den Anschlägen ausgehen. Gehen wir hingegen davon aus, dass die Aussagen der Verantwortlichen vor der Untersuchungskommission der Wahrheit entsprechen, kann der erste Teil der offiziellen Schilderung nicht stimmen. Was wir oben bewiesen haben.

Also entlasten wir FAA, NORAD, das Militär und das Pentagon. Wir gehen davon aus, dass alle an diesem schwarzen Tag Verantwortlichen vor der Kommission die Wahrheit sagten. Es gab keine Verschwörung von Militär und Geheimdiensten. Das völlige Versagen bei der Verteidigung des Luftraums hatte andere Gründe: Es waren einfach mehr Maschinen in der Luft, als dort hätten sein dürfen.

Der Vollständigkeit halber müssen wir uns an dieser Stelle abschließend mit der verwegensten aller Theorien zu diesem Teilaspekt des 11. September beschäftigen, einem Ansatz, den wir mangels besserer Termini »Double«-Theorie nennen wollen. Die Urheber sind – natürlich zweifelhafte – Konspirologen wie Carol Valentine, Scott Plissken und A. K. Dewdney. Letzterer, ein kanadischer Professor, hatte schon kurz nach dem 11. September 2001 eine Theorie präsentiert, die so ziemlich alle Science-Fiction-Elemente enthielt, die man sich vorstellen kann, und diese Theorie unter dem griffigen Titel »Ghostriders in the Sky« ins weltweite Netz gestellt. Da Dewdney den eiligen Entwurf, der auf der These basierte, die Maschinen wären aus der Luft ferngesteuert worden, längst selbstkritisch verworfen hat, wollen wir seine ursprüngliche Idee keines weiteren Blickes würdigen. Aber nach Lektüre der umfangreichen Erklärungsversuche von Valentine und Plissken legte Dewdney im Herbst 2003 eine neue Theorie vor, die er »Operation Pearl« nannte und mit der wir uns hier in gebotener Kürze beschäftigen wollen, weil sogar dieser wahnwitzige Ansatz weniger Verschwörungselemente benötigt als die offizielle Erklärung.
Dewdney beginnt seine Argumentation mit einer Zusammenfassung, da sich etliche offenbar Fox-verwöhnte Leser seiner Analyse beschwert hatten, die Darstellung sei entschieden zu umfangreich, um noch verständlich zu sein. Wir folgen daher seiner Synopsis, ergänzen sie aber an geeigneter Stelle. (Wer alles im Original lesen will, wird hier fündig:[74])

1. Vier Verkehrsmaschinen (American Airlines 11 und 77 sowie United Airlines 175 und 93) heben ab, aber kurz nach dem Start werden die Piloten angewiesen, auf Militärflughäfen zu landen.
2. Zwei im Vorfeld präparierte Maschinen (eine davon eine Boeing 767 in den Farben von United Airlines) heben ab und kreuzen – vom Boden ferngesteuert – die Routen von Flug 11 und Flug 175, um die Lotsen zu verwirren.
3. Die ausgetauschten Maschinen fliegen nach New York und schlagen ins WTC ein.
4. Ein Kampfjet oder eine Rakete schlägt (ferngesteuert) ins Pentagon ein.
5. Alle angeblich entführten Passagiermaschinen landen in Harrisburg, Pennsylvania. Die Passagiere der Flüge 11, 77 und 175 steigen in Flug 93 um.
6. Flug 93 startet wieder, fliegt Richtung Washington und wird von einem US-Kampfjet über Pennsylvania abgeschossen.
7. Die verbleibenden Boeings werden im Schutz der Dunkelheit über den Atlantik geflogen und dort abgeschossen.

Sowohl der Aufschrei »Das erklärt alles!« als auch der entgegengesetzte Aufschrei »Was für ein hirnverbrannter Schwachsinn!« sind fehl am Platz. Dewdneys Kurzfassung ist hier lediglich angeführt, um unsere Empfindung, »Das ist ja alles völlig absurd!«, einer letzten Prüfung zu unterziehen. Was macht diese besondere Verschwörungstheorie so grotesk?

1. Zunächst einmal widerspricht sie allem, was wir zu wissen glauben. Damit können wir für den Augenblick, im

Rahmen dieser streng logischen Betrachtung, einigermaßen gut leben.

2. Dewdney unterstellt, die beiden WTC-Maschinen wären nicht die Maschinen gewesen, die entführt wurden. Wir haben aufgrund der vorgelegten Beweise daran nicht zu zweifeln: Flug 11 kann nicht um 8.46 Uhr in New York gewesen sein, und sollte es Zweifel an der eindeutigen rechnerischen Lösung sowie den Zeugenaussagen geben, räumen die Videobilder und die Analysen der Einschlagzonen in den getroffenen Türmen diese Zweifel aus.
   In Sachen Flug 11 hat Dewdney also durchaus die Logik auf seiner Seite. Für Flug 175 und die Pentagon-Maschine, Flug 77, gilt dasselbe – mit allenfalls leichten Abstrichen. Alles spricht dafür, dass es sich auch hier nicht um die ursprünglichen Maschinen handelte.
3. Dewdney unterstellt, die »Entführer« habe es gar nicht gegeben. Das ist falsch, wie wir oben bewiesen haben. Die Maschinen wurden nachweislich entführt. Wir wissen nur nicht, von wem oder wohin.

Die übrigen »Erklärungsversuche« allerdings diskreditieren Theorie wie Urheber.
Wie so viele Konspirologen verschreckt auch Dewdney jeden geistig gesunden Menschen mit Annahmen, die nicht nur waghalsig sind, sondern auch leicht zu widerlegen. Ganz am Rande drängt sich einem hier die Frage auf, weshalb jeder inoffizielle Theoretiker sich dringend unglaubwürdig machen muss, weil er seine Theorie »wasserdicht« wissen will. Hier also: Harrisburg. Alle Opfer an Bord der letzten Maschine. Die dann von einem US-Jäger abgeschossen wurde.

Wir schütteln hier bekümmert den Kopf, denn für offizielle und inoffizielle Verschwörungstheorien gelten die gleichen Regeln, das heißt:
Um nach Harrisburg zu gelangen, hätte Flug 11 – wie im offiziellen Szenario – eine gute halbe Stunde auf unbekanntem Kurs die Routen diverser anderer Maschinen kreuzen müssen. Wieder also hätten etliche Fluglotsen verschwörerisch »weggucken« müssen.
Das Gleiche gilt für Flug 77: Auch diese Maschine hätte mindestens eine halbe Stunde lang (diesmal auf irregulärem Nordkurs) von allen Lotsen ignoriert werden müssen. Nicht nur deshalb braucht die »Operation Pearl«-Theorie am Ende fast so viele Verschwörer wie die offizielle. Und die hatten wir aus eben jenem Grund verworfen. Das heißt: Auch wenn die Dewdney-Theorie unterm Strich bloß andere Macken aufweist als die offizielle, ergibt sie im Detail keinen Sinn.
Was nun?
Die offizielle Theorie lässt sich nicht mit den Naturgesetzen vereinbaren und braucht zu viele Mitwisser und Verschwörer. Die Thompson-Theorie braucht entschieden zu viele Mitwisser und Verschwörer. Die Dewdney-Theorie scheitert an den Naturgesetzen und braucht ebenfalls viele Mitwisser und Verschwörer. So stehen wir am Ende dieser Betrachtung mit drei widerlegten Theorien da, also mit leeren Händen – oder?
Keineswegs. Denn die Theorien sind durchaus nicht unvereinbar. Nehmen wir die »brauchbaren«, also bewiesenen Aspekte der einzelnen Theorien, das, was wir aufgrund des uns heute vorliegenden Materials, der Zeugenaussagen, der Funkmitschnitte, der offiziellen Aussagen von Verantwortlichen wissen, und halten Folgendes fest:

a) Die Flüge 11, 175, 77 und 93 wurden entführt.
b) Die Flüge 11, 175, 77 und 93 wurden von Dreier-Teams entführt.
c) Die neunzehn vom FBI zu Tätern erklärten Männer waren an Bord.
d) Die Maschinen wurden nicht von Arabern entführt.
e) Die Nordturm-Maschine war nachweislich nicht Flug 11.
f) Die Südturm-Maschine war augenscheinlich nicht Flug 175.
g) Die Pentagon-Maschine war offenbar nicht Flug 77.
h) Die Pennsylvania-Maschine war möglicherweise Flug 93.
i) Nicht vier, sondern wenigstens elf Maschinen galten am 11. September vorübergehend als »möglicherweise entführt«; die Identität von wenigstens drei dieser Maschinen war noch am Nachmittag »nicht geklärt«.
j) Kein Fluglotse war inkompetent. Und keiner »eingeweiht«.
k) Die Abfangjäger starteten rechtzeitig.
l) Die Abfangjäger flogen dorthin, wo die entführten Flüge sich befanden.
m) Die US-Regierung wusste nichts von einem konkreten Plan von Al-Qaida, am 11. September zuzuschlagen.
n) Die Geheimdienste wussten nichts vom Plan der Entführer.
o) Die neunzehn Araber an Bord wussten nichts vom Plan der Entführer.
p) Das FBI leistete im Rahmen seiner Möglichkeiten gute Arbeit.
q) Der 11. September war ein nahezu perfektes Verbrechen.

Wir können nicht oft genug betonen, dass es sich bei diesem Ergebnis um ein Zwischenergebnis handelt. Mögli-

cherweise werden wir in Zukunft, im Besitz weiterer Informationen, diesen Zwischenstand im Detail korrigieren müssen. Sollte das FBI jemals einen Abschlussbericht vorlegen, sind wir aber sicher, dass sowohl die Aussagen von Stewardess Betty Ong als auch die jener Zeugen berücksichtigt werden, die Flug 11 sowie Flug 175 wenigstens bis unmittelbar vor den Einschlägen in den Türmen auf planmäßigem Kurs sahen und die Flüge 77 und 93 als bloß »verschwunden« betrachteten. Wir sind gespannt, inwieweit die offizielle Erklärung dann noch von unserem Zwischenergebnis abweichen wird.
Was die generelle Bewertung von »Verschwörungstheorien« betrifft, hat Richard A. Clarke die wohl treffendste Formulierung gefunden:

> Verschwörungstheoretiker hängen gleichzeitig zwei einander widersprechenden Überzeugungen an. A) dass die US-Regierung so inkompetent ist, dass sie Erklärungen übersieht, die von Theoretikern enthüllt werden können, und b) dass die US-Regierung ein großes, saftiges Geheimnis für sich behalten kann. Die erste Überzeugung hat eine gewisse Berechtigung. Die zweite Vorstellung ist reine Fantasie.[75]

Wegen Clarkes b) sind die Theorien von Dewdney, von Thompson und all jener anderen zu verwerfen, die eine umfassende Beteiligung der Regierung und der US-Geheimdienste an dem Anschlag vermuten: Wer wahlweise über Erfahrung mit den Behörden verfügt oder über gesunden Menschenverstand, weiß, dass ein Komplott dieser Größenordnung, mit derartig vielen Eingeweihten, faktisch nicht durchführbar wäre. Selbst wer bereit ist zu glauben, die US-Regierung oder das US-Militär wäre bereit, die

Leben tausender Amerikaner auf amerikanischem Boden zu opfern, um so der Öl- und Waffenindustrie Gewinne zu bescheren, kommt um die niederschmetternde Tatsache nicht herum, dass eine solche Absprache nicht geheim gehalten werden könnte. Hunderte von Personen müssten in diesem Szenario nicht nur beteiligt gewesen sein, sondern auch eisern den Mund halten, bis heute. Daher hat Richard A. Clarke den gesunden Menschenverstand auf seiner Seite: der Glaube, die US-Regierung könne derart monströse Geheimnisse für sich behalten, ist pure Fiktion. Die auch nach Ansicht von Clarke nicht unbegründete Konspirologenüberzeugung hingegen, gelegentlich mehr herausfinden zu können als die Geheimdienste, sollte als Rechtfertigung für die Existenz der vorangegangenen Ausführungen ausreichen.

Sollte der Eindruck entstanden sein, dieses Fazit sei ein allzu windelweicher Abschied aus der doch eher anstrengenden Beweisführung um Flugzeuge und ihre Positionen, erlaube ich mir den Hinweis, dass ich kein Romancier bin. Nach einer im Sinne der Wahrheitsfindung strengen und nach bestem Wissen und Gewissen vorgenommenen Untersuchung wie dieser, die lediglich dem Ziel diente, einige eklatante Irrtümer mithilfe von Fakten zu korrigieren und, daraus folgend, wichtige Fragen eindeutig zu formulieren, ohne einen Anspruch auf Endgültigkeit zu erheben, wäre es in meinen Augen unseriös und der Sache abträglich, lehnte ich mich mit einer »Erklärung für alles« aus dem Fenster. Andererseits steht zu befürchten, dass das Kind schon längst, nämlich im Augenblick unserer impertinenten Fragestellung, in den Brunnen gefallen ist. Denn wer behauptet (oder gar beweist), dass an jenem schwarzen Dienstag etwas auf ganz andere Weise Ungeheuerliches geschehen ist, der hat bestimmt keinen guten Ruf mehr zu verlieren. Sehen Sie mir also bitte nach, dass ich Ihnen zum Schluss doch einen »Plot«, ein Szenario vorschlage, das im Gegensatz zu allem in diesem Kapitel Gesagten in weiten Teilen nur spekulativ sein kann. Sollte Ihnen dieser Plot nicht gefallen, machen Sie mich glücklich (und bestimmt klüger), indem Sie mir – immer auf der Grundlage des oben Bewiesenen – eine bessere Erklärung zukommen lassen (*ccw@gmx.com*).

11 The Crime of the Century – eine Spekulation

Paul Wolfowitz, Stellvertreter von Donald Rumsfeld, hatte vom ersten Tag an Recht: »Diese Operation war zu ausgeklügelt und zu kompliziert, als dass sie von einer Terroristengruppe allein hätte durchgeführt werden können.«[1] Condoleezza Rice hatte von Anfang an Recht: Es gab tatsächlich nicht den leisesten Hinweis auf einen konkreten Plan aus Al-Qaida-Kreisen für den 11. September. Mehr noch: Es gab keinen Plan. Jedenfalls keinen von Al-Qaida für den 11. September. Die Experten haben Recht, alle: Die Anschläge des 11. September waren, wie so viele aufgrund der logistischen Präszision der nie da gewesenen Aktion mutmaßten, eine von langer Hand geplante verdeckte Operation von erfahrenen Geheimdienstlern. Allerdings nicht im Regierungsauftrag.

Die Planung begann Anfang 1999 irgendwo im Privatjethimmel zwischen den USA, Pakistan und Saudi-Arabien – als bloße Idee, geboren aus der Unzufriedenheit von Expolitikern sowie Drogen-, Öl- und Waffenhändlern mit der Lage der Welt und der Geschäftslage darin. Die Taliban fingen an, richtig anstrengend zu werden. Die afghanische Pipeline ging nicht voran, die Erlöse aus dem Drogenhandel waren gehörig zusammengeschmolzen. Etwas musste passieren, und jemand fing an, darüber nachzudenken. Was musste geschehen in der idealsten aller Geschäftswelten, um allen zu dienen, Pakistan, Saudi-Arabien, dem US-Militär, der Rüstungs-, Öl- und Drogenindustrie? Ein Krieg wäre ideal. Ein Krieg mit smarten Bomben gegen Afghanistan und den Irak, mit dem Ziel, die Kontrolle über zwei der drei wichtigsten Rohstoffe der zivilisierten Welt, von Öl und Drogen, mittels Verwendung der dritten wichtigen Ware zurückzugewinnen, nämlich den aus den Nähten platzenden Rüstungslagern.

Krieg. Wunschdenken. Leichter gesagt als angezettelt.

Denn das unter Bill Clinton weich gewordene Amerika taugte nicht mehr als Kriegstreiber. Die Leute waren zufrieden, satt und unwillig, wieder Kriege führen zu lassen. Die Börsen jazzten sich von einem Hoch zum nächsten, jeder fühlte sich reich, und die Zukunft schien aus purem Gold.

Krieg? Ein aussichtsloses Unterfangen. Außer – egal, wer die Wahl 2000 gewönne –, man zwang den Weltherrscher mit einem nie da gewesenen Ereignis in die richtige Spur. Einem Terroranschlag.

Wie konnte dieser Anschlag aussehen?

Eine Autobombe vor dem Weißen Haus, wie damals in Oklahoma? Zu wenig. Ein Anschlag auf den Präsidenten? Zu persönlich. Die Sprengung der Freiheitsstatue? Das falsche Signal, das falsche Symbol.

Nein, der Anschlag musste groß sein, epochal, schmerzhaft, unermesslich schmerzhaft. Um das amerikanische Volk in Trauer und im Vergeltungswillen zu einen, ein Volk, das gerade anfing, den Frieden mit der Welt angesichts ständig steigenden eigenen Wohlstands zu schätzen und zu lieben. Ein unerträglicher Zustand.

Ein Anschlag musste her. Ein großer Anschlag, ausgeführt von den letzten verbliebenen Feinden des Weltherrschers,

vom fanatischen Islam. Aber wäre Al-Qaida, die versprengte Vereinigung, wären die afghanischen Höhlenbewohner, handylos, unvermittelt und erwiesenermaßen bestenfalls zur Zündung von kleineren Bomben fähig, zu einem solch epochalen Anschlag in der Lage? Allein? Noch dazu auf dem Boden der USA? Geträumt hatten sie immer davon, die Islamofaschisten, aber wie kläglich waren sie immer wieder gescheitert? Eine pathetische Märtyrer-Sprengung hier, ein präparierter Lastwagen dort – die Kompetenz von Al-Qaida und Konsorten würde kaum ausreichen, ein Land in den dritten Weltkrieg zu stürzen.
Aber man konnte diesen islamischen Irren ja wenigstens weismachen, sie könnten es schaffen.
Mit dieser entscheidenden Erkenntnis begann die Mission des Verbindungsmannes (nennen wir ihn im Folgenden sicherheitshalber nicht beim Namen, sondern »Abdul«), die Welt auf den Kopf zu stellen. Abdul wusste nicht nur seine an besseren Drogen- und Ölgeschäften interessierten Hintermänner aus Nahost und West auf seiner Seite (sowie den pakistanischen Geheimdienst), sondern auch deren Freunde, einflussreiche, patriotische Rüstungs- und Ölförderungsprofiteure aus den USA. Freunde, die Abdul einen wichtigen Kollaborateur zur Seite stellten, der die weltweiten Geheimdienststrukturen kannte und ihre Angehörigen zu beeinflussen wusste. Nennen wir diesen zweiten, den Ex-CIA-Mann, sicherheitshalber »Buddy«.
Die Aufgaben waren von Anfang an klar verteilt. Abdul würde sich um die Rekrutierung einer Schar fanatischer Sündenböcke kümmern, Buddy um die Logistik auf dem Boden der USA und um geeignete Partner, die am »Tag X« glauben würden, einer von der US-Regierung angeordneten Terrorübung beizuwohnen.

Abdul und Buddy bereiteten beides vor – die Sündenböcke und deren Ausbilder ebenso wie die unter striktester Geheimhaltung mitwirkenden Angestellten einer US-Firma, die wir »Godrays Inc.« nennen wollen und die bereits seit Jahren erfolgreich Passagiermaschinen vom Boden aus startete, landete und bei Bedarf rund um die Welt steuerte.

Als die US-Regierung beschloss, am 11. September 2001, im Rahmen der Anti-Terrorübung unter dem Codenamen »Vigilant Guardian«, einen groß angelegten Luftangriff auf die USA zu simulieren, kannten die Drahtzieher ihren Termin. Die Sündenböcke erhielten von Abdul ihre Marschrouten beziehungsweise ihre Flugbefehle: Wieder einmal sollten sie, wie schon so oft, zu Übungszwecken, von Boston nach Los Angeles fliegen. Buddy hingegen sorgte zunächst einmal dafür, dass möglichst wenig Passagiere in den ausgewählten Maschinen sitzen würden, indem er sämtliche noch verfügbaren Plätze buchte (und später verfallen ließ)[2], informierte seine Kontaktleute vom Tag der Übung, an dem die präparierten Maschinen zum Einsatz kämen, und lud sie ein, an Bord der – ebenfalls im Rahmen der Übung – zu »entführenden« Maschinen teilzunehmen, um nach abgeschlossener Mission gemeinsam mit Piloten und Passagieren zu feiern.

Die eisern schweigenden fünf Godrays-Mitarbeiter des angeblichen CIA-Beauftragten Buddy hatten in den Monaten zuvor gründlich gearbeitet – mit patriotischem Eifer. Sie hatten drei bereitgestellte Boeing 767 respektive 707 präpariert und, in den Farben von Airlines United und American lackiert, in abgelegenen Hangars platziert, jeweils etwa dreißig Meilen von New York und Washington entfernt. Die drei Maschinen waren mit ausführlich getestetem, im

Militärauftrag entwickeltem Equipment bestückt. Alle drei ließen sich über eine Distanz von dreißig Meilen problemlos und auf einen Meter genau ins Ziel steuern.[3]
Buddy hatte keine Zweifel, dass dieser Teil des Plans gelingen würde. Aber daraus ergab sich ein Problem: Die Türme des World Trade Center waren so konstruiert, dass sie auch den frontalen Einschlag von Passagiermaschinen überstehen würden. Die Behörden würden also, nachdem sich die Brände gelegt hatten, überrascht feststellen, dass sich in den Maschinen weder Passagiere noch Sitze noch sonst irgendwas befunden hatte. Buddy musste daher einen alten Weggefährten ins Vertrauen ziehen, der für die Security im World Trade Center zuständig war. Was sich nicht sonderlich schwierig gestaltete, da praktisch alle Mitarbeiter der privaten US-Security-Firmen Ex-Geheimdienstler sind. Dieser »dritte Mann« (nennen wir ihn »Bob«) schloss gegen exzellente Bezahlung die Augen, als Buddy ihn um einen Schlüssel zu den leer stehenden WTC-Stockwerken und zum WTC 7 bat. Buddy ahnte wohl, dass die kontrollierte Sprengung der Türme merkwürdig aussehen würde, aber er wusste auch, dass die Welt die falsche Frage stellen würde: »Wenn die Terroristen nur die Türme hätten sprengen wollen – wieso dann der komplizierte Umweg mit den entführten Flugzeugen?« Buddy wusste, dass niemand die schlichte Wahrheit sehen würde: Es ging nicht um die Vernichtung der Türme. Es ging um die Vernichtung von Beweisen. Von leeren Flugzeugen.
Weder die Sündenböcke noch die patriotischen Godrays-Techniker konnten ahnen, dass am 11. September vier jeweils dreiköpfige hoch bezahlte Spezialagenten-Teams, handverlesen von Abdul und Buddy, die Flüge 11, 175, 77 und 93 besteigen würden.

Am 11. September 2001, dem Tag, an dem die US-Luftverteidigung im Rahmen der Übung »Vigilant Guardian« den Angriff eines mit entführten Verkehrsmaschinen über den Atlantik anfliegenden Feindes simulierte, entführten die neun nichtarabischen Agenten die Flüge 11, 175, 77 und 93. Die Agenten schalteten direkt nach dem Eindringen in die Cockpits die Transponder der Maschinen aus und zwangen die Piloten, die Maschinen auf abgelegenen Flugplätzen entlang ihres vorgesehenen Kurses zu landen – oder landeten die Maschinen selbst, sofern die Piloten Widerstand leisteten. Aus dem Cockpit von Flug 11 wurden irreführende, verstümmelte Meldungen abgesetzt, die auf arabische Entführer hinwiesen.
Während die Flüge 11, 175 und 77 von den Bildschirmen verschwanden, starteten drei präparierte Maschinen, von Zweier-Teams vom Boden aus ferngesteuert, unweit von New York und Washington und trafen ihre Ziele: Zur Verblüffung aller Fluglotsen, die weiterhin den offenbar entführten Maschinen hinterherschauten – und ebenso zur Verblüffung der Anfangjäger-Piloten, die in völlig falschen Gegenden nach ihren Zielen suchten.
Die Sündenböcke waren an Bord der Maschinen. Die meisten von ihnen wussten sogar von der Existenz einer Terrorbande namens »Al-Qaida«. Einige von ihnen wussten mehr. Sie waren von ihrem Verbindungsmann Abdul gebrieft, sich auf den großen Plan vorzubereiten – eine Flugzeugentführung über den USA. Sie waren auf sein Geheiß immer wieder von der Ost- an die Westküste geflogen.
Manchmal verpassten sie ihre Übungsflüge, sehr zum Unwillen ihres Übungsleiters. Der 11. September war für sie ein Tag wie viele andere. Einige von ihnen buchten An-

schlussflüge.[4] Mohammed Atta bestellte sich eine neue Frequent-Flyer-Karte und musste am 11. September laufen, um seinen Flug noch zu erwischen. Andernfalls, das wusste er, hätte er sich einen weiteren Rüffel seines Chefs Abdul eingefangen. Mehr aber auch nicht.

Die Pässe der hauptverdächtigen saudi-arabischen Jetset-Söhne, der 9/11-Piloten Mohammed Atta, Ziad Jarrah und Marwan Al-Shehhi, befanden sich sicherheitshalber bereits seit Ende 1999 im Besitz der Drahtzieher des Verbrechens (die von Buddy und Abdul Bestohlenen hatten den Verlust ihrer Pässe schon damals ordnungsgemäß gemeldet).[5] Aber Atta war nicht nur der Pass gestohlen worden, sondern auch die Identität. Einer der Agenten, der Flug 11 entführen sollte, legte vor dem 11. September in Florida eindeutige Spuren unter dem Namen Atta. Er benahm sich auffällig, bändelte mit Strip-Tänzerinnen an, prahlte vor diversen Zeugen lautstark, er sei American-Airlines-Pilot und ließ auch sonst keine Gelegenheit aus, sein Alter Ego im Nachhinein verdächtig zu machen.[6]

Abdul und Buddy wussten, dass es nach der Tat keine Fragen geben durfte. Der Plan war kühn, aber durchführbar – sofern nach den Geschehnissen von New York und Washington, sobald Trauer, Entsetzen und Rachegefühle sich für einen Augenblick legten, alle Fragen nach den Tätern eindeutig beantwortet wären.

Dass die US-Regierung sich mit einer raschen und klaren Antwort zufrieden geben würde, war den Drahtziehern bewusst. Einige der Regierungsmitglieder würden aus echter Sorge vor bevorstehenden weiteren Anschlägen handeln, andere, weil sie auf eine Gelegenheit wie diese gewartet hatten, um die Unterstützung der Bevölkerung für ihre politischen Pläne zu gewinnen. Von dieser Seite drohte keine

Gefahr. Eher schon vom FBI, sofern nicht umgehend alles glasklar vor den Ermittlern läge.
Abdul und Buddy wiesen die Sündenböcke an, unter ihren wirklichen Namen zu reisen, die den Behörden im Zusammenhang mit Al-Qaida bekannt sein mussten. Am 11. September ließen Abdul und Buddy für die ermittelnden US-Behörden eindeutige Beweise präparieren: Mohammed Attas Koffer wurden als einzige Gepäckstücke »zufällig« am Flughafen Boston vergessen.[7] Abdul und Buddy gingen zu Recht davon aus, dass niemand sich wundern würde, dass Atta mit diesem »Hängenbleiben« des Koffers gerechnet haben musste, sofern er ein Geständnis hatte ablegen wollen. Der Ausweis des »Entführers« Satam Al-Sukami überstand das Inferno von Manhattan unbeschadet und wurde von einem ehrlichen Finder, der seinen Namen nicht nannte, dem FBI übergeben.[8] Zur Sicherheit wurden diverse »Beweise« in den Apartments und Mülltonnen diverser »Täter« platziert.
Das FBI musste nach dem Anschlag selbst glauben, alle wichtigen Hinweise im Vorfeld übersehen zu haben. Abdul und Buddy wussten um diesen Umstand – und sie wussten, wie die Behörde reagieren würde. Sie behielten Recht: Seit dem 11. September bemüht sich das FBI, seinen lädierten Ruf wiederherzustellen – ausgehend von der durch Attas Koffer und andere Fundstücke belegten Identität der Täter. Es wird der Behörde aber aufgrund eben jener falschen Prämisse auch in Zukunft nicht gelingen, den Plan der neunzehn Araber zu rekonstruieren oder gar einen Zeugen zu finden. Da die angeblichen neunzehn keinen Plan hatten, kann es am Ende (wie bisher) auch keinen Zeugen geben. Keinen?
Auch der perfekteste Plan hat seine menschlichen Schwächen.

Auch dieser.
Der erste gravierende Zwischenfall ergab sich am Tag selbst – die Verspätung von Flug 93 gefährdete die gesamte Operation, und Abdul und Buddy mussten gehörig improvisieren. Auf dem Papier hatte alles perfekt ausgesehen: Flug 11 sollte um 7.45 Uhr starten, alle anderen Flüge um 8.00 Uhr, in genau dem Moment, in dem Flug 11 den Transponder ausschaltete. Das Flug-11-Double sollte um 8.30 Uhr den ersten Turm treffen, »fahrplanmäßig« sollten direkt danach in Fünf-Minuten-Abständen die anderen Maschinen verschwinden: Flug 175 um 8.30 Uhr, Flug 93 um 8.35 Uhr, Flug 77 um 8.40 Uhr. Die Verwirrung wäre grenzenlos, und die danach im Abstand von jeweils 15 Minuten nahe der Ziele auftauchenden Maschinen würde niemand aufhalten können.
Abdul und Buddy waren klug genug, Verspätungen einzukalkulieren: Selbst wenn die eine oder andere Maschine 15 oder 20 Minuten zu spät startete, würde das Ganze insgesamt wie geplant über die Bühne gehen können.
Aber United Airlines 93 verspätete sich nicht um zwanzig Minuten, sondern um vierzig Minuten. Und während die Maschine in der Luft war (und die Agenten sich trotz der Verspätung an den »Fahrplan« hielten), mussten Abdul und Buddy zu »Plan B« greifen.
United Airlines 93 landte wie geplant fünfunddreißig Minuten nach dem Start auf einem kleinen Flugplatz entlang seiner vorgesehenen Route. Allerdings geschah das wegen der Verspätung nicht um 8.30 Uhr, sondern um 9.10 Uhr. Die Twin Towers waren getroffen, Abfangjäger waren in der Luft, und die Startbahn in Pennsylvania, von der die Ersatzmaschine »93« starten sollte (die als dritte Rakete gegen die Türme vorgesehen war), ließ sich wegen der Verzögerung nicht mehr gefahrlos nutzen.

Abdul und Buddy disponierten radikal um. Sie gaben den Agenten, die United 93 gerade gelandet hatten, Anweisung, wieder aufzusteigen und zurück auf Kurs zu gehen. Die Agenten taten, wie ihnen geheißen: Um 9.24 Uhr, zehn Minuten nachdem United 93 verschwunden war, erschien die Maschine wieder auf den FAA-Schirmen. Weitere zehn Minuten und einige energische Funkverbindungen später führten die Agenten widerwillig die neuen Befehle ihrer Bosse aus, lenkten die Maschine zurück in Richtung Südosten und forderten die Passagiere auf zu telefonieren. Die Agenten glaubten zu diesem Zeitpunkt noch, Abdul und Buddy würden sie tatsächlich sicher herunterholen, ehe die Abfangjäger ihren Flug erreichten. Sie glaubten es bis zuletzt – bis zwei F-16-Jäger UA 93 nahe Shanksville abschossen.
Das zweite gravierende Problem ergab sich unmittelbar nach den Anschlägen. In Florida ahnten die holländischen Fluglehrer der Sündenböcke sowie der Chefredakteur eines Lokalblattes im Nachhinein, was wirklich geschehen war – die Frau des Zeitungsmannes hatte sogar ein Apartment an zwei der angeblichen Täter vermietet. Hier ergab sich zwischenzeitlich das einzige alarmierende Leck in der ansonsten perfekt ausgeführten verdeckten Operation. Der Bildredakteur des Lokalblattes war der Einzige, der die Lunte roch. Er schoss ein paar Schnappschüsse, die seinen Chef im Palaver mit dem wirklichen »Atta« zeigten, dem Doppelagenten. Der auf die Pensionsgrenze zumarschierende Mann versuchte, seinen Boss zu erpressen und sich so einen geruhsamen Lebensabend in der Karibik zu verdienen. Drei Wochen später starb er am ersten Anthrax-Brief, der wie alle anderen aus den Labors eines kleinen, bis dahin erfolglosen US-Labors stammte. Um diesen wichtigen Mord zu

vertuschen – und die Medien von allen Nachfragen abzulenken, ließ Buddy noch ein halbes Dutzend weitere tödliche Briefe verschicken: an alle, die es anging, also an Nachrichtenredaktionen und widerwillige Demokraten. Kein Republikaner wurde mit tödlicher Post belästigt. Die Fluglehrer der Sündenböcke, ebenfalls potenzielle Erpresser, überlebten in der Folge jeweils einen Absturz nur um Haaresbreite.[9]
Abdul und Buddy hatten ganze Arbeit geleistet.
Die neunzehn im Nachhinein verdächtigen Araber waren an Bord der Maschinen gewesen. Sie hatten etwas geplant – das ließ sich anhand diverser Indizien belegen. Die Anrufe der Stewardessen und besonders der Passagiere des Fluges 93 bestätigten die Entführungen. Kein Fluglotse, kein General und kein ranghoher US-Politiker war eingeweiht gewesen.
Abdul und Buddy, das erfolgreichste Terror-Duo der Neuzeit, kennen die Wahrheit.
Keiner der neunzehn der Tat beschuldigten Araber entführte am 11. September eine Maschine. Das WTC wurde von zwei präparierten, ferngelenkten Maschinen getroffen. Das Pentagon von einer. In Pennsylvania wurde um 10.03 Uhr der von drei Agenten entführte Flug 93 abgeschossen.
Die Zahl der Eingeweihten und Täter ist klein. Zwölf ausgebildete Männer entführten die Maschinen auf Geheiß von Abdul und Buddy und landeten sie auf abgelegenen Flugplätzen. Dort warteten jeweils drei Komplizen – was die Zahl der Mittäter auf vierundzwanzig erhöht. Diese Helfer hatten in den Tagen zuvor mit schwerem Gerät Gruben ausheben lassen, ohne zu wissen, weshalb. Direkt nach der Landung verließen die Agenten die Maschinen und töteten die an Bord befindlichen Passagiere und Crew-Mit-

glieder durch Einleitung von Giftgas in die Klimaanlage der Jets. Die Leichen (92 aus Flug 11, 65 aus Flug 175, 64 aus Flug 77) wurden aus den Maschinen geschleppt, in den Gruben verbrannt und verscharrt. Die Verkehrsmaschinen wurden Wochen oder Monate später ausgeflogen, im Ausland umlackiert und sind heute für Air Uganda im Einsatz. Die präparierten Maschinen, die das WTC und das Pentagon trafen, wurden von zweiköpfigen Teams vom Boden aus gesteuert. Die Technik für die Maschinen lieferte die Firma Godrays, der wichtigste zuständige Godrays-Mitarbeiter (nennen wir ihn »Dean«) war von Buddy in die an diesem Tage stattfindende Top-Secret-Übung des Militärs eingebunden worden. Godrays lieferte hierzu einige der im Militärauftrag bereits ausgiebig getesten »Doubles«. Alle fünf eingeweihten Mitarbeiter der Firma folgten der Einladung, am Tag selbst in den »verschwindenden« Maschinen der Übung beizuwohnen. Zwei von ihnen starben als Gäste des Fluges 11, zwei als Gäste des Fluges 175, einer als Gast des Fluges 77.[10]

Den neun im »Dienst der Übung« handelnden Agenten sowie ihren Kollaborateuren am Boden war ein hoher Lohn in Aussicht gestellt worden: eine Anzahlung im Voraus, der große Rest des Geldes nach Abschluss der Operation. Zwei der Agenten bekamen trotz des hohen Lohns angesichts des tatsächlich Geschehenen kalte Füße, verzichteten auf das finale Treffen mit dem Auftraggeber, um sich den Rest zu holen, und verschwanden mit ihrer Anzahlung auf Nimmerwiedersehen in karibischen Buchten.

Die übrigen trafen Buddy respektive Abdul, erwarteten ihren Lohn und bekamen stattdessen eine Kugel.

Einer der zwei, die sich aus dem Staub machten, wird in dreißig oder vierzig Jahren, kurz vor dem Ende seines flüchtigen Lebens beschließen, sein Gewissen zu erleichtern und auszupacken. Er wird sich an eine größere Zeitung wenden und einem nach 2001 geborenen Redakteur seine ungeheuerliche Geschichte erzählen. Er wird sie nicht beweisen können. Nicht mal der *National Enquirer* wird sie drucken. Vielleicht macht Hollywood einen Film draus.

Es bleiben – nachdem auch ein paar nichts ahnende mexikanische Flugzeuglackierer, Baggerführer und »FBI-Beweise-Präparierer« an Herzinfarkten und Autounfällen gestorben sind, bloß zwei bis vier Personen übrig: neben Buddy der zwischenzeitlich von einem aufmerksamen Journalisten um Haaresbreite entlarvte Abdul (sowie unter Umständen »Bob«, der WTC-Security-Mann, sofern der sich nicht gleichfalls eine Kugel fing), sowie zwei oder drei Auftragskiller, die nicht wissen, weshalb sie ihre Opfer, die Entführer und deren Helfer am Boden, töten mussten. Solche Jobs kommen vor. Eigentlich dauernd. So ist das eben in Diensten des »Mob«.

Wie groß also ist diese »Verschwörungstheorie«?

Hunderte von Lotsen, Jäger-Piloten, Generälen, Politikern, Maschinenbaustudenten, Helfern und Drahtziehern groß? Oder brauchen wir nur eine Hand voll nicht immer in unseren Kategorien von Moral denkende, sondern business-orientierte Geschäftsleute, zwei erfahrene Agenten und zwei Auftragskiller?

Zwei Agenten, die alles wissen.

Sowie deren Auftraggeber.

Wer die sind?

Sonst noch was?

Einigen wir uns doch diesbezüglich darauf, dass es auf unserem schönen Heimatplaneten einflussreiche Menschen gibt, denen die Folgen des 11. September mehr als passabel in die

Lebensplanung respektive den Businessplan passten. Menschen, die alles andere als fanatisch oder ideologisch sind, die weder die USA noch den Islam hassen, sondern bloß Geld und Macht über alles schätzen. Menschen, die jenseits unserer naiven Vorstellungen von »Landesgrenzen« oder »Gut und Böse« leben und die kleinere »Kollateralschäden« im Sinne von »dreitausend Tote und ein bisschen Beton« jederzeit, ob in Afghanistan, Bagdad oder New York, billigend in Kauf nehmen, wenn sie ihren Einfluss – oder ihren Kontostand – bedroht sehen.

Wer diesen Plot, also diese nach bisheriger Lage der Dinge und der Beweise wahrscheinlichste Erklärung von allen für eine völlig absurde »Verschwörungstheorie« hält, ist aufgefordert, ihren Kern anhand von Fakten und Beweisen zu widerlegen, so wie wir die offizielle Verschwörungstheorie inklusive ihrer benötigten mindestens hundert Mitverschwörer sowie aller Ungereimtheiten widerlegt haben.

Sobald das gelungen ist, kann die hier entworfene, komplett irrsinnig erscheinende Erklärung umgehend verworfen werden.

Einstweilen müssen wir sie allerdings mangels plausiblerer Alternativen ernsthaft in Betracht ziehen.

(Brauchbare andere Deutungen auf Faktenbasis – also der vorherigen Kapitel – nimmt gern entgegen Ihre Wahrscheinlichkeitsredaktion unter der oben angeführten E-Mail-Adresse oder via Christian C. Walther, c/o Heyne Verlag, Bayerstrasse 71-73, 80335 München.

Mitarbeiter der Firma Bioport erwarten aber bitte nicht, dass ihre Briefe beantwortet oder auch nur geöffnet werden.)

Teil III

Der zensierte Tag und die Folgen

12 Wer zensiert hier wen?

Wer war's? Nicht ursächlich im Sinne von »Wer führte die Tatwaffe?«, sondern darüber hinaus: Wer schwieg dazu? Wer hat den 11. September zensiert? Wer hat dafür gesorgt, dass alle wichtigen Fakten uns bis heute nur in Form von Randnotizen oder eben gar nicht präsentiert wurde? Wer hat uns alle relevanten Fragen vorenthalten? Und weshalb?

Die Antwort scheint auf der Hand zu liegen, denn als Täter kommt nur infrage, wer neben Motiven auch über entsprechende Möglichkeiten verfügt. Und diejenigen, die uns als Einzige die Tatsachen geeignet hätten präsentieren können, waren und sind natürlich unsere großen Nachrichtenlieferanten.

Wer also war's?

Logisch: Das straff organisierte globale »Zensurkartell«, Corporate Media, die finsteren Fürsten des Gewerbes haben all diese Meldungen unterdrückt. Sie kontrollieren uns und unsere Meinung, alles, was wir sehen, hören, wissen dürfen. Richtig an dieser schnellen Schlussfolgerung ist immerhin, dass sich die Welt der Informationen zunehmend in immer weniger Händen befindet. Augenblicklich beherrschen sechs Großkonzerne den weltweiten Nachrichtenmarkt: Die australische News Group (zu der Fox TV, 20th Century Fox und Zeitungen wie der *Weekly Standard*, die *New York Post*, die Londoner *Times* sowie der US-Pay-TV-

Konzern DirecTV gehören); das Konglomerat General Electric-Microsoft/NBC-Universal-Vivendi; Viacom (u. a.: CBS, MTV, Paramount, UIP, Simon & Schuster), Time Warner (Warner Brothers, CNN, AOL), Disney-ABC-ESPN sowie der weltgrößte Kabelbetreiber AT&T-Comcast.

Sofern Rupert Murdoch, Herr über die News Group, Recht behält, werden am Ende nur drei übrig bleiben[1] – der Versuch der feindlichen Übernahme der Disney-Gruppe durch Comcast Anfang 2004 unterstreicht Murdochs Einschätzung. Der Kampf um Marktanteile und Distributionskanäle wird mit allen Mitteln geführt, im Wissen, dass am Ende nicht ausreichend Platz für alle sein wird. Nicht ohne Grund legte die News Group Ende 2003 $ 6,6 Milliarden für den US-Pay-TV-Satellitenanbieter DirecTV auf den Tisch: Auch die gewinnträchtigsten Inhalte (wie

»Du schreibst, was man dir sagt!«
Neuer Text + altes Motiv = die halbe Wahrheit.

(Aus: Micah Ian Wright, *He, Sie da! Keine Fragen bitte!* Verlag Antje Kunstmann, München 2004)

die Filme von 20th Century Fox) sind ohne Vertriebskanäle nichts wert. Wer den Vertrieb von Inhalten kontrolliert, kontrolliert auch das Angebot.
Das Entstehen dieser globalen Monsterkonzerne hat sicherlich seine Schattenseiten, ist für den Laien schon gefühlsmäßig beunruhigend (und für den Fachmann alles andere als der einzig selig machende Weg), aber allein aus dieser immer stärker werdenden Konzentration von Medien- und Vertriebsmacht lässt sich noch nicht automatisch die Existenz eines »Schweigekartells« ableiten oder gar eine von oben angeordnete Medienzensur, Gleichschaltung oder was sonst man als begeisterter Orwell-Leser vermuten mag. Finsterer formuliert:

> Ob die 9/11-Desinformationskampagne gestartet wurde, um einer neuen Weltordnung Geltung zu verschaffen, oder bloß um Öl, die geopolitische Stabilität, die Monopolisierung von Ressourcen, Wasser, Nahrung und Bevölkerungen durch virenartige Bedrohungen unter Kontrolle zu bringen – eine spezifische Agenda kann derzeit nicht zweifelsfrei nachgewiesen werden (im vollsten juristischen Sinn) … Was ich hingegen annehme, ist die Existenz eines verdeckten globalen politischen Netzwerkes, das mittels einer zunehmend ausgeklügelter werdenden Industrie- und Medieninfrastruktur operiert. *(Chaim Kupferberg)*[2]

Offen bleibt bei dieser apokalyptischen Annahme, wer für die immer ausgeklügelter werdende Struktur zuständig ist: Sind es die unheimlichen, oft fast unsichtbaren Medienzaren, sind es wir, die Empfänger, oder ist es der Markt selbst, der sich auch ohne äußeren Einfluss immer genauer tariert und selbsttätig auf die erklärte Vorgabe, das beste, also gewinnmaximale Ergebnis zusteuert? Möglicherweise nämlich bedarf es all der angenommenen Schattenkriege und Schattenkrieger gar nicht, um die »Produktion« von Desinformation zu erklären. Möglicherweise genügt es, die »9/11-Kampagne« aus dem System selbst heraus zu erklären sowie den ganz natürlichen Verhaltensweisen der darin handelnden Personen.

Dazu aber müssen wir uns zunächst von dem weit verbreiteten Irrglauben befreien, wir selbst seien Endabnehmer oder Kunden der Medienhersteller. Denn die Medienindustrie verkauft zwar ein Produkt an den Kunden, aber dieser Kunde ist die werbetreibende Industrie. Das Produkt ist der »Mediawert« des Programms, der Zuschauer ist lediglich Teil des Angebots. Der alte Grundsatz »Der Kunde ist König« gilt – aber *Sie* sind nicht der Kunde.

Die Arbeit eines »Journalisten« besteht in diesem Geschäftsmodell vor allem darin, den Wert des der Industrie angebotenen Produkts zu erhöhen, indem er Geschichten liefert, die von möglichst vielen Lesern oder Zuschauern gewünscht oder wenigstens nicht aktiv abgelehnt werden. Dabei steht es dem »Journalisten« frei, auch kritische Themen anzubieten, solange diese nicht das Produkt selbst beschädigen, indem sie Zuschauer verschrecken.

> Debatten und Diskussionen lassen sich nicht unterdrücken; vielmehr erfüllen sie in einem funktionierenden Propagandasystem ihre Aufgabe, wenn sie in angemessenen Grenzen bleiben. Es ist wichtig, diese Grenzen möglichst eng zu ziehen. Solange Kontroversen im Rahmen jener Voraussetzungen bleiben, die den Konsens der Eliten definieren, können sie sogar künstlich angeheizt werden, weil sie die Grenzen des Denkbaren, die nicht überschritten werden dürfen, befes-

> tigen und zugleich den Glauben an die Herrschaft der Freiheit fördern. *(Noam Chomsky)*[3]

Verfolgt der »Journalist« hingegen Ziele, die dem einzigen wahren Ziel, nämlich der Gewinnmaximierung, abträglich sind, handelt er subversiv und bereichert – mit etwas Glück erst nach der zweiten Abmahnung – die Zahl der Arbeitssuchenden.
Wir leben nicht mehr in Zeiten, in denen das erklärte Ziel jedes Unternehmens allein »Gewinnstreben« war. Dieses Konzept ist, zur Sorge nicht nur von Wirtschaftsethikern, im Zuge der fast abgeschlossenen Ökonomisierung unserer westlichen Gesellschaft abgelöst worden durch eine Permutation, die harmlos ähnlich klingt, sich jedoch durch erheblich mehr als ein paar Silben vom alten Konzept unterscheidet: »Gewinnmaximierung« ist rigoros, lässt *per definitionem* keinen Raum für Ethik oder Moral, und für den journalistischen Zulieferer gilt unter diesen Umständen ausdrücklicher denn je, was John Swinton, ehemaliger Chefredakteur der *New York Times*, schon 1953 in einer Rede vor dem New York Press Club zum besten gab:

> Erlaubte ich mir selbst meine aufrichtigsten Überzeugungen in einer Ausgabe meines Blattes, wäre meine Anstellung binnen 24 Stunden Vergangenheit. Der Beruf eines Journalisten besteht darin, die Wahrheit zu zerstören; schamlos zu lügen; zu Füßen des Gottes Mammon zu paradieren, sein Land und sein Volk für sein täglich Brot zu verkaufen ... Sie wissen und ich weiß, welche Narretei es ist, auf unsere freie Presse anzustoßen. Unsere Fähigkeiten, unsere Möglichkeiten und unsere Leben befinden sich im Besitz anderer Menschen. Wir sind intellektuelle Prostituierte.[4]

Nichts gegen Prostituierte. Die machen einen wirklich wichtigen Job. Nur als Hüter der Tugend sind sie eine eklatante Fehlbesetzung.

Natürlich gibt es auch in einem solchen rein profitorientierten System Außenseiter, Idealisten, ledige Weltverbesserer ohne Eigenheimwunsch, denen all dieser pragmatische Unsinn herzlich fremd ist. Allerdings werden wir diese Menschen nicht auf den Chefredakteurssesseln jener mächtigen Institutionen finden, denen wir vertrauen, was die Qualität unserer Informationen betrifft – denn an die Spitze eines jeden Systems gelangt nur, wer die Regeln des Systems befolgt. Wir werden daher auf den Meinungsmacherstühlen, in allen entscheidenden Positionen, keine Wahrheitssucher finden, sondern unausweichlich Menschen, die in allererster Linie am Erhalt des gesellschaftlichen Status quo interessiert sind, da sie eben diesem Zustand ihren persönlichen Erfolg und ihr Wohlergehen verdanken. Menschen, die ihren Job, ihr Haus, ihren Zweitwagen, den Ski- und Sommerurlaub und die Privatschule für die Kinder nicht ausgerechnet wegen einer vom breiten Publikum unerwünschten, möglicherweise die Welt auf den Kopf stellenden Wahrheit riskieren werden. Wer, wie die Meinungsmacher, seinen bequemen Platz in einem System gefunden hat, das ihm zum persönlichen Vorteil gereicht, wird verständlicherweise nicht so dumm sein, Wahrheiten zu verbreiten, die seine eigene Position gefährden. Jeder etablierte US-Journalist hatte daher auch ohne die leisesten »Ansagen von oben« haufenweise gute Gründe, der Geschichte des 11. September nicht auf den Grund zu gehen.

Diese Haltung kann man niemand zum Vorwurf machen – außer, man wäre frei von Schuld und fühlte sich berufen, mit Steinen zu werfen. Aber um Verständnis geht es hier nur am Rande, im Kern geht es um die Wahrheit: Sofern wir die suchen, ist unser Vertrauen Journalisten gegenüber völlig unangebracht.

Jeder Journalist, der in den USA nach dem 11. September 2001 dennoch kritische Arbeit leisten wollte, sah sich neben den angeführten systemimmanenten Hindernissen mit einigen zusätzlichen mannshohen Hürden konfrontiert. Immerhin galt es förmlich als Landesverrat, die falschen Fragen zu stellen, und Donald Rumsfeld warnte: »Die Presse stellt eine Menge Fragen, die nach meinem Dafürhalten die amerikanischen Bürger nicht gestellt oder beantwortet wissen wollen.« Ari Fleischer, Pressesprecher des Weißen Hauses, assistierte öffentlich: »Die Leute müssen sich vorsehen, was sie sagen und was sie tun.« Dan Rather, CBS-Anchorman und frei von Sorgen um seine materielle Zukunft, beschrieb die herrschende Stimmung im Mai 2002 folgendermaßen:

> Es gab eine Zeit in Südafrika, da legte man anders Denkenden brennende Autoreifen um den Hals. Und in gewisser Weise herrscht auch hier die Angst, dass man eine Halskrause verpasst kriegt, dass man einen brennenden Reifen des mangelnden Pariotismus um den Hals geworfen kriegt. Es ist diese Angst, die Journalisten davon abhält, die härtesten der harten Fragen zu stellen.[5]

Da kommt schon einiges zusammen: berechtigte Sorge um den Arbeitsplatz und die Zukunft der Familie, Angst, als Landesverräter zu gelten, dazu das mulmige Gefühl, sich am Vorabend des dritten Weltkriegs zu befinden, die Regelungen des Patriot Act als potenzieller Freifahrtschein nach Guantanamo Bay, Anthrax-Briefe in der Post, kurz, wir können es wahrhaftig keinem US-Journalisten verdenken, dass in den Massenmedien über den 11. September wenig anderes veröffentlicht wurde als die offizielle Erklärung der Regierung.

Auch wenn die Berichterstattung über die nachfolgenden Kriege in Afghanistan und im Irak zeigte, dass die Angst mancher wenigstens vor dem Kündigungsgrund »Landesverrat« wieder ein wenig nachgelassen hatte, scheint in Zeiten, da alle wichtigen *News* nicht qua mühsamer eigener Recherche »gemacht«, sondern aus Pressemeldungen von Konzernen sowie aus Regierungsverlautbarungen zusammengestoppelt werden, unverändert zu gelten, was Russell Baker in der *New York Times* festhielt, nämlich, dass der Beruf eines politischen US-Journalisten darin besteht, »vor verschlossenen Türen darauf zu warten, belogen zu werden«.[6]

Das also sind die Leute, die unsere wichtigen Nachrichten machen; die Meinung machen. Wenigstens die veröffentlichte Meinung. (Man sollte hier kritisch einwenden, dass all dies in einem Land, in dem fünfunddreißig Millionen Menschen unterhalb der Armutsgrenze leben und tagtäglich am eigenen Leib erfahren, dass die Wahrheit »irgendwo da draußen« sein muss, ein so durchsichtiges, abgekartetes Spiel nie im Leben funktionieren kann. Aber vergessen wir nicht, dass Amerika den ewigen Traum träumt, jeder Tellerwäscher könne zum Millionär aufsteigen sowie jeder Nichtsänger zum *American Idol* – und wo auch der Ärmste das Gefühl hat, lediglich aufgrund eines schicksalhaften Irrtums in der Klemme zu sitzen, und felsenfest überzeugt ist, spätestens in wenigen Tagen *selbst* zu den oberen Zehntausend zu gehören, wo sich also nicht einmal die Betroffenen mehr betroffen fühlen von den Ungerechtigkeiten des Systems, da existiert für kritische Fragen ganz einfach keine Nachfrage mehr.)

Glückliche Europäer?

Wieso aber sollte das, was wir hier angeführt haben, auf Europa, auf Deutschland übertragbar sein? Zwar erliegen auch wir allmählich der Illusion, jeder Fahrschüler könne über Nacht zum Superstar werden, und vergessen darüber, dass wir an unserer desaströsen gesellschaftlichen Situation durchaus etwas ändern könnten. Aber ist unsere Medienlandschaft nicht völlig anders strukturiert als die der USA? Greifen wir nicht zu kurz, wenn wir US-Journalisten und ihre deutschen Kollegen über einen Kamm scheren? William Rivers Pitt, Autor des Bestsellers »Krieg gegen den Irak«, weiß diesbezüglich Beruhigendes zu vermelden:

> Die Europäer sind nicht verwirrt, weil sie desinformiert wären, tatsächlich sind sie wesentlich besser darüber informiert, was in Amerika passiert, als die meisten Amerikaner selbst. Diese Europäer wissen alles über das *Project for The New American Century*, sie wissen alles über das *Office of Special Plans*, sie wissen alles über die Lügen, die Amerika und dem Rest der Welt eingetrichtert wurden. Sie wissen all das, ganz einfach, weil die Nachrichtenmedien in Europa sich nicht im Besitz von General Electric, AOL/Time Warner, Viacom, Disney oder Rupert Murdoch befinden und als deren Werbeabteilungen betrieben werden.[7]

Demnach müssten wir uns beruhigt zurücklehnen können. Dass aber Pitt nur teilweise Recht hat, zeigt die Berichterstattung über das schockierendste Weltereignis des noch jungen Jahrtausends, den 11. September 2001.

Natürlich waren deutsche Journalisten diesbezüglich im Nachteil, schon wegen der räumlichen Entfernung zum

Tatort und mangels historisch gewachsener Verbindungen zu verlässlichen Informanten in US-Geheimdienst- und Regierungskreisen. So blieb den meisten wenig mehr zu tun, als die Mainstream-Meldungen aus den USA nachzubeten, die – aus den oben genannten Gründen – gar nichts anderes sein konnten als bestenfalls die halbe Wahrheit.
Aber konnte es denn überhaupt Aufgabe unserer Medien sein, sich dieses Themas anders anzunehmen als die Amerikaner selbst? Wenn ja, welcher Medien? Das Privatfernsehen fällt aus nahe liegenden Gründen aus, in Europa ebenso wie in den USA – Urteilsbildung im Zeitalter der Unterhaltungsindustrie ist seine Sache nicht, war seine Sache nie: Dem Fernsehen geht es allein um *Verkaufe*, crossmediale Synergien sowie Mediawerte, und die erzeugt man nachweislich nicht mit irritierenden Nachrichten. Davon abgesehen tut sich das Medium selbst in seiner öffentlich-rechtlichen Form generell schwer mit der Vermittlung komplizierter Sachverhalte. Die Botschaft ist flüchtig, die eisernen Fernsehgebote lauten unverändert: »Du sollst nichts voraussetzen, du sollst nicht irritieren, du sollst die Erörterung meiden.« (Neil Postman)
Es blieben also unsere Printmedien, die Zeitungen und Zeitschriften.
Hätte das Stillschweigen ihrer amerikanischen Geschwister tatsächlich seine Ursache in internen »Ansagen von oben«, von Regierungsvertretern und Medienmoguln gehabt, hätte die Berichterstattung hierzulande deutlich kritischer sein müssen als in den USA. Und genau so nahmen wir sie auch wahr: Da es unter deutschen Meinungsmachern an bösen Murdochs mangelt, also an politisch motivierter Zensur, *musste* unsere Berichterstattung besser, genauer, ehrlicher gewesen sein.

Nachdem wir aber inzwischen wissen, dass nicht finstere Fernsehfürsten oder andere Weltverschwörer ohnmächtigen Redakteuren in die Tastatur diktieren, was sie schreiben sollen und was nicht, sondern dass Redakteure und Meinungsmacher aus Eigeninteresse nicht an jenen gesellschaftlichen Überzeugungen rütteln, die ihnen Lohn, Brot und Geschäftswagen bescheren, dürfte klar sein, weshalb wir hierzulande (entgegen der Ansicht von William Pitt) fast ebenso unzureichend informiert worden sind wie unsere amerikanischen Freunde.

Grundsätzlich unterscheiden sich auch unsere angesehenen Presseerzeugnisse, die den in Europa herrschenden »chaotischen parteilichen Journalismus« (Nancy Snow) hervorbringen, nicht von ihren schlecht beleumundeten kleinen Brüdern und Schwestern, den kostenlosen Werbeblättern. Müssten *stern, FAZ, Süddeutsche* und Verwandte ohne Anzeigen auskommen, wären all diese Publikationen für den Leser unerschwinglich teuer. Aus dieser Binsenweisheit ist allerdings nicht abzuleiten, die Werbekunden bestimmten aktiv die Inhalte, denn in der Regel ist den Machern der Blätter auch ohne jede Ermahnung bewusst, was gewünscht ist und was nicht.

Der mediale Mainstream definiert sich hier wie dort durch eine einfache Gleichung, und unterm Strich ist es egal, ob man hierbei die *FAZ* oder *Bunte* betrachtet: Wer eine Zeitung macht, muss vor allem eines erreichen, nämlich sein bedrucktes Papier wenigstens so oft verkaufen, dass die Produktions- oder Druckkosten sowie die Personalaufwendungen wieder hereinkommen – ein Blatt mit anderer Philosophie wäre umgehend pleite. Um konsumiert zu werden, muss die *FAZ* daher, ebenso wie die *Bunte*, die anvisierte Zielgruppe unterhalten. Natürlich versteht der *FAZ*-

Leser unter »Unterhaltung« etwas anderes als die *Bunte*-Leserin, aber die Gemeinsamkeiten sind entscheidend und lassen sich auf einen einfachen Nenner bringen: Die Leser beider Blätter wollen sich von ihren Lieferanten informiert fühlen, wenn auch über grundverschiedene Dinge, und beide wollen nichts lesen, was ihnen – gemäß ihrer persönlichen Definition – nicht im besten Sinne informativ, also unterhaltend erscheint. Womit wir einen weiteren entscheidenden Aspekt, oder besser, ein entscheidendes Manko der Wahrheit über den 11. September und die Folgen berühren. Sofern diese Wahrheit tatsächlich eine ganz andere ist als die offiziell verlautete, ist das alles andere als »unterhaltend«. Es ist einfach grauenhaft.

Der »11. September« hat es daher schwer. Er ist ungeheuer komplex, er ist un-sexy, und er verspricht am Ende höchstens Schmerzen. Das sind ganz gewiss nicht die Zutaten, die ein Thema massentauglich machen.

Allein darum aber geht es im Fall der Mainstream-Medien, und zwar ausschließlich: um Massentauglichkeit. Nicht von deutschen Presseerzeugnissen, erst recht nicht von amerikanischen, und schon gar nicht von privat geführten US- oder deutschen Fernsehsendern, die vollständig abhängig von Quoten und den wiederum davon abhängigen Werbeeinnahmen sind, konnten und können wir auf diesem Feld investigative Arbeit erwarten.

Aber es gibt eine Ausnahme. Denn auf ein Medienerzeugnis konnten wir uns in der Vergangenheit, wenn es um politische Skandale ging, immer verlassen. Dieses beruhigende Wissen ist im Bewusstsein jedes deutschen Lesers fest verankert, seit Franz Josef Strauß Rudolf Augstein in Ketten legen ließ: *Der Spiegel* lässt uns nicht im Stich. *Der Spiegel* findet die Wahrheit heraus. Wenn alles nichts mehr hilft, wenn wir nicht mehr wissen, was wir glauben sollen, dann glauben wir dem *Spiegel*.

Eine solche kollektive Notlage trat am zweiten Jahrestag des Anschlags tatsächlich ein. Nicht genug damit, dass Andreas von Bülow mit seinem Buch »Die CIA und der 11. September« sowie Gerhard Wisnewski mit »Operation 9/11« die Bestsellerlisten hochkletterten und Mathias Bröckers mit seinem bereits zweiten erfolgreichen Buch über den schwarzen Dienstag (»Fakten, Fälschungen und die unterdrückten Beweise des 11.9.«) den Jahresumsatz des Zweitausendeins Verlags quasi im Alleingang vermutlich verdoppelte: Plötzlich äußerten auch größere Teile der Bevölkerung, vor allem der jüngeren, erhebliche Zweifel an der offiziellen Version. Bis zu dreißig Prozent wollten, Umfragen zufolge, aller Desinformation zum Trotz, die Möglichkeit nicht ausschließen, die US-Regierung selbst sei in die Anschläge verwickelt gewesen oder habe sie wenigstens billigend in Kauf genommen. Irgendjemand musste sich der aufgestellten ungeheuerlichen Vorwürfe annehmen. Sie entkräften oder bestätigen: im Zweifel der letzte unabhängige Wächter der Wahrheit, der traditionell, im Geiste Augsteins, keine Angst vor einem Skandal haben würde.

Zeit für den *Spiegel*. Zeit für einen kritischen, unabhängigen Kommentar des stets akribisch recherchierenden Nachrichtenmagazins zu den von Wisnewski, Bröckers, von Bülow, Thierry Meyssan und allen anderen Konspirologen über zwei Jahren gesammelten Fragen und Vorwürfen.

Das Thema verdiente eine gründliche, sachliche Untersuchung: Die von den Autoren zusammengetragenen Indizien schienen darauf hinzudeuten, dass die US-Geheimdienste von der geplanten Tat im Vorwege gewusst hatten, von Bülow verdächtigte den israelischen Geheimdienst Mossad, an der Verschwörung beteiligt zu sein, Wisnewski bezweifelte gar, dass in Pennsylvania Flug 93 abgestürzt war, Meyssan vertrat die Auffassung, das Pentagon sei von einem Marschflugkörper getroffen worden, und Bröckers führte ebenso ironisch wie schlüssig den Beweis, dass die einzige Verschwörungstheorie, die diesen Namen verdiente, die offizielle sei. Denn so, wie alles im Mainstream geschildert wurde, konnte es nachweislich nicht gewesen sein.

Der *Spiegel* lieferte allen Verunsicherten daraufhin ein Heft mit der herrlichen Titelstory »Wie Konspirations-Fanatiker die Wirklichkeit auf den Kopf stellen« in die Hände, das späteren Generationen vermutlich als Paradebeispiel gelungener Propagandarhetorik gelten wird. Leichte Abzüge in der B-Note muss sich das »ehemalige Nachrichtenmagazin« (Bröckers) allerdings gefallen lassen, da es sich als Entschuldigung für die Propaganda nicht auf ein wenigstens vorgegaukeltes Landesinteresse berufen kann, sondern lediglich auf die Sicherung gewinnmaximaler Absatzzahlen.

Im Rahmen des Artikels »Panoptikum des Absurden«[8] gelang es einigen eifrigen Redakteuren des quotengestählten Chefredakteurs Stefan Aust tatsächlich, den eigentlich zu beleuchtenden Gegenstand nicht nur praktisch frei von neuen Informationen zu präsentieren, sondern mit kaum einer sinnvollen Zeile zu würdigen. Stattdessen amüsierte man sich, und das handwerklich gekonnt. Da jeder *Spiegel*-Artikel zwingend mit einem Menschen beginnen muss (wer das Blatt mit dieser Brille liest, hat noch mehr Freude daran), konstruierte man sich in diesem Fall mangels besserer oder wenigstens brauchbarer Ideen den Anwalt des der Mittäterschaft damals noch angeklagten Abdelghani Mzoudi in den ersten Absatz und grübelte abfällig, da man sonst nichts zu bedenken fand – über dessen Brille. Stark.

Immerhin: Der *Spiegel* unterstrich, dass die Mehrzahl der unter fünfzigjährigen Deutschen sich über den 11. September nicht vollständig informiert fühlte. Die »unvollständigen« Informanten, das mussten die Bülows, Bröckers', Wisnewskis gewesen sein; die »richtige«, vollständige Information: Aufgabe des *Spiegel*.
Und die sah dann so aus: Die Welt »aus den Fugen« – nicht etwa wegen des Anschlags, sondern wegen der kritischen Arbeiten der »Fanatiker«, die Bücher der Verdächtigen »Spökenkiekerei«, die »Kasse machen« sollen, der Terroranschlag angekommen »im Dunstkreis von Elvis, JFK und Marilyn«; Bröckers' erklärtes Ziel, die »Gegenverschwörungs-Verschwörung« von ironiefesten Praktikanten abgebügelt mit »was immer das heißen mag«; die »deutschen Fantasten« munter in die Tonne getreten, der Franzose Meyssan schon deswegen diskreditiert, weil er »schwarz trägt« und »Puma-Turnschuhe«, »Fruchtsaft trinkt und doziert«.
Tatsächlich enthüllte der *Spiegel* einige Fehler der »Fantasten«, insbesondere von Bülows, der es mit dem Recherchieren oft ebenso wenig genau nimmt wie der Ankläger selbst.[9] Den eigentlichen Fragen hingegen näherte man sich auf den satten sechzehn Seiten des Artikels nicht. Was mehr als nur bedauerlich war.
Der empörte Aufschrei der »Fantasten« – natürlich nur im Netz zu vernehmen – über diese Discountvariante von »Journalismus« war verständlich. Denn der Verrat durch einen qua Historie ausgewiesenen, bestens reputierten Vertrauten wiegt deutlich schwerer als der durch einen erklärten Gegner. Von der *Welt* hätte wohl keiner von denen, die sich unzureichend informiert fühlten, einen informativen und investigativen Bericht erwartet – von der *Welt* erwartet man bestenfalls dumpfe Aufforderungen zum Bombarde-

Richtig zu stellen: ein historischer Irrtum des Spiegel.

ment anders Denkender (und das bevorzugt vom Vorstandsvorsitzenden, wenn den gerade mal der Wahn reitet, wahlweise schreiben, maßgeblich philosophieren oder schlimmstenfalls beides zu können).[10]

Dem *Spiegel* hingegen vertrauten viele, die eben ihr Weltbild nicht bei Döpfner geliehen haben, sondern die Wahrheit irgendwo in der Mitte suchen. Dem *Spiegel* vertrauen viele. In mancher Hinsicht vermutlich immer noch zu Recht, auch wenn der Geist Augsteins längst nicht mehr durch die Flure von Austs Quotenschiff weht. Es steht uns mangels Fachwissen nicht zu, unser vernichtendes Verdikt auch auf die Bearbeitung anderer Themen seitens der

Redaktion auszudehnen. Gehen wir daher davon aus, dass es sich in Sachen »9/11« um einen einmaligen blinden Fleck handelt, geboren aus der sofortigen Festlegung der Chefredaktion auf die Richtigkeit der offiziellen US-Darstellung. Eine spätere Korrektur hätte nicht nur das gehörig Kasse machende *Spiegel*-Buch »11. September 2001 – Geschichte eines Terrorangriffs« als Schnellschuss und schleunigst zu verramschenden Irrtum entlarvt, sondern das öffentliche Eingeständnis eines Fehlers erfordert – und seit wann macht der *Spiegel* Fehler?

Die Folgen des *Spiegel*-Versagens aber waren – in Sachen Wahrheitsfindung betreffend »9/11« – verheerend. Denn niemand kann es einem Gutteil der Hilfe suchenden Skeptiker verdenken, dass sie sich nach den investigativen »Enthüllungen« von allen »Fantasten« distanzierten. Der WDR entschloss sich unter dem Eindruck des Artikels, von allen Wiederholungen des vorher nicht beanstandeten, provokativen Dokumentarfilms *Aktenzeichen 9/11 ungelöst* abzusehen und den Autor (Gerhard Wisnewski) hernach öffentlich – via Pressemitteilung und geeignetem *Spiegel*-Kommentar – unehrenhaft zu feuern, was einem öffentlich-rechtlichen Berufsverbot gleichkam: Dan Rathers brennender Reifen als Halskrause war endlich auch in Deutschland angekommen. Überdies war es nach dem maßgeblichen Artikel sowie den folgenden Berichten des Fernsehmagazins *Frontal 21* und verwandter Nachbeter der *Spiegel*-Version auch für andere Filmemacher und Autoren praktisch unmöglich, kritische 9/11-Beiträge an den redaktionellen Mann zu bringen. Die öffentliche Demontage Wisnewskis wurde dementsprechend entsetzt kommentiert – im Netz, also nirgendwo – und ansonsten als medialer Kollateralschaden bestenfalls als Dreizeiler verbucht: Wer sich mit dem *Spiegel* anlegt, sollte sich vorher eine Alternative zur Journalistenlaufbahn überlegen.

Nach Wisnewski jedenfalls waren auch die anderen »Fantasten« fällig und zum Abschuss durch das Massenmedium Nummer eins freigegeben: In der ARD wurde Andreas von Bülow von einer wie stets sehr telegenen Sandra Maischberger wegen seiner offensichtlichen, teilweise haarsträubenden Recherchefehler in sämtliche Bestandteile zerlegt (ohne zur Sache kommen zu dürfen), und der »Papst« der konspirologischen Bewegung, Mathias Bröckers, fand sich via *Panorama*-Verriss in einen Sumpf geworfen mit weggetretenen Nazi-Fantasten – unter freundlicher und boulevardgelernter Weglassung des eigentlichen Themas, zur Erheiterung der Ahnungslosen und derer, die noch immer nicht begriffen hatten, dass sie dazugehörten. Zuletzt steuerte das gebührenfinanzierte Arte einen Themenabend bei (im April 2004), der sich wiederum in gebührender Härte mit den Fantasten und ihren Buchverlegern beschäftigte, nicht aber mit dem eigentlich zu beleuchtenden Gegenstand, nämlich dem 11. September. Jede weiter gehende Kritik an dieser faktenfreien Wiederholung der faktenfreien *Spiegel*-Polemik ist allerdings unzulässig, denn die Sendung wurde unter dem Titel *Der 11. September fand nicht statt* ausgestrahlt und hielt alles, was sie qua Motto ausdrücklich versprochen hatte.

Niemand wird behaupten wollen, Arte oder der *Spiegel* würden von Corporate Media gezwungen, Propaganda zu drucken oder zu senden. Arte und der *Spiegel* werden von Redakteuren gemacht, die an der Wahrheit interessiert sind, solange die Wahrheit ihre Position nicht gefährdet. Es bedarf weiterhin keiner heimlichen Meetings der globalen Nachrichtennivellierer, es herrscht auch ganz ohne sie Konsens vom Chefredakteur bis zur Vorzimmerdame: Jene, denen ein System nützt, werden es nicht sabotieren. Aber auch wenn das hinter verschlossenen Türen tagende überparteilich staatlich-mediale Propagandaminsterium nicht existiert, ist die Lage alles andere als heiter. Die relevanten Fragen werden nicht gestellt, und das liegt – auch ohne Absprachen – zumindest im Verantwortungsbereich unserer Massenmedien. Der Einfluss von Corporate Media ist gigantisch, die Vertriebskanäle befinden sich fest in der Hand jener, deren einziger Gott »G-max«, Gewinnmaximierung heißt; sie kontrollieren sämtliche Inhalte. Das Ziel dieser Inhaltskontrolle ist indes weder geheim noch per se verwerflich: Wer sich bestens unterhalten und abgelenkt fühlt, stellt keine Fragen, sondern konsumiert mehr oder weniger fröhlich drauflos. Und darauf basiert unser System: Wer auf Konsum verzichtet, ist ein Saboteur. Geiz ist daher allenfalls als Werbewitz geil, in Wahrheit wäre Geiz kontraproduktiv. Deshalb war George Bushs 2002 getätigte Aussage, jeder Patriot müsse der Krise mit gesteigertem Konsum begegnen, nicht »bizarr«, wie manche Kommentatoren meinten, sondern absolut korrekt. Was wir von unserem Einkommen zur freien Verfügung behalten (und in der Regel auch mehr), muss möglichst vollständig reinvestiert werden, sonst bricht das System unweigerlich in sich zusammen. (Wer aus durchaus nachvollziehbaren Gründen dankbar ist über das Ende des real existierenden Sozialismus, sollte sich vergegenwärtigen, dass er wenigstens in dieser Hinsicht mittendrin lebt: ob wir nun unsere 22 im Monat frei verfügbaren Rubel für endlich frei verfügbare Badewannenstöpsel ausgeben müssen oder unsere 122 Euro für frei verfügbare Toaster, DVD-Player und Ayurveda-Anwendungen, macht unter dem Strich keinen so gewaltigen Unterschied – mal abgesehen von der Bildqualität.)

Aber ehe wir uns am Ende doch tausend Seiten tief verlaufen, halten wir an dieser Stelle lediglich fest: Wir werden aus absolut nachvollziehbaren Gründen über vieles nicht ausreichend informiert – wie wir am prominenten Beispiel des 11. September aufzeigen konnten. Auf die Massenmedien können wir dabei auch in Zukunft nicht zählen, denn sie gehören Konzernen an, die wiederum anderen Konzernen Werbeflächen verkaufen, und deren Wert wächst mit der Zahl der im Angebot enthaltenen Kontakte (dieses Letzte meint uns, also: den Zuschauer oder Leser). Im Weltbild, das diese Anbieter uns vermitteln, ist für alles mögliche Platz – sogar für gelegentliche Meinungsverschiedenheiten, solange sie die Grundfeste des Systems nicht erschüttern –, aber definitiv nicht für Sichtweisen, die eben jenes Weltbild infrage stellen.
Dass wir von den Herstellern und Distributoren von jederzeit konsensfähiger Massenware keine unangenehmen Wahrheiten erwarten können, versteht sich also am Ende von selbst.

Dumm und dümmer

Wie aber steht es um jene, die, wenn schon nicht »Kunden«, so als »Kontakte« doch geldwerter Teil des Angebots sind – wie also steht es um uns? Müssten wir nicht wenigstens in der Lage sein, die Art und Qualität des Produkts mitzubestimmen, das der Industrie in Form des Programms von Fernsehsendern oder des Inhalts von Printerzeugnissen offeriert wird?

Die Antwort lautet: natürlich. Mit der allerdings entscheidenden Einschränkung, dass in einer Demokratie auch hinsichtlich des massenmedialen Angebots die Minderheit dem Votum der Mehrheit zu folgen hat. Und da die Mehrheit ein scheunentorgroßes Ziel für Massenverdummungswaffen darstellt, besteht in dieser Hinsicht wenig Anlass auf Besserung der Informationslage. Auch wenn inzwischen immerhin dreizehn Prozent der Amerikaner angeben, sich vorrangig im verdächtigen »Netz« über politische Entwicklungen zu informieren, bleiben wahl- und programmentscheidende siebenundachtzig Prozent der US-Bürger in allen meinungsrelevanten Fragen allein auf die Stimme der Massenmedien angewiesen, und der zwischen diesen siebenundachtzig Prozent und den Massenmedien herrschende Konsens ist so fundamental, dass tatsächlich jede Hoffnung vergebens erscheint.

Im Zusammenhang mit der im Februar kurz in den US-Medien hochköchelnden angeblichen »Affäre« von John F. Kerry mit einer früheren Mitarbeiterin fragte die junge (und vermutlich deshalb noch klar denkende) US-Kolumnistin Kathryn Wallace ebenso schlicht wie wichtig, vorbei an allen Alibi-Zensurkartell-Vermutungen: »Entscheiden Leser über die Nachrichten?« – und kam zu dem deprimierenden Schluss:

> Unglücklicherweise wird das unersättliche öffentliche Interesse an Sex und Politik sämtliche Versuche der Medien unterminieren, »sauber zu bleiben«. Die durch Gerüchte aufgeworfenen Fragen werden heute im Zweifel mit Geld beantwortet statt mit einem Satz Werte, und über welche öffentlichen Themen die Medien berichten, hängt fast ausschließlich davon ab, was die Leser wissen wollen – was ein trauriger Kommentar ist,

wenn die Öffentlichkeit obszönen Klatsch wichtiger nimmt als beispielsweise einen Krieg im Irak.[11]

Hintergrund der juvenilen Enttäuschung war eine beunruhigende, sich binnen weniger Tage deutlich abzeichnende Entwicklung: Die großen US-Zeitungen hatten sich anfangs zurückgehalten, was die »sensationellen Enthüllungen« des Netz-Reporters Matt Drudge betraf, aber nachdem sich die kleineren Blätter (die keinerlei solche Skrupel kannten) von Tag zu Tag neuer Höchstauflagen erfreuten, hatte man auch in den seriösen Redaktionen dem inneren Teufel klein beigeben müssen und über die »Nicht-Affäre« berichtet – und sei es in Form besonders perfider Editorials, in denen man (unter Angabe aller Internetquellen) solchen Journalismus als nicht salonfähig brandmarkte.
Die Doofen hatten jedenfalls wieder einmal gewonnen. Aber was heißt schon »gewonnen«? Wer kann denn hier verlieren? Die Doofen sitzen schließlich auf beiden Seiten (und wir können hier gefahrlos von den Doofen berichten, denn die Doofen lesen keine Bücher, schon gar nicht dieses Buch, die Doofen lesen leichte Frauenliteratur (sie) sowie das LTU-Magazin (er), aber auch das nur am Drei-Sterne-Plus-Pool). Zwischen den massenmedialen Anbietern und den Doofen besteht eine lange und glückliche Ehe, und die Frage, wer wem die Ehe angetragen hat, klingt nach Henne und Ei. Waren zuerst die doofen Massenmedien da, die den Doofen draußen einredeten, außer Klatsch, billiger Unterhaltung und Sexberichterstattung aus den Häusern besser Verdienender lohne ohnehin nichts das Anschmeißen des Restgehirns? Oder waren zuerst die doofen Nachfrager da und verlangten von ihren Nachrichtenmachern, doch bitte nichts Kompliziertes mehr in den Satzspiegel zu quetschen,

sondern bloß noch doofe große Bilder und doofe groß geschriebene Texte über möglichst unerheblichen Unsinn? Inzwischen jedenfalls sind Doof und Doof ein eingespieltes Paar, und falls sich dann doch mal beim einen oder anderen leiser Widerstand ob der Beziehung regt, die unterhalb des doofen Hirns dann ja doch nicht wirklich befriedigend ist, bleibt die Frage: »Wenn wir uns jetzt noch scheiden lassen, wer nimmt uns denn dann noch?«

Es ist verfahren. Nein, schlimmer: Es ist völlig hoffnungslos. Die Doofen regieren – mit absoluter Mehrheit, abgesichert durch Dutzende doofer Seilschaften, geschützt durch das durch und durch intelligente System, das sie zu ihrem eigenen doofen Schutz errichtet haben. Es ist nicht zu ändern. Von niemand.

Diese finale Ausweglosigkeit, die jene intelligenteren zwei bis dreizehn Prozent derer erkennen, die die Nachfrage nach Information entscheidend steuern könnten, ist mehr als erwünscht; sie ist gewollt und provoziert. Bei jenen zwei bis dreizehn Prozent (nennen wir sie im Folgenden die »Klügeren«) entsteht angesichts dieser überall billigst zu habenden traurigen Erkenntnis entweder reine Niedergeschlagenheit oder Zynismus, was sich durchaus unterschiedlich äußert: Die Resignierten lesen weiter *Die Zeit* und schweigen in ihre immer halb leeren Weingläser hinein, die Zyniker hingegen nutzen die Chancen, die das System ihnen bietet – und fahren materiell hervorragend damit, ihre innere Leere grimmig grinsend, aber jederzeit dynamisch an den Mann zu bringen – oder verlegen sich auf geschliffene, destruktive Kommentare in Diensten jener Medien, die sie zum Zynismus verleitet haben.

Diesen »Klügeren« gilt jede Form von »Moral« als sauer, rückständig, erfolglos bekämpft oder ebenso erfolglos selbst ausprobiert, jedenfalls irgendwie abartig oder wenigstens naiv.

»Blöd halten – Hoffnung nehmen« ist aber nicht nur das erklärte Ziel der Massenverdummer in Richtung Doofe, sondern vor allem in Richtung des gefährlicheren Teils der Bevölkerung, also der »Klügeren«. Was die doofe Masse betrifft, sind sich die Chefideologen von Murdoch bis Chomsky einig: Der »verwirrte Rest der Herde« ist komplett hoffnungslos, der taugt bestenfalls als Sofakartoffel und willenloser Konsument jeder komplett mit Merchandising zugeballerten Fernsehsendung oder McDonalds-Happy-Meal-Tüte, aber was die »Klügeren« betrifft, könnte die Genugtuung des einen Chefideologen (Platzhalter: Murdoch) nicht größer sein – ebenso wie die Enttäuschung des anderen (Platzhalter: Chomsky).

Der endgültige Triumph des alles vernichtenden G-max-Systems ist beileibe nicht »Das Schweigen der Lämmer«, sondern mit Nachdruck »Das Schweigen der Hirten«. Nur dort, wo neben dem Verlust von Werten wie Mitgefühl, Verantwortung und Gemeinsinn auch der Verlust jeder Zukunftsperspektive von möglichst vielen als wahr und irreversibel empfunden wird, wo der Einzelne sich nicht mehr als Bindeglied zwischen der vergangenen und der kommenden Generation empfindet, wo die leidenschaftliche Hoffnung der Klügeren ausgestorben ist, die Welt zu einem besseren Ort machen zu können, nur dort kann das System triumphieren.

Die Doofen zum Schweigen zu bringen, das war leicht. Die Klügeren und am (vorläufigen) Ende auch die Klugen zum Schweigen zu bringen, das war schwierig. Aber es ist gelungen. Das Mantra »Du kannst nichts ändern« ist auch in den Hirnen der Klügsten angekommen, selbst Baudrillard hat am Ende nichts mehr zu bieten als schwarzen Pessimismus. Von Geistesgegenwart im Sinne des Wortes kann keine Rede mehr sein: Reichen wir uns also die Hand, wir Klügeren. So oder so: Wir ziehen den Doofen das Geld aus der Tasche (indem wir uns der Werbung verdingen oder fürs Privatfernsehen arbeiten), oder wir trinken den Weinkeller leer und verlegen uns aufs Spotten oder aufs Hadern (wahlweise *Titanic* oder *Die Zeit* auf dem Schoß beim Wegdämmern nicht vergessen, das wärmt die inzwischen nicht mehr ganz taufrischen inneren Organe.)

Die Frage muss gestattet sein: Wer ist dümmer – jener, der (qua Herkunft oder qua Kopfsprung ins flache Ende des Gen-Pools) keine Möglichkeiten hat, oder jemand, der alle Möglichkeiten hat, aber sie nicht nutzt? Im Archiv »2000 – 2004« finden wir darauf keine Antwort, und was unser gar nicht journalistisch veranlagter, längst vergessener Kollege Yang Ming vor mehr als fünfhundert Jahren anmerkte, ist – obwohl weiterhin gültig – längst aus allen Publikationen getilgt: »Zu wissen und nicht zu handeln ist nicht zu wissen.«

Negativ ist positiv

Wir haben keinen Grund zur Freude. Wir haben Grund zur Sorge. Wir schlafen schlecht. Gelegentlich lesen wir von Erhebungen, denen zufolge sogar die Bewohner einiger der ärmsten Länder der Erde erheblich zufriedener sind als wir, aber das verbuchen wir entweder unter »Die sind wohl zu lange in der Sonne gewesen« oder »Die wissen ja auch gar nicht, was ihnen alles fehlt«. Irgendwas kann an dieser zufriedenen Aussage jedenfalls nicht stimmen: »Die« können nicht glücklicher sein als wir, »die« haben ja nicht mal fließend Wasser, geschweige denn einen DVD-Player. Aber natürlich stimmen die Daten. Etliche Gesellschaften leben immer noch in der medialen Kreidezeit und sind daher noch gar nicht reif für negative Grundstimmungen. Das Gefühl der Hoffnungslosigkeit und der Angst ist unserem System immanent und für seinen Fortbestand essenziell. Diese Erkenntnis ist wichtig, auch wenn sie nicht automatisch zum Handeln führt. Ohne sie aber ist Handeln in diesem besonderen Fall ganz unmöglich.

Es ist schon eine ganze Weile her, dass man versuchte, andere Menschen allein mit sachlichen Argumenten zu überzeugen (sofern das je der Fall war, aber das wollen wir Optimisten hier nicht vertiefen); spätestens mit der Geburt der Unterhaltungsindustrie war diese Art der mühsamen Überzeugungsarbeit anachronistisch geworden. Am besten lässt sich das am Beispiel der Werbung veranschaulichen, die in ihren Kindertagen noch ausdrücklich die positiven Eigenschaften der beworbenen Produkte unterstrich. Das war allerdings eher öde (erst recht, wenn das beworbene Produkt gar keine positiven Eigenschaften besaß). Daher kamen kluge Köpfe ziemlich bald auf die Idee, die Produkte akustisch oder visuell mit der Erfüllung von geheimen Wünschen der potenziellen Käufer zu verbinden – das Pin-up-Girl auf der Motorhaube war geboren.

Dieses Prinzip des Imagetransfers bildet in allen denkbaren Varianten bis heute eines der Standbeine moderner Werbung, aber das andere Bein ist in diesem Zusammenhang wichtiger. Denn nicht nur durch Bild gewordene Träume kann man Menschen etwas aufschwatzen, sondern umso besser durch Bild gewordene Albträume. Der sicherste Weg zum Erfolg führt, wie man bald erkannte, weder über die positiven Produkteigenschaften noch über die Kenntnis der geheimen Wünsche des Käufers, sondern über die Kenntnis seiner geheimen Schwächen und Ängste. Angst zu schüren – und dann dem Kunden die Rettung in Form eines Produkts zu präsentieren – entpuppte sich als goldener Weg zur »Verkaufe«. Angst vor herausfallenden Zähnen verkaufte eine Zeit lang tonnenweise Zahnpasta. Angst vor dem Uncoolsein verkauft heute alles, was Nike und Konkurrenten herstellen. Angst vor Einsamkeit im Alter verkauft »sichere« Fonds. Angst vor dem Tod verkauft (absurderweise) Lebensversicherungen. Angst vor Sanktionen nach dem Tod verkaufte früher Religion. Angst vor dem Terror verkauft heute Kriege.

Margarine verkauft man weiter mit Traumbildern.

Niemand fesselt unsere Aufmerksamkeit gründlicher als der, der unsere innersten Ängste kennt und benennt. Wir hängen an seinen Lippen, und wir flehen stumm um Erlösung. Und Aufmerksamkeit ist das, was jeder, der etwas zu verkaufen oder zu vermitteln hat, zuallererst erregen muss. Werber kennen das Prinzip aus dem Lehrbuch und wissen, dass AIDA nicht überall ein Dampfer ist. In der Marketingtheorie steht die Buchstabenfolge für Attention – Interest – Desire – Action (also Aufmerksamkeit – Interesse – Begehren – Handlung): Aufmerksamkeit steht am Anfang. Und aufmerksam wird naturgemäß am ehesten, wer sich bedroht fühlt.

Dieses Prinzip gilt, wenngleich in leicht abgewandelter Form, auch für die, die uns Nachrichten verkaufen wollen. Gute Nachrichten sind schlechte Nachrichten. Gute Nachrichten führen zu wohliger Entspannung, und wer entspannt ist, wird unaufmerksam. Daher ist der Leser oder Zuschauer in einem ständigen Angstzustand zu halten, ja, er ist sozu-

sagen täglich zu bedrohen. »Furcht und Unsicherheit«, schrieb schon Edward Bernays, Vordenker der internationalen PR, »nur das lässt die Leute immer wieder zurückkommen«.
Würden wir eine *Bild*-Zeitung, die bloß Positives von der Titelseite gröhlt, überhaupt kaufen? Ja? Und am zweiten, dritten, vierten Tag – immer noch?
Hätten wir das Gefühl, das *heute-journal* überhaupt noch einschalten zu müssen, wenn wir wüssten, dass doch nur wieder eine halbe Stunde berichtet wird, dass alles gut ist?
Angst macht Quote. Angst verkauft. Schrecken, das deutsche Wort für Terror, ist ein großartiger Helfer der Werbung, der Nachrichten und der Politik. Ein äußerst umstrittener Zeitgenosse hat dazu Folgendes bemerkt.

> Der Schrecken ist die gefürchtetste Waffe der Neuzeit, und die westlichen Medien verwenden sie erbarmungslos gegen ihre eigenen Leute. In der Psyche europäischer und amerikanischer Menschen kann der Schrecken Furcht und Hilflosigkeit erzeugen. Das heißt, was die Feinde der Vereinigten Staaten nicht bewirken können, bewirken deren eigene Medien.[12]

Viele, die den 11. September kommentierten, haben mehr oder weniger pathetisch darauf hingewiesen, dass die Täter, die Terroristen, die Schwächen unseres Systems gnadenlos ausnutzten. Die Kommentatoren meinten zwar damit durch die Bank »allzu laxe Kontrollen an Grenzen und Flughäfen«, hatten aber wesentlich grundsätzlicher Recht, wie das Zitat zeigt. Denn natürlich stammt die Aussage von Bin Laden.
Angst ist ein schlechter Berater. Aber Angst ist ein guter Helfer, wenn man etwas verkaufen will. Ob Zahnpasta oder

Kriege. Angst hilft bei der Herstellung von Konsens, dem eigentlichen Ziel jeder PR. Angst hilft, uns zu Dingen zu bewegen, die wir im Grunde gar nicht wollen. Diesbezüglich herrscht Einigkeit, quer durch die Lager, quer durch die Zeit:

> Die verwirrte Herde muss ruhig gehalten und abgelenkt werden. Sie soll sich den Superbowl anschauen oder Sitcoms oder Krimi- und Horrorfilme, und ab und zu bedeutungslose Slogans – »Unterstützt unsere Truppen!« – rezitieren. Sie muss von allen möglichen Teufeln, die sie von außen oder innen oder sonst woher bedrohen, in Angst und Schrecken gehalten werden, weil sie sonst anfängt zu denken, was gefährlich ist, da die Herde nicht denken kann. *(Noam Chomsky)* [13]

> Das Volk kann mit oder ohne Stimmrecht immer dazu gebracht werden, den Befehlen der Führer zu folgen. Das ist ganz einfach. Man braucht nichts weiter zu tun, als dem Volk zu sagen, es werde angegriffen, und den Pazifisten ihren Mangel an Patriotismus vorzuwerfen und zu behaupten, sie brächten das Land in Gefahr. Diese Methode funktioniert in jedem Land. *(Hermann Göring)* [14]

Alles ist negativ. Wir haben Angst. Und folgen denen, die uns Schutz vor diesen zukünftig furchtbaren Dingen, bevorstehenden Krankheiten und Bedrohungen versprechen, wie der Esel der Karotte folgt. Ohne zu erkennen, dass wir förmlich umzingelt sind von bündelweise Karotten am Wegesrand, und gar nicht der profanen Möhre hinterherhecheln müssten, die am langen Stock an unserer Stirn montiert ist.

De facto ist das alles nämlich nicht wahr. Wir müssen keine Angst haben. Es geht uns nicht schlecht. Unsere Zähne bleiben drin. Wir sind gar nicht durch die Bank faul und doof (bloß ignorant und ein bisschen bequem). Es erkranken nur sehr wenige Leute an Parodontose, und im Fernsehprogramm passieren monatlich mehr Morde als in Deutschland in einem ganzen Jahr.

Big Brother lebt – legt euch wieder hin

Einigen wir uns darauf: So, wie es momentan läuft, ist es der »Medienmafia« recht. Die Doofen sehen besinnungslos fern, die Klügeren haben resigniert, die Intellektuellen schweigen, und alle konsumieren wie bekloppt und wie gewünscht, im stummen Wissen, dass ja eh alles keinen Sinn hat. Es bleibt, wie es ist. Übermorgen kann schon alles zu spät sein. Es wird sich nichts ändern.

Einigen wir uns aber auch darauf: So, wie es vor etwa zwei Jahrzehnten lief, war es der »Hühnermafia« recht. Die Doofen kauften billige Eier, die Klügeren verlegten sich auf Gemüse, die Intellektuellen schwiegen, und alle konsumierten wie bekloppt und wie gewünscht. Es würde sich nichts ändern.

Aber es hat sich etwas geändert.

Es lag sicherlich nicht im Interesse des nationalen »Legebatterie-Kartells«, dass Bescheuerte auf die Idee kamen, es müsse morgens auch mal Eier von glücklichen Hühnern geben, Eier, die nicht nach Fischmehl schmecken, von Hühnern, die sich gelegentlich die Beine vertreten dürfen. Rela-

tiv kurze Zeit später gab es Reformhäuser, die korrekte Eier anboten – zu deutlich höheren Preisen. Die gezahlt wurden.
Gäbe es in China Reformhäuser, müsste man zugeben, dass die Regierung es gut mit ihren Menschen meint. Dass es in Deutschland Reformhäuser gibt, ist allerdings keineswegs der Regierung (oder ihren medialen Verbündeten) zu verdanken, sondern den Menschen selbst.
Ein durchschnittlicher Chinese hätte angesichts des desaströsen Fernseh- und Kinoprogramms, das uns tagtäglich um die Augen und Ohren gedroschen wird, durchaus das Recht, sich zu beschweren (wenn auch nur im Hinterzimmer): Denn in seinem Fall wären die Programmmacher tatsächlich von ideologischen Überzeugungen geleitet und scherten sich einen Dreck um des Zuschauers Meinung. Unsere Programmmacher aber senden nicht aus ideologischen Gründen *Big Brother*, *Explosiv* oder *Ich bin ein Star – holt mich hier raus!*; nicht Volksverdummung ist ihr eigentliches Ziel, sondern reine Geldvermehrung. Und Profite erwirtschaftet man in einer Marktwirtschaft nur, wenn man etwas anbietet, was die Leute wollen.
Das flächendeckende Entstehen von Reformhäusern in Deutschland war Folge einer steigenden Nachfrage nach qualitativ hochwertigen Nahrungsmitteln aus kontrolliertem Anbau – etwas, wofür die Verbraucher offensichtlich mehr zu zahlen bereit waren als das, was bis dahin von der Legebatterie-Mafia angeboten wurde. Diese Nachfrage wurde nicht von überzeugten Gutmenschen, sondern von profitorientierten Unternehmern befriedigt. Anders gesagt: Wenn ausreichend Menschen bereit sind, für gesunde Eier aus Freilandhaltung mehr Geld auf den Tisch zu legen als für ungesunde Eier, die nach Fisch und ampu-

tierten Beinen schmecken, dann werden diese gesunden Eier produziert.

Ob das eine Binsenweisheit ist?

Selbstverständlich.

Die reine Marktwirtschaft ist (dort, wo sie hingehört) ein hervorragendes System, sofern es auf eine gesunde Gesellschaft trifft. Wo also aufgrund eines halbwegs intakten Wertesystems die Nachfrage nach in diesem Sinne wertigen Produkten den Produzenten maximale Gewinne verspricht, gibt es keine Fastfood-Restaurants, Trash-Urwald-Shows, keine sinnfreien Action-Movies und keinen Stefan Raab (allenfalls in seinem gelernten Beruf als Metzger). Kritik am marktwirtschaftlichen System an sich, in dem das Angebot ausschließlich von der Nachfrage geregelt wird, ist daher unangebracht; Kritik am Zustand unseres Wertsystems, das eine so kranke Nachfrage wie die derzeitige generiert, ist hingegen berechtigt und dringend erforderlich.

Was das mediale Angebot betrifft, wird die Binsenweisheit, »Die Nachfrage regelt das Angebot«, aber gern ignoriert oder »den anderen« in die Schuhe geschoben. Und »in die Schuhe schieben«, das beherrschen wir aus dem Effeff: Mal sind es die Taliban, mal die Amis, mal »die da oben«, und wenn alles nichts mehr nützt, dann sind es die Medien. Das scheint schon lange kein rein deutsches Problem mehr zu sein, aber wenigstens in dieser Disziplin bleiben wir weltweit Marktführer. Dabei haben wir Kraft unserer eben anders gelagerten Presselandschaft (noch) die Möglichkeit, uns kritischer mit der Welt zu beschäftigen, als so mancher Bauer aus Idaho und erst recht dessen Mitbewerber aus China.

Die scheinbare Unausweichlichkeit des Trivialen, Trashigen, das beständig schlechter werdende Fernsehprogramm, das lediglich das Verlangen nach Zerstreuung und Ablenkung befriedigt und sich immer wieder selbst unterbietet mit Nullmeldungen von Nullmenschen; ein Programm, das auf fragwürdige Weise süchtig ist nach der Darstellung von Verbrechen und sogar Verbrecher als smarte Gewinner verherrlicht, die lausigen Nachrichtensendungen der Privaten, all das wird mit achselzuckendem Fatalismus ertragen, als gäbe es keine Alternative, als entschiede das irgendein Zentralkomitee »von oben«. Diese Haltung ist kokett. Bequem, verlogen und völlig absurd.

Denn es stimmt nicht, dass »man« nichts ändern kann.

Wir können alles ändern.

Auch wenn vieles deprimiert stimmen mag an der Lage der Medien hüben wie drüben, übersehen die düstersten Orakler der großen, globalen, unbesiegbaren Macht des »Schweigekartells« geflissentlich, dass in China, Russland oder dem Iran deutlich weniger regimekritische Publikationen ihren Weg ins Kino, ins Fernsehen oder in die Bücherregale finden als hierzulande oder in den USA.

Sicher: Es gibt »Zensuren«; »privishing«, wie der nie um Neologismen verlegene Amerikaner das nennt (gebildet aus »private« und »publish«, also: ein Buch so veröffentlichen, dass es möglichst nicht bemerkt wird).[15] Ebenso sicher: Michael Moores »Stupid White Men« sollte totgeschwiegen werden[16] – aber findige US-Buchhändler(innen) verhinderten den verwerflichen Zensurversuch des zuständigen Verlags mit Bravour, machten das Buch zum weltweit bestverkauften Sachbuch des Jahres 2002 und Moore zum Millionär, zum Popstar und zur unübersehbaren Galionsfigur einer Bewegung, die den (noch) amtierenden Präsidenten der USA nicht nur seines Amtes enthoben, sondern am liebsten auch gleich als Mitwisser im Skandal des Jahrtausends verurteilt und eingebuchtet sähe. Auch die findigsten

chinesischen Buchhändlerinnen hätten das vermutlich nicht ganz so grandios hinbekommen.
Moores skandalöse Dokumentation *Bowling for Columbine* gewann unmittelbar nach dem 11. September einen Oscar. Moore durfte den Preis sogar persönlich entgegennehmen – und gegen Bush wettern, bis die per Sendeablauf jedem Dankenden zugestandene Zeit abgelaufen war und er von Siegesfanfaren von der Bühne posaunt wurde. Sein letztes Buch, »Dude, Where's My Country?«, erschien beim erklärten medialen Erzfeind, Ted Turners Warner Books, und schoss auf Anhieb auf Platz eins der US-Bestseller-Charts.
Zensur? Von »oben«? Wo?
Wo, wenn nicht in den großartig schizophrenen USA, könnte eine Fernsehserie wie *24* vor Abermillionen von Zuschauern so ungeniert mit allen wichtigen »Verschwörungs«-Elementen des 11. September 2001 hantieren und kokettieren, ja, genauer gesagt, durch die Blume alles »aufdecken«, was an Dreck, Filz und Ungeheuerlichkeiten zwischen Regierung und Geheimdiensten aufzudecken ist (oder wäre), dafür auch noch grandiose Quoten kassieren und eben *nicht* verboten werden?
Wo, wenn nicht in den USA, ist es poppigen Regime- und Gesellschaftskritikern wie den Black Eyed Peas gestattet, von der Spitze der Charts herunter den Mächtigen ins Gesicht zu singen, die Terroristen säßen im eigenen Lande und trügen den Namen CIA, die bornierten USA selbst seien schuld an allem Übel in der Welt, und wer sich Christ nenne, der habe gefälligst die andere Wange hinzuhalten statt mit Bomben zu schmeißen?
Wo, wenn nicht in den USA, könnten Netz-Konspirologen wie Paul Thompson, Michael Ruppert oder Greg Palast (und Dutzende anderer), deren Erkenntnisse weit über die

von Meyssan, Bülow oder Wisnewski hinausgehen, derart ungehindert jahrelang ihre Rechercheergebnisse einer weltweiten Öffentlichkeit präsentieren, ohne rechnerisch oder gar ganz persönlich ausgeschaltet zu werden?

Wo, wenn nicht in den USA, könnten hunderte nur zu einem unerheblichen Teil das Regime verherrlichende Bücher zum Thema »11. September« unzensiert Verbreitung finden? Hierzulande: ja. In Afghanistan, im Irak, in China, Pakistan, Nordkorea? Wohl kaum.

Knien wir nieder und preisen wir alle Götter, die wir haben: Wir leben in freien Ländern. Und wir bestimmen, auch wenn wir in diesem Spiel nicht im Wortsinn »Kunden« sind, den Wert der angebotenen Produkte.

In unserem marktwirtschaftlichen System, das keine andere Ideologie kennt als die der Gewinnmaximierung, gäbe es qualitativ hochwertigen Journalismus und qualitativ hochwertige Fernsehformate zur Prime Time, wenn danach gefragt würde. Journalismus aus biologisch kontrolliertem Anbau und Hipp-Privatfernsehen sind daher nicht nur denkbar, sondern ohne Weiteres machbar.

Aber was heißt schon »ohne Weiteres«?

Wir müssten für diese Art von Journalismus erheblich tiefer in die Tasche greifen als für den billigen Bockmist, den wir zurzeit konsumieren. Vierundzwanzig Seiten tägliche Nachrichten, nicht werbefinanziert und auf billigem Papier gedruckt, kosteten nicht 50 Cent, sondern wenigstens 3 Euro; und für das Jahresabo einer werbefreien *Spiegel*-Variante müssten die meisten von uns vermutlich auf den Sommerurlaub verzichten.

Aber nicht nur darauf, sondern auch auf allerlei angenehme, rasch alle Wünsche und Triebe befriedigende Kleinigkeiten. Dinkel ist gesund, aber nicht lecker. Burger sind lecker, aber nicht gesund. Vor dem langen Marsch ins Reformhaus steht daher die Erkenntnis, dass der Preis und der Wert einer Sache nicht identisch sind. Den Preis von Dingen kennen wir; den Wert nicht. Solange das so bleibt, wird sich nichts ändern.

Die Korrektur dessen, was wir oben festgestellt haben, ist dennoch überfällig. Auch wenn wir nicht »Kunden« sind in diesem Spiel, bestimmen wir die Qualität dessen, was dem Kunden (der werbetreibenden Industrie) vom Hersteller (der Nachrichten und der medialen Inhalte) angeboten wird. Was wir verweigern, verschwindet vom Markt. Sie machen das Angebot.

»Ich? Ich einer? Dass ich nicht lache!«

Sie und Sie und Sie – und Millionen anderer »Ich einer«. Aber Sie in besonderem Maße, denn Sie können lesen und denken, und Ihre Stimme zählt dutzendfach. Sie haben Zeit und Geld zu verteilen. Je nachdem, wie Sie das tun, steuern Sie das Angebot an Produkten und Dienstleistungen. Über die Qualität des Medienangebots stimmen Sie jeden Tag ab, in dem Sie achtlos Ihre 50 Cent für die *Bild*-Zeitung über den Tresen schieben oder doch mal »kurz reinschauen« in grenzdebile Fernsehformate.

Dagegen ist nichts einzuwenden, wenn Sie einen IQ haben, der knapp über Raumtemperatur liegt, und alles Weitere sowieso prima oder egal finden. Sollten Sie aber zu denen gehören, die tatsächlich nicht einverstanden sind mit dem, was in unserer globalen Gesellschaft passiert, und die das Medienangebot für flach und fragwürdig halten, müssen Sie Ihre ganz persönlichen Gewohnheiten ändern, statt sich dem angeblich Unausweichlichen zu fügen.

Wenn Sie abnehmen wollen, gehen Sie ja auch nicht zu McDonalds – jedenfalls nicht, wenn Sie es ernst meinen.

Und wer nicht fett und unbeweglich im Kopf werden will, der meidet eben *Bild*, Boulevardmagazine und anderen Schrott – so bunt, leicht oder sonstwie verführerisch das Angebot auch daherkommt. Was natürlich einiges an Disziplin verlangt. Burger sind ja auch wirklich lecker. Klar. Aber wer hat uns denn auf die seltsame Idee gebracht, Disziplin sei, wenn man etwas erreichen will, überflüssig? Welcher Floh sitzt da im Ohr jener, die meinen, Sinn und Zweck der nicht mit Arbeit zugebrachten Zeit sei allein billige Zerstreuung? Genau diese Disziplin des Verweigerns von scheinbar maßgeschneidertem Unsinn sollte von sich verlangen, wer andere, bessere Medien verlangt – und damit eine andere, bessere Welt.
Die zunehmende Verblödung, zu der wir durch unsere tägliche Abstimmung unseren mehr oder weniger großen Beitrag leisten, wird weiter reichende Folgen haben als die, dass wir in zwanzig Jahren keine Rente mehr bekommen. Die Folgen sind verheerend, für die Welt, für Sie, für Ihre Kinder, für unser aller Zukunft.
Ehe wir also morgen früh wieder reflexhaft nach der *Bild*-Zeitung greifen oder morgen abend an der Kinokasse in unserem Dauerzustand diffuser Verstörung »Zweimal *Terminator 3*« verlangen – denken wir noch mal drüber nach.

»So what« oder »Was tun«?

Wer Verbesserungsvorschläge macht, ohne gefragt worden zu sein, ist bestenfalls in der falschen Kinderstube groß geworden, schlimmstenfalls ein nervtötender Besserwisser.

Ich bekenne mich rasend gern zu beidem, sofern man mir strafmildernd anrechnet, dass mir die Lage zu ernst erscheint, als dass sich fortgesetztes vornehmes Schweigen rechtfertigen ließe. Dennoch bin ich nicht nicht der Ansicht, dass wir gleich zu den von Klaus Mann vorgeschlagenen drastischen Maßnahmen greifen müssen:

> Hunderte, ja Tausende von Intellektuellen sollten tun, was Virginia Woolf, Ernst Toller, Stefan Zweig, Jan Masaryk getan haben. Eine Selbstmordwelle, der die hervorragendsten, gefeiertsten Geister zum Opfer fielen, würde die Völker aufschrecken aus ihrer Lethargie, sodass sie den tödlichen Ernst der Heimsuchung begriffen, die der Mensch über sich gebracht hat durch seine Dummheit und Selbstsucht.[17]

Tote Intellektuelle nützen nur Bestattungsunternehmern. Schweigende allerdings nützen nicht mal denen, deshalb stünde die bescheidene Erkenntnis eben jener Kreise, dass Veränderungen von ihnen, und nur von ihnen, herbeizuführen sind, am Anfang jeder wenigstens denkbaren Veränderung. Der Hamster im Rad, der zu dumm ist zu kapieren, dass er nicht vorankommt und aussteigen könnte, verdient unser Mitleid. Der Hamster jedoch, der weiß, dass er aussteigen könnte, sich aber trotzdem zum Infarkt hetzt, ist ein vollständig lächerlicher Anblick.

Die »zweite Weltmacht«, als die Chomsky die Weltmeinung bezeichnet, befindet sich nicht im Besitz von Corporate Media, sondern bestenfalls in deren Hand – weil wir, weggedämmert und vergiftet vom ewigen Singsang »Nichts wird sich ändern«, kein Interesse hatten, energisch dafür einzutreten, dass unsere Ideale von Gerechtigkeit und Freiheit auf der Tagesordnung bleiben.

Aber wir haben heute bessere Möglichkeiten denn je, diese Tagesordnung mitzugestalten – sofern wir unsere Lähmung abschütteln. Denn der technische Fortschritt, der Corporate Media den globalen und ununterbrochenen Einsatz von Massenverdummungswaffen gestattet, eröffnet gleichzeitig auch uns neue Gelegenheiten.

> Mit der neuen Matrix aus globalem Entertainment, publizistisch-politischem Einfluss und E-Commerce wächst das Gefahrenpotenzial, dass sich aus der Vertrustung des Mediengewerbes für die demokratische Kultur ergibt, zugleich erhöht sich aber auch die Wahrscheinlichkeit von Widerstand, Flucht und Ausstieg entscheidender Rezipientenkreise aus dem medial-technokratischen System.[18]

Der demokratische US-Präsidentschaftsanwärter Howard Dean hat mit seinem Aufsehen erregenden »Internet-Wahlkampf« einen Anfang gemacht, auch wenn er gescheitert ist. Weitere werden ihm folgen. John Kerry wird die November-Wahl noch auf die altmodische Art gewinnen, über Image, Schlagwörter, PR und die etablierten Medien, nicht zuletzt, weil das System jetzt einen Präsidenten braucht, der positive Kauf- und Investitionsimpulse setzt. Zukünftige Wahlen aber werden nicht mehr allein über die klassischen Medien entschieden.
Das klingt nach einer neuerlichen Überschätzung des »Internet«? Hatten wir das nicht gerade? Und haben wir nicht schmerzhaft (bis tief in unsere Brieftaschen hinein) erfahren, dass all das eine »Blase« ohne Substanz war? Sicherlich ist das Netz kein Allheilmittel. Und natürlich braucht das Netz Verbündete in der wirklichen Welt, die Navigationshilfen bieten im Meer der Meinungen und Desinfor-

mation. Dennoch verfügt das Netz über zwei herausragende Stärken: Die Kosten zur Verbreitung von Informationen liegen auf diesem Vertriebsweg nahe null – zwar fallen Personalkosten an, aber weder Sendetechnik noch Papier noch Logistik zur Auslieferung von Zeitschriften müssen bereitgestellt werden. Daraus ergibt sich die fast vollständige Unabhängigkeit der Informationsproduzenten von der werbetreibenden Industrie. Wo der systemimmanente Zwang zur Erzeugung von Profiten fehlt, steht der Erzeugung von reiner Wahrheit (wenigstens theoretisch) nichts mehr im Wege. Die Kehrseite ist natürlich, dass ebenso wenig der Erzeugung von reiner Unwahrheit im Wege steht, weshalb wir bei der Wahl unserer Informanten weiterhin äußerste Vorsicht walten lassen müssen. Entscheidend aber bleibt die Erkenntnis, dass wir mit dem *Internet* über ein Medium verfügen, das anders als seine klassischen Konkurrenten nicht zwingend auf Werbegelder angewiesen ist, sondern am Ende die Beziehung zwischen Anbieter und zahlendem Kunden wiederherstellen könnte, die für die Produktion von echten journalistischen Inhalten unabdingbar ist.

Woraus sich tatsächlich der erste von sieben sehr konkreten Vorschlägen zur Verbesserung der Nachrichtenlage durch potenzielle Weltverbesserer ableiten lässt – Vorschläge, die Sie, die Sie das alles längst wissen und längst alles leben, mir bitte ebenso nachsehen wie den ganzen Rest. Den Sie bestenfalls als ausschneidbaren Leitfaden zur Gebrauchswanweisung für Ihren Schwager betrachten, der weiterhin meint, dank *Spiegel*-Lektüre und *Tagesschau* allerbestens informiert zu sein über alles, was in der Welt an relevanten Dingen passiert, überdies insgeheim glaubt, »durchschnittliche Lebenserwartung« sei das Gleiche wie »Vierundsiebzig werde ich garantiert«, und daher eben keine Ahnung von gar nichts hat, geschweige denn auf dieser Seite noch bei uns ist. Deshalb:

1. *Kaufen Sie bei alternativen »Info-Dealern«*

Schauen Sie sich um in der Welt – sie steckt in Ihrem Rechner, auch wenn der aussieht, als ginge nicht mal ein belegtes Brötchen hinein. Geben Sie statt »ebay«, »amazon«, oder »travel24« gelegentlich »attac« oder »oxfam«, »unicef« oder »amnesty« in Ihren Browser ein und schauen Sie sich in der Realität um. Lassen Sie sich auf alle viel versprechenden, Ihnen relevant erscheinenden »Mailing-Listen« setzen. Lächeln Sie Ihr müdestes zynisches Lächeln, wenn Sie widerwillig Aufrufen folgen, die Mailboxen von Regierungsvertretern zu verstopfen, die irgendwo in Afrika »Sünderinnen« steinigen lassen wollen. Und lächeln Sie (heimlich) ein bisschen weniger müde, wenn solche Aktionen, die Sie nichts kosten, außer fünf Minuten Ihrer Zeit, am Ende von Erfolg gekrönt werden und Leben retten. (Das passiert nicht? Probieren Sie's aus.)
Sofern Sie des Englischen mächtig sind, lesen Sie regelmäßig den *Guardian* (*www.guardian.co.uk*). Nehmen Sie die *Washington Post*, *Die Welt*, die *New York Times* und die *London Times* in Ihre Browser-Favoritenliste auf und lassen Sie sich auf die Mailing-Listen setzen. Aber gönnen Sie sich dazu ein geeignetes Gegengewicht in Form von online-Diensten wie »Telepolis« (*http://www.heise.de/tp*) oder »Feldpolitik« (*http://www.feldpolitik.de*). Lassen Sie sich außerdem in Danny Schechters und Greg Palasts Mailing-Listen aufnehmen (*www.mediachannel.org, http://www.newsdissector.org/weblog, www.gregpalast.com*). Schauen Sie bei »salon.com« vorbei.

Und sollte je ein gedrucktes oder nichtgedrucktes Nachrichtenmagazin aus all diesen Netzquellen wachsen, das ohne Anzeigen auskommt, legen Sie gegebenenfalls die erforderlichen 30 Euro monatlich dafür auf den Tisch.

2. *Werden Sie Infotainment-Verweigerer*

Meiden Sie die Nachrichtensendungen der »Privaten«. Am besten meiden Sie Fernsehnachrichtensendungen vollständig (jedenfalls als Informationsquelle) und informieren sich stattdessen über jeden Sachverhalt, der für Sie relevant ist (oder Sie aus Unterhaltungsgründen interessiert), aus zwei Print- oder Internetquellen, deren Urheber an verschiedenen Enden des politisch-ideologischen Spektrums zu Hause sind. Statt jeden Tag die gleiche Zeitung zu lesen, lesen Sie besser jeden zweiten Tag zwei Zeitungen aus verschiedenen Lagern. Der Preis bleibt derselbe, der Wert steigt enorm. In jedem Fall aber meiden Sie die »Nachrichten« jener Kanäle, die einzig dem Absatz der in ihrem Rahmen beworbenen Produkte dienen. Das Zeug macht abhängig und enthält ein schleichend wirkendes Gift, das Ihre Sinne lähmt und Ihnen den Glauben nimmt, Sie könnten etwas tun – außer shoppen gehen.
Stellen Sie sich bei jeder »Information«, die man an Sie herantragen will, zwei simple Fragen. Erstens: Ist das relevant für mein Leben? Zweitens: Wollen die, die diese Information präsentieren, mir Hoffnung machen – oder Angst? Eine relevante Meldung unterscheidet sich von einer irrelevanten vor allem darin, dass Sie auf die relevante Meldung mit einer Verhaltensänderung reagieren können – oder sogar tatsächlich reagieren. Die meisten Nachrichten sind daher für

Sie völlig irrelevant, denn eine Nachricht, auf die wir nicht reagieren (oder nicht einmal reagieren können), ist nichts weiter als Unterhaltung – und zwar in der Regel schlechte. (Nichts gegen gute Unterhaltung. Gern auch mal zwei Stunden lang. Nichts gegen Zerstreuung. Aber doch nicht ständig. Wenn wir schon Burger essen gehen, dann doch bitte bewusst.) Kürzer gesagt: Meiden Sie irrelevanten Unsinn im »Nachrichtenbereich«. Sie stimmen mit Ihrer Zeit darüber ab, was wann im Programm zu sehen ist. Also geben Sie Ihre Zeit sinnvoll aus. Denn Zeit ist, unterm Strich, das Einzige, was wir im Leben zu verteilen haben.

3. *Engagieren Sie sich*

Keine Sorge, Sie müssen nicht unbedingt mit Transparenten durch den strömenden Regen laufen und leeren Balkonen ins Betongesicht rufen: »Kommt herunter, Bürger, reiht euch ein.« Es reicht schon, wenn Sie sich gelegentlich, beim Spaziergang, interessiert in der Nachbarschaft umhören (nicht in Sachen: Wer braucht eine Lebensversicherung oder einen Finanzplan, sondern in Sachen: »Wie geht's?«).
Oder indem Sie Ihre Eltern anrufen und fragen, ob ihnen etwas fehlt. Oder – weit wichtiger – indem Sie gemeinsam mit Ihren Kindern fernsehen (und das Programm geeignet kommentieren), statt die Gören einfach vor der Dummbox zu parken. Bringen Sie Ihre Kinder dazu, Fernsehsendungen nicht unkritisch zu betrachten, sondern mit gesunder Verachtung. Man kann sogar schon mit Dreijährigen herrliche Beschimpfungen erfinden. Stellen Sie die Autorität der Bilder infrage. Machen Sie Ihre Kinder zu Fernsehkritikern, wie sie die Welt noch nicht gesehen hat.

4. *Werden Sie Lebensheimwerker*

Machen Sie's selbst. Vergessen Sie all diese Kanzlerklone und faszinierend frisierten Frauen, die ständig aus unseren Fernsehern hängen und reflexartig vom »Machen« reden, statt zu machen. Vergegenwärtigen wir uns, dass die überwiegende Zahl unserer Politiker Beamte sind. Warten wir also nicht darauf, dass die etwas *machen* – wir wissen alle, dass das nichts nützt (oder waren Sie nie »auf dem Amt«?). Machen Sie's selbst. Warten Sie nicht auf den Spielplatz. Bauen Sie ihn. Warten Sie nicht auf den Kindergarten mit tariflich ausgehandelten Sätzen für die Betreuerinnen. Organisieren Sie ihn selbst. Das können Sie nicht? Und ob Sie das können. Sie werden sich wundern, was Sie und die anderen Unzufriedenen um Sie herum alles können. Im Verein. Was notfalls auch ohne Eintragung ins Vereinsregister ganz prima funktioniert.

5. *Machen Sie Schule*

Hören Sie auf, mit Vollzeitbeamten via Presse und Fernsehen endlos darüber zu debattieren, ob nun die Familien oder die Schulen vollständig versagt haben und Schuld daran sind, dass wir bei PISA- oder IGLU-Tests schlechter abschneiden als Grönland. Lassen Sie andere die Schuldigen suchen; nutzen Sie die Zeit besser: Ändern Sie es. Da Lehrplanänderungen Jahrzehnte dauern, verabschieden Sie in der Zwischenzeit notwendige Unterrichtsergänzungen selbst, per Abstimmung bei der nächsten Elternratsversammlung. Führen Sie »Media-Erziehung« als Pflichtfach in der Schule Ihrer Kinder ein, notfalls im Nachmittagskurs, den Sie ebenfalls notfalls selbst leiten. Bringen Sie Ihren Kindern bei, über Werbung lauthals zu lachen. Spielen Sie mit Ihren Kindern vor jedem Plakat und beim Betrachten jedes Werbespots: »Was will das grinsende Arschgesicht uns verkaufen?« Lassen Sie Ihre Kinder nicht allein fernsehen. Nehmen Sie das Programm mit ihnen zusammen auseinander. (Unter Erwachsenen hinzugefügt: »Unzweifelhaft gibt es für einen Bürger in einer Demokratie wenige nützlichere Dinge, als die Geschicklichkeit, beim Lesen von Zeitungen die Wahrheit zu entdecken.« *(Bertrand Russell)*[19]

Also: Bringen Sie Ihren geliebten Braten bei, mit jenen Medien gebührend umzugehen, die sie alltäglich umgeben. Diskreditieren Sie Werbung und anderen Unsinn, wo immer Sie können.

6. *Werden Sie Definitions-Junkie*

Bekämpfen Sie den Reflex, jedes Mal zu nicken oder zu klatschen, wenn jemand »Krieg gegen den Terror« führen oder die »Freiheit« verteidigen will. Fragen Sie den, der da redet, was er meint. Der Wert von Freiheit ist abhängig von den Möglichkeiten des Freien – deshalb meint nicht jeder, der von Freiheit spricht, was wir meinen: Vergewissern wir uns unserer Begriffe, auch wenn es mühsam ist.

Und sprechen wir, auch wenn es nicht nur mühsam ist, sondern manchmal richtig wehtut, mit unserem weiterhin renitenten Schwager, der nichts weiß, nur für seinen Jahresurlaub lebt und Kugelschreiber bei der Arbeit klaut. Versuchen Sie nicht, ihn zu bekehren. Reden Sie einfach mit ihm. Fragen Sie ihn, was er will, wovon er träumt, was ihm wichtig ist und was ihm wichtig war. Lassen Sie ihn über sich selbst reden. Am Ende kommt der dabei sogar von allein drauf, was ihm fehlt.

7. *Machen wir uns lächerlich*

Nehmen wir uns ein Beispiel an unserer eigenen Unbekümmertheit (und der unserer Schwäger, sowieso) in Sachen Lotto: Obwohl wir alle wissen, dass unsere Chance, diesbezüglich vom Schicksal auserwählt zu sein und den Sechser plus Zusatzzahl zu tippen, bei sagenhaft unwahrscheinlichen 1 : 140 Millionen liegt, füllen wir Woche für Woche unsere Scheine aus. Wären wir alle diesbezüglich vernünftig, beteiligten sich nur hartnäckige Träumer und Fantasten an diesem Spiel, gäbe es bestenfalls alle fünfzig Jahre einen überglücklichen Gewinner. Ignorieren wir also die Wahrscheinlichkeit nicht nur in dieser Hinsicht. Glauben wir einfach daran, dass Sie oder ich, genauer gesagt, *Sie*, der historische Sechser plus sind, der die Welt bewegt und alles zum Positiven verändert. Im Lotto gewinnt alle zwei Wochen einer von uns, weil gegen die unerhörte, monströse und nicht von der Hand zu weisende 1 : 140-Millionen-Unwahrscheinlichkeit hundert Millionen überaus kühne und mindestens ebenso sture Wetten laufen. Setzen Sie sich ein. Ganz gleich, wer von uns dabei alle zwei Wochen den Jackpot abräumt und statt »Eigenheim« bloß »1 x Platz im Geschichtsbuch« gewinnt – jeder Volltreffer ist ein Gewinn für uns alle.

13 Das Schweigen der Hirten

Spätestens nach den finalen glorreichen sieben Verbesserungsvorschlägen, die man durchaus als wahlweise naiv, unpassend, hanebüchen oder bloß peinlich empfinden darf, sollte diese Arbeit veränderungsunwilligen Lesern ausreichend elegante Rückzugsmöglichkeiten bieten sowie auch den fantasielosesten Polemikern aus der letzten Journalistenbank eine überaus komfortable Angriffsfläche. Dieser Service gehört zum Kundendienst und ist im Preis inbegriffen.

Als Angehöriger der »No-Name«-Generation, die außer einigen smart grinsenden Internet-Betrügern und Kai Diekmann wenig Bemerkenswertes hervorgebracht hat, erscheint mir die abschließende Bemerkung unvermeidlich, dass man mit »uns« bei der Bewältigung der anstehenden Probleme nicht rechnen kann, jedenfalls »nicht wirklich«. Nach dreißig Jahren *Bonanza*-Wiederholungen und *Winnetou*-Parodien sind wir Fernsehkinder inzwischen zwar reifer und alt geworden, wohnen aber mental immer noch bei Mutti und wissen, dass sich an jenem Credo nichts ändern wird, das unser Leben immer bestimmt hat: »Papa macht das schon.« Wir packen unterdessen die Carrera-Bahn wieder aus, denken weitere zehn Jahre über Kinder nach und mühen uns nach Kräften, unsere Wellness-Urlaube möglichst gekonnt zu verbringen und unsere Eigentumswohnungen abzubezahlen. (Den Rest regeln wir dann aus dem Erbe.)

Als Angehöriger dieser Generation steht es mir selbstredend nicht zu, andere Generationen zu kritisieren. Daher will ich sie loben dürfen.

Mit der Nachkriegsgeneration können wir naturgemäß nicht mehr rechnen, wenn es darum geht, zukunftsweisende Veränderungen herbeizuführen: In dem Alter ist man sogar als Bundespräsident langsam nicht mehr zu gebrauchen, geschweige denn als Denker. Denn wer die Technik, die uns umgibt, nicht einmal ansatzweise versteht, kann erst recht ihre Folgen nicht einschätzen. Diese Generation verdient unsere Hochachtung, aber wir sollten nicht mehr darauf vertrauen, dass sie »das schon macht«.

Ausdrücklich zu preisen ist die 68er-Generation, die heute alle wichtigen gesellschaftlichen Positionen besetzt. Sie hat Großes geleistet. Sie hat an Ideale wie Freiheit und Gerechtigkeit vorübergehend geglaubt und wichtige Veränderungen auf den Weg gebracht, deren desaströse Folgen wir heute alltäglich aus nächster Nähe bewundern dürfen. Die Vertreter dieser Generation bekleiden heute fast alle Spitzenämter in Werbung, Medien und Politik, verfügen über geschliffene verbale Waffen und brauchen zukünftig keine allzu hohen Renten, da sie ihre Schäfchen schon längst im Trockenen haben. Wer den süffisanten Zynismus schätzt, der unsere Gesellschaft beherrscht, hat dieser Generation allmorgendlich zu huldigen. Was das Zerreden von Verantwortung betrifft, haben wir ihnen jedenfalls nichts vorzuwerfen. Max Horkheimer hingegen darf. »Sei misstrauisch«, schrieb der Mann, der seine Pappenheimer aus der Nähe kannte, »gegen den, der behauptet, dass man entweder nur dem großen Ganzen oder überhaupt nicht helfen könne. Es ist die Lebenslüge derer, die in der Wirklichkeit nicht helfen wollen und die sich vor der Verpflichtung im einzelnen bestimmten Fall auf die große Theorie herausreden. Sie rationalisieren ihre Unmenschlichkeit.«

Dem fügen wir beim Abräumen zähneknirschend hinzu: Stimmt so.

Es bleiben zwei Generationen, die sich vermutlich »Post-Golf« oder »Ally« und »Pokemon« nennen: zum einen die heute Zwanzigjährigen, zum anderen unsere Kinder, die Kinder jener Generation, die keinen Namen verdient. Wir sind zu kurzsichtig, um zu erkennen, dass beide uns in Zukunft ausgesprochen grob behandeln werden. Schlimmstenfalls dürfen wir unter unserer Brücke nicht einmal mehr *Bonanza*-Wiederholungen gucken. Deshalb können wir von hier aus (noch nicht unter der Brücke) nur noch betteln: Ihr seid die Kinder von Pseudorevoluzzern und Dauerglotzern. Tut uns den Gefallen, und lehnt euch gegen uns auf.

Das wäre wirklich hilfreich.

Sofern ihr trotz der ganzen Play-Station-Daddelei noch funktionierende Herzen und Gehirne habt, lest das klein Gedruckte. Und verweigert die Wartungskosten und Zinsen, indem ihr diesen Vertrag nicht unterschreibt.

Mit uns könnt ihr dabei nicht rechnen. Wir sind so konsequent bequem wie ein teurer Fernsehsessel. Wir denken gar nicht daran, unser Verhalten alltäglich mühsam zu überprüfen und uns selbst qua *Bild*-, Superstar- und Fastfood-Verzicht zu kasteien. Das ist nicht schön, aber vergesst nicht, woran wir jenseits unserer erbärmlichen Jammerei felsenfest glauben: Wir sind der Westen, zirka achthundert Millionen Menschen, knapp fünfzehn Prozent der Weltbevölkerung; wir verbrauchen lässig achtzig Prozent der Ressourcen unseres Heimatplaneten, und diese achtzig Prozent befinden sich dummerweise nicht unter unseren

Füßen, sondern unter denen der anderen fünfundachtzig Prozent. Wir mögen unseren frischen BMW X5, und wenn wir keinen haben, dann hätten wir gern einen. Wir mögen keine Kinder, sondern große Wohnungen, teuren Rotwein, ofenfrische Chips in zweiundneunzig Geschmacksrichtungen und subventionierte Theater. Wir atmen Öl wie Sauerstoff – und das gern – in allen Varianten, von der Einkaufstüte bis zur DVD, vom Handy bis zum Laminatfußboden, von der Auslegeware bis zum Nagellackentferner. Wir sind *gern* bequem. Man lebt – seit Gott tot ist, ist das sozusagen amtlich – nur einmal.

Wir wissen, dass wir mehr wissen müssten. *Eigentlich.* Wir wissen *eigentlich*, dass 9/11 kein Alleingang islamischer Studenten war. Wir wissen *eigentlich*, dass der Krieg gegen Afghanistan nicht unter der Flagge der Frauenrechte stattfand. Wir wissen *eigentlich*, dass es einer gewissen medialen Doppelmoral nicht entbehrt, dass wir den Irak wegen seiner Massenvernichtungswaffen befreien mussten. Aber das müssen wir ja nicht zugeben. Klammheimlich stehen wir Seite an Seite mit den Dubyas dieser Welt, mit der zwinkernden Frage im Augenwinkel: »Mann! Haste noch 'ne Bombe für Pakistan?«

Wir sind nicht schön, aber was ist schon schön? Das Leben ist kurz. Wir mögen das Leben. Unser Leben jedenfalls. Manchmal. Aber garantiert möchten wir es nicht eintauschen gegen das Leben einer dreifachen Mutter und Kriegswitwe im Irak oder in Ruanda. Die haben Recht, sich zu beschweren, über uns – ohne Frage. Und wenn sie es tun, lassen wir angemessen reagieren. Und wenn IWF und WTO das nicht allein schaffen, dann bomben wir denen einfach die Wickelmützen vom Kopf – und schalten währenddessen zum Jauch um. Da lernt man wenigstens was.

Machen wir uns nichts vor: Konsequente Gutmenschen haben einen gewissen Charme, aber unterm Strich sind sie überhaupt nicht *entertaining*. Zwinkernde Schurken sind doch viel spannender.
Das muss genügen. Der X5 wird langsam kalt, also haltet uns nicht auf – mit zweihundertvierzig Sachen seitwärts braucht man für jede Reise etwas länger.

Anhang

A) Quellen, Fußnoten und Verweise

Wo erforderlich, sind neben den zitierten Autoren und den Titeln ihrer Bücher oder Beiträge zum jeweiligen Thema auch die URL (die Webadressen) der herangezogenen Quellen angegeben.

Wo auf internationale Medien mit Online-Präsenz verwiesen wird, fehlt dieser Hinweis – wer den dazugehörigen Artikel vollständig lesen möchte, wird unter Eingabe des jeweils angegebenen Titels in seinen persönlichen Browser von selbst fündig.

Bei den wenigen reinen Netz-Publikationen, die hier angeführt sind, ist die URL immer angegeben, ebenso bei weiterführenden Artikeln. Die vollständige Linkliste wird unter *www.119-Fragen.de/DZT* nach Drucklegung dieses Buches zur Verfügung stehen, um Interessenten das mühselige Abtippen der URLs zu ersparen.

Aufgrund der Schnelllebigkeit des Netzes können wir aber nicht versprechen, dass alle angegebenen Adressen zum Zeitpunkt, da Sie dies lesen, noch gültig sind. Im Übrigen distanzieren wir uns inhaltlich von gegebenenfalls nicht gesetzkonformen Inhalten angegebener Websites und können für den Wahrheitsgehalt der angeführten Internetquellen nicht bürgen, haben uns aber in allen Fällen bemüht, die Informationen nach bestem Wissen zu verifizieren, also bis zur Quelle zurückzuverfolgen.

Da nur sehr wenige der verwandten Quellen auf Deutsch vorliegen, habe ich mir erlaubt, die Zitate in übersetzter Form vorzulegen. Zur besseren Überprüfbarkeit finden sich die meisten der jeweiligen Aussagen nachfolgend im »O-Ton«, deshalb wirkt der Anhang gelegentlich etwas aufgeblasen. Ist er aber nicht. Sondern bloß bis ins Detail überprüfbar.

Wo die Protokolle der offiziellen 9/11-Kommission sowie der offizielle Bericht des Untersuchungsausschusses zur Rolle der Geheimdienste als Quellen dienen, sind Abkürzungen verwendet: »SSC« bezieht sich auf den Bericht des Senate Select Comitee zur Rolle der Geheimdienste vor und am 11. September, »9/11-K« auf die offizielle Untersuchungs-Kommission, unter Angabe der jeweiligen Anhörung sowie der entsprechenden Seitenzahl des unter »Archive« bereitstehenden Transkripts der »Hearings«.

Ein über die Dokumentation der offiziellen Quellen hinausgehender Hinweis sei mir an dieser Stelle gestattet, um nicht am Ende (angesichts der »realen« Literaturliste) den Eindruck entstehen zu lassen, diese Arbeit gründe sich allein auf das gedruckte Wort: Aus der Fülle der meist konspirologischen Websites zum Thema ragen einige deutlich heraus. In erster Linie ist hier das häufig erwähnte und gewürdigte Center for Cooperative Research von Paul Thompson zu nennen (*www.cooperativeresearch.org*), dessen aufopferungsvoller Arbeit ich – wie alle Skeptiker – unendlich viele wichtige Hinweise zu verdanken habe.

Neben Thompsons Website (in deren Rahmen sich auch eine erstklassige »Jumpstation« zu allen anderen relevanten 9/11-Seiten findet), sind aber auch einige andere zu nennen, deren Betreiber die wichtigen Fragen nicht in Vergessenheit geraten lassen, insbesondere diese:

http://911independentcommission.org
(Die Seite der Hinterbliebenen des 11. September, des Family Steering Committee.)
http://www.9-11commission.gov
(Die Seite der offiziellen Kommission.)
http://www.thememoryhole.org
(Die Seite des freien Journalisten Russ Kick; eher schwach in Sachen »Boulevard«, dafür stark in Sachen Relevanz bzw. trockener Transkripte.)
http://septembereleventh.org
(Unabhängige Bürgeriniative; gegründet von Bill Douglas und Emanuel Sferios.)
http://september11.archive.org/
(Archivseite der Library of Congress, des Internet Archive und webArchivist.org; sehr sachlich, analytisch und nützlich.)
http://www.september11news.com
(Seite von A. D. Williams; gutes und nach eigenen Angaben meistgewähltes 9/11-Archiv.)
http://www.911citizenswatch.org
(»Unabhängige« Bürgerseite; ins Leben gerufen von Kyle F. Hence, die vor allem die Arbeit der »Kommission« unterstützt, was bedeutet: kritisiert.)
http://thewebfairy.com
(Stark in Sachen »Widersprüche«, sehr ausführlich, wenn auch konspirologisch in Sachen »Flug 77«; überdies eine prima »Jumpstation« via:
http://thewebfairy.com/killtown/911links.html
http://0911.site.voila.fr/index.htm
(Physiklastiger Simulations-Test betreffend Flug 77.)
http://www.flight93crash.com/index.html
(Die »United Flight 93 Crash Theory Home Page«; leicht veraltet, aber inhaltlich ziemlich komplett.)

http://www.public-action.com
(Homepage von Carol Valentine; im Detail mit Vorsicht zu genießen.)
http://www.madcowprod.com
(Homepage von Daniel Hopsicker; wenn der Mann Recht hat, ist alles zu spät.)
http://www.boredom.org/video
(Vermutlich die umfassendste »Videothek« in Sachen 9/11.)
http://www.mediachannel.org
(Danny Schechters Heimat; Motto der Seite: »As the Media watch the world, we watch the media«. Wer bietet mehr?)
http://www.rense.com
(Für Aufgeklärte: nicht immer sachlich, aber oft hilfreich.)

Sowie (aus Deutschland – für Erwachsene):
http://www.broeckers.com
(Homepage von Mathias Bröckers – im Browser fest zu abonnieren)
http://www.heise.de/tp
http://www.feldpolitik.de
http://www.arbeiterfotografie.com

Einige hundert weitere wichtige Web-Seiten zum Thema finden sich als Linkliste unter *www.119-Fragen.de.*
Und damit zu den Quellen aus der »Wirklichkeit«, der überwiegend gedruckten (wenn auch nur am Rande) und gesendeten (wenn auch ebenfalls nur am Rande).

1 Der verhinderte Geburtstag einer besseren Welt

1 Franken, Al: Lies and the Lying Liars Who Tell Them. A Fair and Balanced Look at the Right (Penguin/Dutton, New York 2003), S. 105, hier zit. n. der deutschen Übersetzung von Anne Emmert und Heike Schlatterer (»Kapitale Lügner«, Riemann, München 2004, S. 117 f.)

2 Vgl. Moore, Michael: Dude, Where's My Country? (Warner Books, New York 2003), Kap. 4, S. 95 ff. (Deutsche Ausgabe unter dem Titel »Volle Deckung, Mr. Bush« bei Piper, München 2004)

3 Vgl. Minkmar, Nils: »Republikaner gegen Bush« (*FAS*, 28. 3. 2004)

4 Chomsky, Noam: Media Control (Europa Verlag, Hamburg/Wien 2003), S. 39

5 Friedell, Egon: Kulturgeschichte der Neuzeit (C. H. Beck, München 1927-1931, hier zit. n. der Ausgabe von 1989, S. 948)

6 Vidal, Gore: Bocksgesang (EVA, Hamburg 2003), S. 101

7 Kant, Immanuel: Physische Geographie, Zweyter Band (Königsberg 1802), zit. n. Henscheid, Eckhard (wem sonst?): Der Neger (Negerl) (Verlag Klaus G. Renner, München 1982)

8 Zit. n. der Rede Bushs von dem US-Kongress (20. 11. 2001)

9 Roy, Arundhati: Die Politik der Macht (Bertelsmann/Random House, München 2003, 4., erweiterte Auflage)

2 Zahnlos gegen Granit und Gummi

1 National Commission on Terrorist Attacks Upon the United States: *http://www.9-11commission.gov*

2 Clarke, Richard A.: Against All Enemies (Free Press, New York 2004, deutsch bei Hoffmann und Campe, Hamburg 2004)

[3] Zit. n. Vulliamy, Ed: »A Bad Call« (*The Guardian*, 19. 5. 2002)

[4] »National Security Advisor made a very famous statement in which she said nobody could have predicted this. I disagree with that. I mean I absolutely disagree with that.« (Senator Bob Kerrey, 9/11-Kommission, Hearing 7/2, 27. 1. 2004, S. 80)

[5] a) »Mass-casualty terrorism directed against the U.S. homeland was of serious and growing concern«, b) »Americans will likely die on American soil, possibly in large numbers«, c) »This commission believes that the security of the America Homeland from the threats of the new century should be THE primary national security mission of the US. Government.« Zitate a) und b) nach Rudman-Hart-Report, Zitat c) nach Franken, Al, ebd.

[6] Vgl. Clarke, Richard A., ebd. Der geschilderte Sachverhalt war allerdings schon lange, bevor Clarke mit seinem Buch im März 2004 die US-Bestsellerlisten erstürmte, einer breiten Öffentlichkeit bekannt – wenn auch nicht den Mitgliedern der Kommission; vgl. exemplarisch, weil am besten geschrieben: Franken, Al: Kapitale Lügner, ebd. (Kapitel 14 »Operation Schlafmütze«, S. 131 ff.)

[7] Vgl.: »President's Daily Brief on Aug. 6, 2001« (*Washington Post*, 10. 4. 2004)

3 Ashcrofts Elefanten

[1] Vidal, Gore: Bocksgesang, ebd., S. 101

[2] Zit. n. Brill, Stephen: After. The Rebuilding and Defending of America in the September 12 Era (Simon & Schuster, New York 2003), S. 37

[3] Vgl. *BBC News*: Curtains for semi-nude justice statue (29. 1. 2002)
http://news.bbc.co.uk/2/hi/americas/1788845.stm

[4] So die Kurzfassung des sprachlich etwas gewollten »United

(and) Strengthening America (by) Providing Appropriate Tools Required (to) Intercept (and) Obstruct Terrorism Act«.

5 Zit. n. Brill, ebd., S. 123: »Today … I can report you that our investigation has uncovered several individuals, including individuals who may have links to the hijackers, who fraudently have obtained, or attempted to obtain, hazardous material transportation licenses.«

6 Zit. n. Thomas, William: All Fall Down. The Politics of Terror and Mass Persuasion (Essence Publications, Canada 2002), S. 230: »But instead of requesting that Congress investigate what went wrong and why, we had president Bush (painful for me to say that, but) we had President Bush placing a call to Majority Leader Tom Daschle asking him *not* to investigate the events of September 11. And then, hot on the heels of the president's phone call was another phone call from the vice president asking that Tom Daschle also not investigate the events that led to September 11.« (Cynthia McKinney am 25. 3. 2002 gegenüber Flashpoint-Reporter Dennis Bernstein.)

7 Vgl. *BBC News*: Tracking the Anthrax Spore (16. 10. 2001): »›There may be some possible link. We have no hard data yet, but it's clear that Mr Bin Laden is an evil man‹, said Mr Bush.« *http://news.bbc.co.uk/1/hi/world/americas/1602289.stm*

8 Candiotti, Susan: Anthrax Terror Remains a Mystery (CNN, 27. 3. 2002): »After searching evidence left behind by the September 11 hijackers, the FBI says there is absolutely no evidence linking them to the anthrax attacks.«

9 Vgl.: FBI: Hijacker-anthrax link coincidental (CNN, 15. 10. 2001) *http://edition.cnn.com/2001/HEALTH/conditions/10/15/anthrax.hijackers/*

10 »Hijackers linked to tabloid« (*St. Petersburg Times*, 15. 10. 2001): »Mike Irish, who, records show, is a licensed airplane pilot, several years ago was a member of the Civil Air Patrol based at a small-plane airport in Lantana, just north of Delray Beach, an official there told the Washington Post. One of

the hijackers, Atta, reportedly rented a plane at that airport to practice flying for three days in August. Stevens, the *Sun* photo editor who died of anthrax Oct. 5, also lives in Lantana. But there is no indication whether Irish or Stevens ever crossed paths with Atta.« Der Autor erlaubt sich die Ergänzung, dass allen anderen Quellen zufolge nicht Said Al-Ghamdi bei Frau Irish mietete, sondern Hamsa Al-Ghamdi.
http://www.sptimes.com/News/101501/Worldandnation/Hijackers_linked_to_t.shtml

11 Kupferberg, Chaim: »There's Something About Omar. Truth, Lies, and The Legend of 9/11« (*Global Research*, 21. 10. 2003): »To anyone familiar with covert operations, the above item would perhaps set off alarm bells. In theory, if Atta and his comrades were intelligence assets, they would be handled by resident, intelligence-connected, ›babysitters‹ whose job it would be to set up accommodations and provide support where needed. Were the Irishes ›babysitters‹ in an intelligence operation?«
http://www.globalresearch.ca/articles/KUP310A.html

12 Candiotti, Susan, ebd.: »Hatfill has not been charged in the investigation and has steadfastly denied having any role in or any knowledge of the anthrax mailings. Investigators have searched Hatfill's apartment at least three times. Attorney General John Ashcroft has described Hatfill as a ›person of interest‹ in the investigation, but sources say they have found no evidence conclusively linking him to theattacks. He remains a key focus of the investigation. Investigators maintained that no arrest was imminent.«

13 Brill, Stephen, ebd., S. 175: »They could now have all his phone records searched to see whom he called or what phone numbers called him. They could check his library and his credit card records. Records of the websites he had logged on to from his modem could be obtained. And all of this could happen without him knowing it. If these serches yielded any further evidence (such as … him having read a book about

Osama bin Ladin), they could then proceed to break into his apartment and search it, or put a tap on any phone line he used or they thought he might use.«

4 Schach ohne Türme

1 Clarke, Richard A., ebd., S. 22

2 Glanz, James/Lipton, Eric: »Burning Diesel is Cited in Fall of 3rd Tower« (*New York Times*, 2. 3. 2002)

3 Video-Stream z. B.: *http://www.whatreallyhappened.com/wtc7collapse.html*

4 Dywer, Jim/Fessenden, Ford: »Lost Voices of Firefighters, Some on the 78th Floor« (*New York Times*, 4. 8. 2002)

5 Brill, Stephen, ebd., S. 229

6 Ebd., S. 513

7 Ebd., S. 550

8 Ebd., S. 550

9 Haubrich, Rainer: »Nicht ohne seinen Anwalt« (*Die Welt*, 20. 12. 2003)

10 Wipperfürth, Heike: »Larry Silverstein muss schwere Schlappe vor Gericht hinnehmen« (*Die Welt*, 30. 9. 2003)

5 Verschwörerische Konspirologenweiber!

1 Pressemitteilung von Marianis Anwalt Philip J. Berg: 9/11 Victim's Wife Files RICO Case Against GW Bush (26. 11. 2003) *http://www.scoop.co.nz/mason/stories/WO0311/S00261.htm*

2 Pressemitteilung, ebd., 9/11 Victim Ellen Mariani Open Letter to the POTUS (27. 11. 2003). *http://www.scoop.co.nz/mason/stories/WO0311/S00262.htm*

3 Zit. n. Mariani, ebd.: »In the court of public opinion, Mr Bush, your lies are being uncovered each day. My husband, all of the other victims and their families and our nation as a

whole, has been victimized by your failed leadership prior to and after 9/11! I will prove this in a court of law!«

4 Cabal, Alan: »Nine hundred and Eleven Missing Pieces. What don't we know, and why don't we know it?« (*New York Press*, 2. 1. 2004)
http://www.nypress.com/16/53/news&columns/feature.cfm

5 Zit. n. Sheehy, Gail: »Four 9–11 Widows battle Bush« (New York Observer, 20. 8. 2003)
http://www.gailsheehy.com/9#11/9#11index.html

6 Zit. n. Sheehy, ebd.: »I couldn't stop watching the President sitting there, listening to second graders, while my husband was burning in a building.«

7 Zit. n. Sheehy, ebd.: »This is my President. This is my Secretary of Defense. You mean to tell me Rumsfeld had to get up from his desk and look out his window at the burning Pentagon before he knew anything was wrong? How can that be?«

8 *http://911independentcommission.org/questions.htm*

9 Zit. n. Harper, Tim: »Families Sue U.S, Reject 9/11 ›Bribe‹« (*Toronto Star*, 23. 12. 2003): »›This is about mass murder‹, she said. ›I want to know who was responsible. No one has been fired. No one has been demoted. The same people who are guarding us today on an elevated security alert are the same people who were working that day.‹«

10 Kleinberg, Mindy, zit. n. Transkript der 9/11-Kommission: »With regard to the 9/11 attacks, it has been said that the intelligence agencies have to be right 100 % of the time and the terrorists only have to get lucky once. This explanation for the devastating attacks of September 11th, simple on its face, is wrong in its value. Because the 9/11 terrorists were not just lucky once: they were lucky over and over again.«
http://www.911commission.gov/hearings/hearing1/witness_kleinberg.htm

11 Kleinberg, ebd.: »To me luck is something that happens once. When you have this repeated pattern of broken protocols, broken laws, broken communication, one cannot still call it luck.«

Zu Kleinbergs grundrichtigen Feststellungen das Wesen von Glück betreffend gestatten Sie mir an dieser Stelle eine längere Randbemerkung (da sie hier, im klein Gedruckten, die Würdigung der Bemühungen der Witwen nicht behindert).
Das generelle Gegenargument gegen viele konspirologische Gedanken, die man zu früheren Zeiten als reine Anwendung des gesunden Menschenverstands akkreditierte, ist ein starkes: Es tippen ja auch ständig Leute sechs Richtige plus Zusatzzahl im Lotto und werden Millionäre. Die Wahrscheinlichkeit dafür ist denkbar gering, vermutlich nicht höher als die, mit einem willkürlich abgefeuerten Revolver eine zwei Kilometer entfernte Fliege zu treffen – aber es passiert eben trotzdem, und das dauernd. Wieso also soll nicht auch der 11. September genau so passiert sein, wie er angeblich passiert ist? Die Terroristen hatten »Glück«.
Das klingt im ersten Augenblick logisch; die Zahlenkombination »4/19/11/09/20/01« könnte durchaus der globale Terrorsechser plus Superzahl gewesen sein; auszuschließen ist das nicht. Aber das Eintreten des Ereignisses, das wir hier betrachten, war deutlich unwahrscheinlicher als ein Sechser & Zusatzzahl. 9/11 ist die Tag gewordene Entsprechung eines Menschen, der im Lauf eines Lebens nicht nur zweimal sechs Richtige plus Zusatzzahl tippt, sondern überdies noch dreimal vom Blitz getroffen wird, nacheinander an Cholera und Typhus erkrankt und trotz erwiesener Unfruchtbarkeit vier Kinder zeugt.
Denn erinnern wir uns bitte erstens daran, dass es so viele Lottogewinner gibt, weil es so viele Spieler gibt. Es spielen nicht nur neunzehn, wie am 11. September, sondern Millionen, die insgesamt wöchentlich etwa hundertundzehn Millionen »Versuche« starten, vulgo: Tippreihen abgeben. Die Wahrscheinlichkeit von 1 : 140 Millionen, einen Sechser mit Zusatzzahl zu landen, ist gering, aber durch die hohe Zahl der abgegebenen Tipps beträgt die Wahrscheinlichkeit eines Volltreffers etwa 1 : 2 (genauer vermutlich 1 : 3, da viele dieselben Zah-

len tippen, aber das wollen wir hier vernachlässigen). Am 11. September liefen nur neunzehn »Wetten«.
Zweitens ist der 11. September ist nicht nur als das *eine* unwahrscheinliche Ereignis zu betrachten, als das er wahrgenommen wird, sondern als Verkettung von mehreren unwahrscheinlichen Ereignissen. Für solche Fälle gilt die simple statistische Regel der Multiplikation. Das heißt, wenn die Wahrscheinlichkeit, vom Blitz erschlagen zu werden, 1 : 1 Million beträgt (tatsächlich liegt sie weit darunter), und die Wahrscheinlichkeit, mit einem Sechser plus Superzahl den Jackpot zu gewinnen, 1 : 140 Millionen, sind die Werte zu multiplizieren. Mit dem Ergebnis (in diesem Fall), dass die Wahrscheinlichkeit, im gleichen Leben einen Sechser plus Zusatzzahl hinzukriegen *und* vom Blitz erschlagen zu werden, bei etwa 1 : 140 Billionen liegt.
Was auf den ersten Blick nach akademischer Spielerei aussieht, berührt einen wesentlichen Aspekt unserer gestörten Wahrnehmung dieses Ereignisses – Glück hin, Glück her: So, wie es sich zugetragen haben soll, ist und bleibt es weit unwahrscheinlicher, als wir alle denken.
Betrachten wir kurz die einzelnen Ereignisse, um diese Tatsache zu verdeutlichen. Die am Ende zu multiplizierenden Faktoren sind – mangels vergleichbarer Daten – natürlich nicht valid, sondern reine Annäherungen. Es steht Ihnen jederzeit frei, die Werte nach oben zu korrigieren.
Ereignis 1: Neunzehn Männer beschließen ein politisches Ausrufezeichen zu setzen und dafür in den Tod zu gehen. Sie planen den größten Terroranschlag der Geschichte. Kein einziger der neunzehn fällt irgendwem auf (1 : 10 000). – Ereignis 2: Obwohl die Terroristen diverse Gesetzesverstöße begehen (fahren ohne gültige Fahrerlaubnis, Geschwindigkeitsüberschreitung), kommt ihnen niemand auf die Spur (1 : 5). Punkt – Ereignis 3: Neunzehn von neunzehn Terrorplanern, einige davon auf den Gesucht-Listen der Behörden, werden auf den Flughäfen gecheckt. Keiner wird am Besteigen einer

Maschine gehindert, obwohl alle Entführer unter ihren wirklichen Namen reisen – die das FBI zwei Stunden nach den Anschlägen als »Al-Qaida« identifiziert. Neun der neunzehn werden rausgewinkt. Sie haben Messer und CS-Gas bei sich. Entweder findet diese Waffen niemand – oder die Attentäter erhalten ihre Waffen zurück und dürfen mitfliegen. Neunzehn Fälle. Kein *einziger* bleibt »hängen« (1 : 10 000). – Ereignis 4: Keiner der neunzehn Selbstmörder hinterlässt eine Absichtserklärung oder einen Abschiedsbrief. Die Anführer der vier Teams fühlen sich auch unmittelbar vor ihrem Tod nicht bemüßigt, der lauschenden Weltbevölkerung ein finales »Allah ist groß« zuzurufen (1 : 1000). – Ereignis 5: Einzig und allein der bereits aufgegebene Koffer des Anführers wird *nicht* verladen (1 : 100). – Ereignis 6: Ein Mann, der entschlossen ist, binnen weniger Stunden bei einer Kerosinexplosion in Stücke gerissen zu werden, führt sein Testament bei sich, in dem er verfügt, wie mit seinem Leichnam verfahren werden soll (1 : 5). – Ereignis 7: Osama Bin Laden, nierenkranker Besitzer eines teuren Funktelefons, der von allen Geheimdiensten der Welt seit Jahren gesucht wird, kann, ohne jeden Hinweis zu liefern, einen unglaublich spektakulären Terroranschlag planen und durchführen lassen, der die Kaperung von vier Passagiermaschinen auf dem Boden der USA durch illegal eingeschleuste Attentäter beinhaltet (1 : 1000). – Ereignis 8: Binnen zwei Stunden werden über den USA vier Verkehrsmaschinen entführt (1 : 100). – Ereignis 9: Alle Maschinen weichen ohne Funkkontakt und in unbekannter Höhe fliegend vom Kurs ab. Trotzdem werden in allen Fällen nur »mögliche« Entführungen von den Lotsen gemeldet. (1 : 10 000). – Ereignis 10: Die erste Maschine wird um 8.20 Uhr auffällig. Die letzte stürzt um 10.03 Uhr ab. In den hundert Minuten dazwischen erreicht kein einziger Abfangjäger einen der entführten Verkehrsjets (1 : 1 000 000). – Ereignis 11: In einer Weltstadt steht ein Gebäude herum, das renoviert oder abgerissen werden müsste, aber aus Kosten-

gründen nicht renoviert und erst recht nicht abgerissen werden kann. Ein privater Investor mietet das Gebäude ein knappes halbes Jahr vor seiner Vernichtung. Direkt nach der Vernichtung baut er auf dem leer geräumten Boden ein Gebäude, das – kraft unvorhersehbar kluger Vertragsgestaltung – danach ihm allein gehört (1 : 10). – Ereignis 12: Eine von der Bevölkerung ungeliebte Regierung, der diverse Prozesse wegen Wahlmanipulation und Vetternwirtschaft unmittelbar bevorstehen, braucht zur Ablenkung von all diesen nie da gewesen Skandalen einen nie da gewesen Terroranschlag, der ihr ermöglicht, die Bevölkerung für bereits bestehende Kriegspläne zu gewinnen – und zwar zwischen September und Oktober 2001. Der Anschlag kommt am 11. September (1 : 10 000). – Ereignis 13: Auch drei Jahre nach dem Attentat gibt es keinen *einzigen* verlässlichen Verbindungsmann oder Zeugen, der von ihrem Plan wusste (1 : 1 000 000). – Ereignis 14: Obwohl die Behörden vor dem Anschlag *nichts* ahnen, identifizieren sie zwei Stunden danach diverse Namen von der Passagierliste der Flüge 11 und 175 zweifelsfrei als »Al-Qaida« (1 : 10 000) …
Man könnte das Ereignis noch weiter zerlegen, aber das soll genügen, um zu verdeutlichen, dass der 11. September eben kein »Glück« im Sinn eines Sechsers plus Zusatzzahl am Tag des Blitztodes war. Die Wahrscheinlichkeit für Letzteres mag bei 1 : 140 Billionen, also 1 : 140 000 000 000 000 liegen, aber wenn wir die kombinierte Wahrscheinlichkeit der oben genannten vierzehn Ereignisse berechnen, kommen wir auf 1 : 500 000 000 000 000 000 000 000 000 000 000 000 000 000, also 1 : 500 000 Billionen Billionen Billionen – wobei ich jederzeit einräume, dass ich mich um die eine oder andere Billion Billionen vertan haben könnte. Überdies steht es jedermann frei, die angenommenen Wahrscheinlichkeiten für die Einzelereignisse nach Gusto zu korrigieren – nach unten oder nach oben. Des Weiteren soll hier aber auch der Hinweis nicht fehlen, dass die zu errechnende Wahrscheinlichkeit für die Ereignisfolge 9/11 umso größer wird, je mehr der Einzel-

ereignisse man auf die gleiche Ursache zurückführt. In diesem Fall gilt (nach Bayes), dass die Wahrscheinlichkeiten ursächlich zusammenhängender Ereignisse natürlich NICHT multipliziert werden müssen. Womit fairerweise die Hintertür für jedermann geöffnet ist, der von A bis Z alles mit »Trägheit« erklären will – vom Check-in bis ins Cockpit, vom Verkehrspolizisten bis zum FBI-Chef, von der INS bis zur CIA, von blinden Lotsen bis zum zwei Stunden lang unbeaufsichtigten Luftraum.
Um Mindy Kleinberg abschließend aber zumindest grundsätzlich Recht zu geben: Die Terroristen hatten nicht »einfach« »Glück«. Der 11. September 2001 war nicht nur ein Sechser plus, sondern ein Sechser plus Zusatzzahl, Superzahl und Spiel 77 – und das, um dem ganzen statistisch die Krone aufzusetzen, exakt in der richtigen Wochenziehung.

12 Sheehy, Gail, ebd.

13 »But they sure had no trouble handling their frequent flyer lists – I mean that's ridiculous. Your whole testimony is – it talks about process. You described to us – it sounded like an indoctrination course for your new employees describing the process. What about common sense? Didn't anybody ever – did you ever step back and say, now look, my job is not to wait until the intelligence community gives me finished product, but to look at this and say, does it pass the commonsense test? Does it pass the commonsense test to let young Arabs on with four-inch blades? Didn't any of you – leadership is about not taking the process which you hide behind, but about saying this is not sufficient. Of course they can handle thousands of questionable people. Of course a young Arab should not be allowed on airplanes with four-inch blades, yet none of you applied common sense.« (9/11-K, Hearing 7/2, 27. 1. 2004, S. 28)

14 »MR S. GORTON: But merely being a suspected terrorist doesn't get you on that list? – MR C. MANNO: Pardon, sir? – SG: Merely being a suspected terrorist doesn't get you on

that no-fly list? – CM: It can, it depends what group you're associated with and what other information there is. – SG: Wow, I find that to be an incredible answer. – CM: As an example, there is a lot of information that came out of the war on Afghanistan when the camps were discovered there, lists and things like that and those names, because of their ties to al Qaeda, are put on our no-fly list. – SG: Well, I must say I would strongly suggest that when the intelligence agencies of the United States have a name that they expect or suspect to be a terrorist, that that name ought to be on the no-fly list. And I think, in my view at least, that's a no-brainer.« (9/11-Kommission, Hearing 7/2, 27. 1. 2004, S. 32)

15 »The FAA can't just say as they've done, they've given us five or six pages of rebuttal to the Joint Committee saying we didn't know, we didn't know, we didn't know, we didn't know, we didn't know. It's like you know how many times can you say we didn't know before somebody says, Jesus, you should have?« (9/11-Kommission, Hearing 7/2, 27. 1. 2004, S. 81)

16 »Kean, a former Republican governor of New Jersey, acknowledged his choice of words was inappropriate. ›No smoking gun – that was a bad phrase‹, Kean said after the meeting at Drew University, where he is president … He said he ›may have been misquoted‹ in a *New York Times* story saying he had found nothing in the White House documents to indicate that President Bush or top aides had forewarning of the Sept. 11, 2001, terrorist attacks.«
http://www.voicesofsept11.org/911ic/021204b.php

17 Zit. n. Sheehy, ebd.: »We're always told we can't get answers or documents because the FBI holding them back as part of an ongoing investigation. But when Director Mueller invited us back for a follow-up meeting-on the very morning before that damning report was released-we were told the FBI isn't pursuing any investigations based on the information we are blocked from getting. The only thing they are looking at is the hijackers. And they're all dead.«

[18] Kristen Breitweiser im PBS-(Public Affairs Television)Interview (12. 9. 2003): »No one seems to have any answers. No one seems to provide us with any kind of finite, simplistic, here's the answer. And that's unsettling.«
http://www.pbs.org/now/politics/911widows.html

[19] Limbaugh: »Well, it turns out that a lot of these 9/11 family members are part of a political organization that is funded in part by Teresa Heinz Kerry! Well, this stuff is incestuous! You know, these people are poisoned. They have literally been poisoned by their hate. They have been poisoned by their rage. It is unbelievable, the depths to which they will sink.« Transkript und Kommentar unter:
http://www.911citizenswatch.org/modules.php?op=modload&name=News&file=article&sid=116&mode=thread&order=0&thold=0

[20] *http://911independentcommission.org/index.html*

6 Hollywood Wars

[1] Unter eventueller Vernachlässigung reformierter Apostrophregeln. (Was Moni's Haarshop (Mittwoch's geschlossen) darf, sollte auch *vice versa* gestattet sein.)

[2] Ex-Marine und Terroristen-Mastermind, in: *Die Hard 2 – Stirb Langsam 2*

[3] »Die Feiglinge, die diese mörderische Tat begangen haben, werden nicht ungestraft davonkommen.« Bill Clinton, in: *The Siege – Ausnahmezustand.*

[4] Im Original: »In less than an hour … you will be launching the largest aerial battle in the history of mankind … Mankind, eh? … The word should have a new meaning for all of us today. We can't be consumed by our petty differences any more. We will be united in our common interest. Today is the fourth of July. And you will once again be fighting for our freedom. (Not from tyranny, oppression or persecution,

but from annihilation.) We are fighting for our right to live. To exist. And should we win the day, the fourth of July will no longer be known as an american holiday – but as the day when the world declared in one voice: will not go quietly into the night! We will not vanish without a fight! We're going to live on! We're going to survive! The day ... we celebrate ... *our independency*!« (Präsident Whitmore in *Independence Day*)

5 Zitate nach: Pollack, Ricardo/Bradshaw, Steve: *September 11th. A Warning from Hollywood* (*BBC Panorama*, TV-Dokumentation, 17. 3. 2002), vollständiges Transkript der Sendung unter: *http://news.bbc.co.uk/1/hi/programmes/panorama/1875186.stm*

6 Pollack, Ricardo, ebd.

7 Ebd.

8 Vgl. Kapitel 8, »Brave Small World«: An dieser Stelle sei nur erwähnt, dass George Bush senior bis vor kurzem Berater der Carlyle Group war, einer in Washington ansässigen Investmentfirma, die sich auf Rüstungsengagements spezialisiert hat. Ex-US-Außenminister Baker berät hier ebenfalls. Vizepräsident Dick Cheneys Ex-Firma Halliburton verdient tatsächlich nicht nur am Bau der Pipeline durch Afghanistan und am Wiederaufbau des brennenden Irak, sondern baute auch – per Tochterunternehmen KBR – das Konzentrationslager in Guantanamo Bay und gewann unmittelbar nach den Anschlägen den Auftrag, die US-Truppen in den nächsten zehn Jahren bei allen Auslandseinsätzen zu versorgen.

9 Vgl.: *www.fbi.gov/pressrel/pressrel01/092701hjpic.htm*

10 Pollack, Ricardo, ebd.

11 Unter ihnen der bereits oben zitierte *Die Hard*-Autor Steven E. DeSouza, TV-Autor David Engelbach (*MacGyver*) Regisseur Joseph Zito, (*Delta Force One*), Spike Jonze (*Being John Malkovich*), David Fincher (*Fight Club*), Randal Kleiser (*Grease*), Mary Lambert (*The In Crowd*), sowie die Drehbuchautoren Paul De Meo and Danny Bilson (*The Rocketeer*).

12 Während die Erfindung des Maschinengewehrs auf den Rad-

dampfer zurückging, ließ sich Jules Janssen zur Kreation seiner ersten Geräte für astronomische Serienaufnahmen vom berühmten Colt (dem mit den revolvierenden Kammern) animieren. Janssens Erfindung wiederum inspirierte Étienne-Jules Marey, der den Vorläufer des ersten Kinematografen der Brüder Lumiere entwickelte. Dass man beim Betreiben von Kameras wie von Revolvern im Englischen von *Shots* spricht, ist daher alles andere als ein Zufall.

13 Borst, Terry/Todd, Deborah: »Why is the Pentagon funding USC's Institute for Creative Technology?« (Written By, 4/2000)
http://www.wga.org/WrittenBy/0400/alt.html

14 Zit. n. Mascaro, Pia Maria: *Marschbefehl für Hollywood*. (TV-Dokumentation (ARD/NDR, 14. 1. 2004)

15 Zit. n. Goldstein, Patrick: »Hollywood's 9/11 story« (*Los Angeles Times*, 12. 9. 02)
http://www.chalomumbai.com/entertainment/movies/2002/september/31161.htm

Weiterführende Artikel:

BRICKMEYER, MIMI: »Post-9/11 Hollywood: The Films They Dare Not Make Today« (*The Hollywood Investigator*, 24. 1. 03)
http://www.alternet.org/story.html?StoryID=15020

CHAN, EVANS: »War and Images: 9/11/01, Susan Sontag, Jean Baudrillard, and Paul Virilio« (*Film International* # 5, 9/2003)
http://www.filmint.nu/netonly/eng/warandimages.htm

DER DERIAN, JAMES: »9.11: Before, After, and in Between« (University of Massachusetts, Amherst)
http://www.ssrc.org/sept11/essays/der_derian_text_only.htm

GABLER, NEAL: »The Authors of 9/11. Is the future in the past?« (*Written By*, 9/2002)
http://www.wga.org/WrittenBy/0902/authors.html

GORDON, DEVIN: »The Day That Didn't Change Hollywood« (*Newsweek*, 4. 9. 2003)
http://msnbc.msn.com/id/3069168/

HOBERMAN, J.: »All as It Had Been. Hollywood Revises History, Joins the Good Fight« (*Village Voice*, 11. 12. 2001)
http://www.villagevoice.com/issues/0149/fhoberman.php

HOWELL, PETER: »9/11 Taboos Fade to Black« (*The Toronto Star*, 8. 8. 2003)
http://www.thestar.com/NASApp/cs/ContentServer?pagename=thestar/Layout/Article_Type1&c=Article&cid=1060294209749&call_pageid=968867495754&col=969483191630

HUCK, PETER: »Hollywood Goes to War« (*The Age*, 16. 9. 2002)
http://www.theage.com.au/articles/2002/09/14/1031608342634.html

ROBERTS, IVONNE: »How 9/11 Became Real For Everyone« (*The Observer*, 15. 9. 2002)
http://www.guardian.co.uk/september11/oneyearon/story/0,12361,792608,00.html

ROTEN, ROBERT: »Is Hollywood Responsible for 9-11?« (*Laramie Movie Scope*, 9/2002)
http://www.lariat.org/AtTheMovies/essays/moviesand911.html

SCHECHTER, DANNY: »9/11 Propaganda, Hollywood Style« (Media Channel, 8. 9. 2003)
http://www.alternet.org/story.html?StoryID=16735

WOLF, BUCK: »Military Seeks Hollywood Help« (ABC News, 9. 10. 2001)
http://abcnews.go.com/sections/entertainment/DailyNews/hollywoodhelpsarmy011009.html

MCCRUM, ROBERT: »Mirrors of Society« (*The Observer*, 24. 3. 2002)
http://observer.guardian.co.uk/review/story/0,6903,672900,00.html

Angeführte und zitierte Filme

(chronologisch nach der Startreihenfolge im Kino oder TV):

PLATOON (dto.), Orion Pictures 1986, Produzent (PD): Arnold Kopelson, Regie (R): Oliver Stone, Buch (B): Oliver Stone.

TOP GUN (dto.), Paramount Pictures 1985, PD: Don Simpson, Jerry Bruckheimer, R: Tony Scott, B: Jim Cash, Jack Epps jr.

DIE HARD (Stirb Langsam), 20th Century Fox 1988, PD: Lawrence Gordon, Joel Silver, R: John McTiernan, B: Steven E. DeSouza, Jeb Stuart.

DIE HARD 2 (Stirb Langsam 2), 20th Century Fox 1990, PD: Lawrence Gordon, Joel Silver. R: Renny Harlin, B: Steven E. DeSouza, Doug Richardson.

EXECUTIVE DECISION (Einsame Entscheidung), Warner Bros. 1996, PD: Joel Silver, R: Stuart Baird, B: Jim Thomas, John Thomas.

INDEPENDENCE DAY (dto.), 20th Century Fox 1996, PD: Dean Devlin, R: Roland Emmerich, B: Dean Devlin, Roland Emmerich.

ARMAGGEDDON (dto.), Touchstone Pictures 1998, PD: Jerry Bruckheimer, Gale Anne Hurd, Michael Bay. R: Michael Bay, B: Jonathan Hensleigh, J. J. Abrams.

THE SIEGE (Ausnahmezustand), 20th Century Fox 1998, PD: Lynda Obst, David Zwick, R: David Zwick, B: Lawrence Wright, Menno Meyjes, Edward Zwick.

FIGHT CLUB (dto.), Fox 2000 Pictures/Regency/Taurus/Linson 1999, PD: Art Linson, Cean Chaffin, Ross Grayson Bell, R: David Fincher, B: Jim Uhls.

THE ROCK (The Rock – Fels der Entscheidung), Hollywood Pictures 1996, PD: Jerry Bruckheimer, Don Simpson, R: Michael Bay, B: David Weisberg, Douglas S. Cook, Mark Rosner.

PEARL HARBOR (dto.), Touchstone/Jerry Bruckheimer Films 2001, PD: Jerry Bruckheimer, Michael Bay, R: Michael Bay, B: Randall Wallace.

BLACK HAWK DOWN (dto.), Revolution Studios/Jerry Bruckheimer Films 2001, PD: Jerry Bruckheimer, Ridley Scott, Regie: Ridley Scott, Buch: Ken Nolan.

PASSWORD: Swordfish (dto.), Warner Bros. 2001, PD: Joel Silver, J. D. Krane, R: Dominic Sena, B: Skip Woods.

24 (Season 1-3), Twentieth Century Fox 2001 – 2003, PD, R und B: Joel Surnow, Robert Cochran, Howard Gordon, Brian Grazer, Kiefer Sutherland.

(Sollte es besonders akribischen Lesern aufgefallen sein: Ich zitiere hier und dort nicht exakt nach der deutschen Kinoversion, sondern nach dem US-Original, also nicht unbedingt »lippensynchron«, da diese Beschränkung im Rahmen eines Buches entfällt. Daher entsprechen meine »Eindeutschungen« zwar ggf. nicht exakt dem aus dem Kino oder Fernsehen verinnerlichten Text, entsprechen aber schlimmstenfalls eher dem im Original zum Ausdruck gebrachten Sachverhalt.)

7 Wer wird Billionär?

1 Alle Zahlen sind Schätzungen, nach bestem Wissen und Gewissen aufgerundet auf Basis der Angaben des United Nations Development Programm von 1998, zit. n. Robbins, John: Diet for a new America: »In 1998, the United Nations Development Program estimated that it would cost and additional $ 9 Billion (above current expenditures) to provide clean water and sanitation for everyone on earth. It would cost and additional $ 12 billion, they said, to cover reproduction health services for all women worldwide. Another $ 13 billion would be enough not only to give every person on earth enough food to eat, but also basic health care. An additional $ 6 billion could provide basic education for all.«

2 Hachmeister, Lutz/Rager, Günter: Wer beherrscht die Medien. Die 50 größten Medienkonzerne der Welt. Jahrbuch 2003 (C. H. Beck, München 2002), S. 30

3 Vgl. Vidal, Gore: Bocksgesang, ebd., S. 100. Vidal ist diesbezüglich moderat, andere Schätzungen gehen vom bis zu Achtunddreißigfachen aus.

4 Vgl.: *http://www.swans.com/library/dossiers/mil2003.html*

5 Schmidbauer, Wolfgang: Der Mensch als Bombe (Rowohlt, Reinbek 2003), S. 177

6 Zit. n.: The Bulletin of the Atomic Scientists, Chicago 1995/2002: »The US spends $ 986 per person on their military, Germany spends $ 466, UK spends $ 627, and France $ 778. To gain better perspective, the US spends 3,2 % of its GDP on defense, Germany spends 1,8 %, UK spends 2,5 %, and France spends 3,1 %. Also, there are 35 countries whose military spending as a percentage of GDP exceeds that of the US.«
http://www.thebulletin.org/issues/1995/so95/so95.mil-spending.html

7 Zit. n.: DOD Acquisition and Logistics Excellence Week Kickoff – Bureaucracy to Battlefield. Remarks as Delivered by Secretary of Defense Donald H. Rumsfeld (Pentagon-Pressemitteilung vom 10. 9. 2001): »The topic today is an adversary that poses a threat, a serious threat, to the security of the United States of America. This adversary is one of the world's last bastions of central planning. It governs by dictating five-year plans. From a single capital, it attempts to impose its demands across time zones, continents, oceans and beyond. With brutal consistency, it stifles free thought and crushes new ideas. It disrupts the defense of the United States and places the lives of men and women in uniform at risk.«
http://www.defenselink.mil/speeches/2001/s20010910-secdef.html

8 Rumsfeld, Donald H., ebd.: »The adversary's closer to home. It's the Pentagon bureaucracy.«

9 Ebd.: »According to some estimates, we cannot track $ 2.3 trillion in transactions.«

10 Vgl. Scoop Online News: Notes on What a Trillion Dollars is.
http://www.scoop.co.nz/mason/stories/HL0305/S00158.htm

11 Vidal, Gore, ebd., S. 100

12 Vgl. die Schilderung des Kongress-Abgeordneten Christopher Cox im Rahmen seiner offiziellen Kongress-Website: *http://cox.house.gov/html/release.cfm?id=33*

13 Zit. n. GAO-Report GAO-03-1006 (Opportunities for Oversight and Improved Use of Taxpayer Funds: Examples from Selected GAO Work, 1. 8. 2003): »Over the past thirty years, analyses by the nonpartisan congressional General Accounting Office show that about one third of the US military budget is simply unaccounted for. This astounding fact amounts to a senseless loss of trillions of dollars to American taxpayers, mainly benefitting corrupt defense contractors and their cronies in the rest of the military-industrial complex.« *http://www.gao.gov/atext/d031006.txt*

14 Ebd.: »GAO first reported problems with contractor overpayments in 1994. That report, and those issued subsequently, noted that contractors were refunding hundreds of millions of dollars to DOD each year, for a total of about $ 6,7 billion between fiscal year 1994 and 2001. GAO also found that a substantial portion of overpayments was not repaid promptly – in some cases for years. As an example, in a 1999 review of 13 contractors, GAO found that it took about a year, on average, before overpayments of $ 56,2 million were refunded to DOD. The time taken for repayment ranged from two weeks to nearly six years.«

15 Borger, Julian/Teather, David: »So Much For the Peace Dividend: Pentagon is Winning the Battle For a $ 400 Billion Budget« (*Guardian*, 22. 5. 2003): »The Pentagon's own inspector general recently admitted that the department could not account for more than a trillion dollars of past spending. A congressional investigation reported that inventory management in the army was so weak it had lost track of 56 airplanes, 32 tanks, and 36 missile launchers.«
Vgl.: »Pentagon Fights For (Its) Freedom« (*San Francisco Chronicle*, 19. 5. 2003) sowie Abate, Tom: »Military Waste

Under Fire – $ 1 Trillion Missing« (*San Francisco Chronicle*, 18. 5. 2003)

16 Zit. n. Borger, Julian/Teather, David, ebd.: »›There's no accountability‹, said Danielle Brian, head of the Washington budget watchdog, Project on Government Oversight. ›Any other agency would be closed down but the Pentagon is Teflon. Any challenge to the Pentagon is seen as unpatriotic.‹«

17 Preis lt. PR-Mitteilung des Herstellers, der Firma Rockwell.

18 Zit. n. Thomas, William, ebd.: »Retired Navy Lt. Commander Al Martin recalls … The Generals exact words were that ›the defense contrators will get paid as long as the things go off and hit the right country.‹«

19 Fitzgerald, A. Ernest: The Pentagonists. An Insider's View of Waste, Mismanagement and Fraud in Defense (Houghton-Mifflin, New York 1988)

20 Ebd.

21 Kelley, Matt: »Pentagon paid $ 409 each for $ 39 sinks, investigators find« (Associated Press, 23. 3. 2001)

22 Vgl. CNN: »Audit: Pentagon paid $ 76 for 57-cent screw; Military official calls overpayments ›rare‹.« (18. 3. 1998) *http://edition.cnn.com/US/9803/18/pentagon.76.screw/*

23 Kelley, Matt, ebd.

24 Zit. n. eigenen Angaben des Senators: »The struggle to reduce Pentagon waste is an unending one. In the mid-1980s, for example, Senator Levin learned that DOD was buying specially designed microchips at three to ten times the market price of similar commercial products. He insisted that the Defense Department reduce paperwork requirements and rely more on commercially available microchips – resulting in taxpayer savings estimated at $ 500 million per year.« *http://levin.senate.gov/issues/index4.cfm?MainIssue=GovernmentReform&SubIssue=AcquisitionReformatDOD*

25 »With good financial oversight we could find $ 48 billion in loose change in that building, without having to hit the tax-

payers.« (Vice Admiral Jack Shanahan, zitiert nach: Gonzales, Vince: The War on Waste (CBS News, 29. 1. 2002)

26 Borger, Julian/Teather, David, ebd.

27 Ebd.: »For instance, in June 2002 the GAO reviewed the history of a proposed Corporate Information Management system, or CIM. The initiative began in 1989 as an attempt to unify more than 2000 overlapping systems then being used for billing, inventory, personnel and similar functions. But after ›spending about $20 billion, the CIM initiative was eventually abandoned‹, the GAO said.«

28 Gregory Kutz, (GAO), zit. n. Borger, ebd.: »›I've been to Wal-Mart‹, said Kutz: ›They were able to tell me how many tubes of toothpaste were in Fairfax, Va., at that given moment. And DOD can't find its chem-bio suits.‹«

29 Borger, ebd.

30 *http://www.kucinich.us/issues/militaryspending.php*

31 »We need to save it (the Pentagon) from itself.« (Donald H. Rumsfeld, ebd.)

8 Brave Small World

1 Die Bank of Credit and Commerce International war ein hochinteressantes Geldinsitut – eine ursprünglich pakistanische Bank, 1972 von Agha Hasan Abedi gegründet, die mit saudischem Geld zur größten muslimischen Bank avancierte, 1977 den Sprung auf die internationale Geld-Bühne schaffte und bis zu ihrer skandalösen Schließung 1990 offenbar an so gut wie allen illegalen Deals quer durch die internationale Szene von Waffen-, Drogenhändlern sowie Geheimdiensten beteiligt war. Geld aus Saudi-Arabien, Top-Management aus Pakistan, größter Kunde: die CIA, der wichtigste Teilhaber der Bank (Khaled bin Mahfouz) eng verbandelt mit Bin Laden, den Saudis und den Bushs – die Zutaten sind in diesem Fall fast dieselben wie im Fall »9/11«, inklusive eines der weni-

ger gut sichtbaren Verwantwortlichen. Denn als einer der Hintermänner der betrügerisch in Konkurs gegangenen Bank wurde ausgerechnet Jackson Stephens genannt, Herr über die Stephens Group, die nicht nur den US-Bundesstaat Arkansas beherrscht. Unter anderem finanzierte die Firmengruppe die Wahlkämpfe von George Bush senior, Bill Clinton und George Bush jr., und auch Michael Moores gescheiterter demokratischer »Lieblingskandidat« Wesley Clark war bis zu seiner Kandidatur bei Stephens angestellt. Die floridianische Zentrale der Stephens Group befindet sich (laut William Thomas und Daniel Hopsicker) »nur einen Steinwurf« vom Flugplatz Venice entfernt, wo die angeblichen Attentäter des 11. September fliegen lernten. Diese und andere Schwindel erregende Verstrickungen dokumentiert u. a. Hopsicker weiterhin mit Akribie (*www.madcowproductions.com*), aber erst recht verdient Chaim Kupferbergs bereits angeführter Essay »There's Something about Omar« auch in dieser Hinsicht höchste Beachtung. Das BCCI-Basiswissen hingegen ist wie stets im sehr aufgeräumten *Guardian*-Archiv am übersichtlichsten versammelt.
http://www.guardian.co.uk/bcci/story/0,14169,1132271,00.html

2 Vulliamy, Ed: »The Price of Power« (*Observer*, 13. 1. 2002): »John Ashcroft, the Attorney-General, has had to withdraw from the investigation because he received Enron money, and lawsuits are the pipeline to force Vice-President Dick Cheney for details of his contacts with the company.«
http://observer.guardian.co.uk/bush/story/0,8224,632070,00.html

3 Zit. n. Clarke, Richard A.: Against all Enemies, ebd.: »Later in the day (12. 09), Secretary Rumsfeld complained that there were no decent targets for bombing in Afghanistan and that we should consider bombing Iraq, which, he said, had better targets.« (S. 31) Clarke hielt das im ersten Augenblick für einen schlechten Scherz. Sein Präsident offenbar nicht.

4 Vgl. Palast, Greg: »Shame on You!«, Kapitel 2, S. 97 ff.

5 Die unabhängige *Judicial Watch* zeigte sich von Beginn an wenig begeistert von der Bush-Carlyle-Connection: »It stands

to reason, as noted in the David Sanger piece in *The New York Times* today, that President Bush consults with his father on issues of the day. In a normal situation, this would be appropriate, but with President Bush's father being effectively an agent of the Saudi Arabian government, it raises, in the least, a conflict of interest problem. Questions can be raised, for instance, if the ›kid gloves‹ treatment of Saudi Arabia by the Bush Administration has anything to do with his father's financial ties to the Saudi regime. Former President Bush would be doing his son and his country a favor by immediately resigning from the Carlyle Group,« stated Judicial Watch Chairman and General Counsel Larry Klayman. (1. 4. 2002) *http://www.judicialwatch.org/1685.shtml*
Später wurde die amerikanische Stimme Justizias noch deutlicher: »This conflict of interest has now turned into a scandal. The idea of the president's father, an ex-president himself, doing business with a company under investigation by the FBI in the terror attacks of September 11 is horrible. President Bush should not ask, but demand, that his father pull out of the Carlyle Group«. George Bush (senior) legte sein Amt als Carlyle-Berater im Oktober 2003 nieder.

6 Baker besuchte die Bin-Laden-Familie (Haupsitz: Dschiddah, Saudi-Arabien) 1998 und 1999: »traveling on the family jet for the second trip.« (zit. n. Thomas, William, ebd., S. 159)

7 *http://www.bakerbotts.com/attorneys/bio.asp?id=627&groupid=54&areaid=*

8 Vgl. Isikoff, Michael/Hosenball, Mark: »A Legal Counterattack« (*Newsweek*, 16. 4. 2003) *http://msnbc.msn.com/id/3067906/*

9 Perin, Monica: »Baker Botts bags Halliburton« (*Houston Business Journal*, 16. 8. 2002). *http://www.bizjournals.com/houston/stories/2002/08/19/story1.html*

10 Allen, Mike/Kessler, Glen: »Bush Considers New Overhaul of Postwar Iraq Administration« (*Washington Post*, 25. 6. 2003)

11 Palast, Greg: »Baker Takes the Loaf. The President's Business Partner Slices Up Iraq« (*TomPaine.com*, 10. 12. 2003): »But our President is not going to let something as trivial as international law stand in the way of a quick buck for Mr. Baker ... The official press release sasy, the President has not appointed Mr. Baker. Rather Mr. Bush is ›responding to a request from the Iraqi Governing Council‹. That is, Bush is acting on the authority of the puppet government he imposed on Iraqis at gunpoint.«

12 Hintergründe von der Seite des Klägers, des National Resources Defense Council
http://www.nrdc.org/air/energy/taskforce/tfinx.asp:
»In the spring of 2002, under order from a federal judge, the US Department of Energy released to NRDC roughly 13 500 pages relating to previously secret proceedings of the Bush administration's energy task force. (President Bush formed the task force in early 2001 to develop a national energy policy, with Vice President Cheney at the helm.) Even though the government heavily censored the documents before supplying them to NRDC, they reveal that Bush administration officials sought extensive advice from utility companies and the oil, gas, coal and nuclear energy industries, and incorporated their recommendations, often word for word, into the energy plan.«
Vgl.: *http://www.nrdc.org//media/pressreleases/020521b.asp*

13 Zit. n. unternehmenseigenen Angaben: »Founded in 1919, Halliburton is one of the world's largest providers of products and services to the oil and gas industries. The Company adds value through the entire lifecycle of oil and gas reservoirs and provides and integrates products and services, starting with exploration and development, moving through production, operations, maintenance, conversion and refining, to infrastructure and abandonment. Halliburton employs 96 000 people in more than 120 countries working in two major operating groups: Halliburton's Energy Services Group offers a broad array of products and services to upstream oil and gas custo-

mers worldwide, ranging from the manufacturing of drill bits and other downhole and completion tools and pressure pumping services to subsea engineering … KBR, the engineering and construction group, serves the energy industry by designing and building liquefied natural gas plants, refining and processing plants, production facilities and pipelines, both onshore and offshore. KBR's non-energy business meets the engineering and construction needs of governments and civil infrastructure customers. KBR also provides operations and maintenance for a wide variety of facilities.«
http://www.halliburton.com/about/exec.jsp

14 Bryce, Robert/Borger, Julian: »Cheney is Still Paid by Pentagon Contractor. Bush Deputy Gets Up to $ 1 Million From Firm with Iraq Oil Deal« (*Guardian*, 12. 3. 2003)
http://www.guardian.co.uk/Iraq/Story/0,2763,912515,00.html

15 Vulliamy, Ed, ebd.

16 Jackson, Derrick Z.: »Cheney's Conflict With the Truth« (*Boston Globe*, 19. 9. 2003): »Halliburton … is by far the largest beneficiary of the invasion and occupation of Iraq. With no-bid, no-ceiling contracts, the company has already amassed $ 2 billion in work. It is doing everything from restoring oil facilities to providing toilets for troops. A year ago Halliburton was staring at nearly a half-billion dollars in losses. In the second quarter of 2003 it posted a profit of $ 26 million.«
http://www.boston.com/news/globe/editorial_opinion/oped/articles/2003/09/19/cheneys_conflict_with_the_truth/

17 Damals lautete der durch einen GAO-Bericht belegte Vorwurf, KBR habe für eine dem Kongress gegenüber mir $ 191,6 Millionen veranschlagte Operation $ 462,5 Millionen berechnet.

18 Van Natta, Don: »High Payments to Halliburton for Fuel in Iraq« (*New York Times*, 10. 12. 2003)

19 Vulliamy, Ed, ebd.

20 Robert Myers, Chief Scientific Officer, am 18. 1. 2001, Pressemitteilung der Firma Bioport. *www.bioport.com*

[21] Myers, ebd.: »In December 2001, Bioport obtained FDA approval for ist newly-renovated anthrax vaccine manufacturing facilities. With approval of a conbtractor to fill the vaccine in vials, Bioport received final approval to distribute vaccine form ist newly renovated fecilities in January 2002.« *www.bioport.com*

[22] Am 30. Juni 1999 führte El-Hibri vor dem »Subcommittee on National Security, Veterans Affairs, and International Relations of the House Committee on Government Reforms« aus: »Three Companies currently hold voting equity in Bioport: Intervac LLC and Intervac Management LLC, wihich are both Maryland limited liability companies, and Michigan Biologic Products, Inc., a Michigan Corporation. Intervac LLC ist the controlling shareholder. Intervac LLC is owned by Admiral William J. Crowe, Jr., my wife Nancy and me, and I & F Holdings N.V., a Netherlands Antilles investment company owned by my father Ibrahim El-Hibri. As mentioned earlier, I and F Holdings ia an investment company in biotech operations, which previously had invested in in the management buy-out of Proton Products Ltd … Admiral Crowe and I and the controlling members of Intervac LLC.«
Zur Firmenstruktur gibt Bioport aber auch gern selbst Auskunft, bevorzugt unter: *www.bioport.com*

[23] Vgl.: *http://www.carlyle.com/eng/news/l4-presskit681.html#6*

[24] »›Federal officials recently re-stated their concerns about the level of vulnerability in the event of a massive airborne anthrax attack. This contract allwos other agencies such as Homeland Security, Health and Human Services and the State Department to obtain BioThrax through the Defence Department‹, (Bioport-President Bob) Kramer said«.
http://www.bioport.com/NewsRoom/newsReleases/Bioport/2004-jan09.pdf

9 Scheichegal!

[1] Mascolo, Georg/Stark, Holger: »Operation heiliger Dienstag« (*Der Spiegel* 44/03, 27. 10. 2003, S. 120 – 135)

[2] Beispielsweise werden die im Abschlusskapitel (»Wer zensiert hier wen?«) dokumentierten Fehler aus dem *Spiegel*-Sachbuch »11. September – Geschichte eines Terrorangriffs« im Artikel »Operation heiliger Dienstag« weiter munter abgeschrieben: So heißt es: »Gegen 10.10 Uhr Ortszeit rammte sich die Boeing von United Airlines, Flugnummer 93, bei Shanksville (Pennsylvania) in die Erde, nachdem die Passagiere von der Apokalypse in New York erfahren und das Cockpit gestürmt hatten.« (S. 134) Nicht nur der (wichtige) Zeitpunkt des Absturzes ist (völlig) falsch wiedergegeben, auch die Theorie, die Passagiere hätten das Cockpit erreicht, war, als der Artikel erschien, bereits zwei Monate lang von höchst offizieller Stelle, nämlich vom FBI, endgültig dementiert worden.

[3] Lévy, Bernard-Henri: Wer hat Daniel Pearl ermordet? Der Tod eines Journalisten und die Verstrickungen des pakistanischen Geheimdienstes mit al-Qaida (Econ, München 2003)

[4] Vgl. *Der Spiegel* 44/03, ebd., S. 123

[5] Vgl. Fouda, Yosri/Fielding, Nick: Masterminds of Terror (Europa Verlag, Hamburg 2003)

[6] Mateen, Amir: »ISI Chief's Parleys Continue in Washington« (*The News*, Karachi, 10. 10. 2001)

[7] Vgl. Leiby, Richard: »A Cloak But No Dagger« (*Washington Post*, 18. 5. 2002)

[8] Vgl. »Gen Mahmud's Exit Due to Links with Umar Sheikh« (Dawn, 8. 10. 2001)
http://www.dawn.com/2001/10/09/top13.htm

[9] Lévy, ebd.: Der perfekte Engländer, S. 96 ff.

[10] Thompson, Paul: »Sept. 11's Smoking Gun. The Many Faces of Saeed Sheikh« (Center for Cooperative Research, 25. 2. 2003)
http://www.cooperativeresearch.org/timeline/main/essaysaeed.html

[11] Kupferberg, Chaim: »There's Something About Omar: Truth,

Lies, and The Legend of 9/11« (*Global Research*, 21. 10. 2003) *http://www.globalresearch.ca/articles/KUP310A.html*

12 Stock, John: »Inside the Mind of a Seductive Killer« (*The London Times*, 21. 8. 2002)

13 Vgl.: »Indian Hijack Drama Over« (BBC, 31. 12. 1999) *http://news.bbc.co.uk/1/hi/world/south_asia/584729.stm*

14 Vgl.: »Profile Omar Saeed Sheikh« (BBC, 16. 7. 2002) *http://news.bbc.co.uk/1/hi/world/south_asia/584729.stm*

15 Vgl.: »UK Move To Allow Entry To Ultra Alarms Abducted Britons« (Press Trust Of India, 3. 1. 2000)

16 Ali, Tariq: »Who Really Killed Daniel Pearl? The US is Ignoring Evidence of Links With Pakistan's Secret Service« (*Guardian*, 5. 4. 2002): »Colin Powell's statement of March 3, exonerating the ISI from any responsibility for Pearl's disappearance and murder, is shocking. Few in Pakistan believe such assurances. Musharraf was not involved, but he must know what took place. He has referred to Pearl as an ›over-intrusive journalist‹ caught up in ›intelligence games‹. Has he told Washington what he knows? And if so, why did Powell absolve the ISI? … Sheikh is widely believed in Pakistan to be an experienced ISI ›asset‹ with a history of operations in Kashmir. If he was extradited to Washington and decided to talk, the entire story would unravel. His family are fearful. They think he might be tried by a summary court and executed to prevent the identity of his confederates being revealed.«

17 Vgl. Nooruzzaman, Syed: »How Pakistan's ISI Funds its Proxy War« (*The Tribune*, 28. 11. 1999). *http://www.tribuneindia.com/1999/99nov28/head6.htm#1*

18 Lévy, ebd., S. 423

19 Siehe Anm. 5

20 Sale, Richard/Iqbal, Anwar: »Pearl Tracked Al Qaida« (UPI Exclusive, 30. 9. 2002) *http://www.upi.com/view.cfm?StoryID=20020930-052952-9407r*

21 Craig, Olga: »CIA Holds Young Sons of Captured al-Qa'eda

Chief« (*The Telegraph*, 9. 3. 2003)
http://www.telegraph.co.uk/news/main.jhtml?xml=/news/2003/03/09/walqa09.xml

10 Wahrnehmung schwankend, Kurse stabil

Die überwiegende Zahl der Zitate in diesem Essay stammt aus offiziellen US-Regierungsdokumenten resp. Mitschriften der Aussagen von eingeschworenen Zeugen vor der von der Regierung eingesetzten Untersuchungskommission zum 11. September. Zur besseren Überprüfbarkeit sind die entsprechenden Aussagen nachfolgend ursprachlich angeführt. Wo ich aus den insgesamt mehrere tausend Seiten umfassenden Transkripten der Befragungen der Komission zitiere, verwende ich das Kürzel »9/11-K« nebst Angabe des »Hearing«, also der jeweiligen Anhörung, sowie ggf. des Sitzungstages (so bedeutet »9/11-K, 7/2«: siebentes Hearing, zweiter Tag). Nachzuvollziehen ist alles bei Bedarf unter der offziellen Adresse der offiziellen Kommission *http://www.9-11commission.gov/about/index.htm*) – die einzelnen Transkripte finden sich unter »Archive«, sehr gründlich und sauber katalogisiert. Die hier angeführten Seitenzahlen beziehen sich auf die für jedermann als pdf-Dokument herunterladbaren Umschriften der Befragungen.
Ergebnisse der ebenfalls amtlichen Joint Inquiry into Intelligence Community Activities Before and After the Terrorist Attacks of September 11, 2001 sind nach dem Bericht des US Senate Select Committee on Intelligence sowie des US House Permanent Select Committee on Intelligence vom Dezember 2002 zitiert. Das hierfür verwandte Kürzel lautet »SSC«, die angegebenen Seitenzahlen beziehen sich auf den als pdf-Dokument herunter ladbaren Abschlussbericht.
http://www.fas.org/irp/congress/2002_rpt/911rept.pdf
Zur Validität der von der *New York Times* unauthorisiert veröffentlichten Umschriften des Funkverkers zwischen Lotsen und

Maschinen am 11. September sei folgender Hinweis gestattet: Wären die Skripte gefälscht, enthielten sie deutlichere Belege für die offizielle Theorie. Wären sie gefälscht, hätte das FBI dies zügig verkündet. Hat es aber nicht. Deshalb nehmen wir die versehentlich veröffentlichten Aussagen trotz gewisser Vorbehalte im Folgenden für bare Münze.

1 Zit. n. SSC, S.142 *http://www.fas.org/irp/congress/2002_rpt/911rept.pdf*

2 FAA-Pressemeldung vom 12. 8. 2002

3 Rosin, Hanns/Ferdinand, Pamela: »At Logan Airport, Nobody Saw Plane's Sharp Turn South« (*Washington Post*, 12. 9. 2001): »Boston airport officials said they did not spot the plane's course until it had crashed, and said the control tower had no unusual communication with the pilots or any crew members.«

4 »The first time that anything untoward, and this was gleaned from FAA response, that anything out of the ordinary happened was at 8.20, when the electronic transponder in American Airlines 11 blinked off if you will, just disappeared from the screen« (Colonel Alan Scott, der die Timeline des 11. 9. 2001 vor der Untersuchungskommission aus Sicht des NORAD vortrug; 9/11-K, Hearing 2/2, 23. 5. 2003, S. 19)

5 »At 8.46, our next log event, we get the last (radar data), and, by the way, much of this radar data for these primary targets was not seen that day. It was reconstructed days later by the 84th Radar Evaluation Squadron, and other agencies like it who are professionals at going back and looking at radar tapes and then given that they are loaded with knowledge after the fact, they can go and find things that perhaps were not visible during the event itself.« (Colonel Scott, 9/11-K, Hearing 2/2, 23. 5. 2003, S. 19)

6 Weiter gehende Angaben zum Flug 11 werden Betty Ongs Kollegin Madeline Sweeney zugeschrieben, deren Anruf allerdings ebenso wie die diverser anderer angeblicher Anru-

fer nicht aufgezeichnet wurde. Der Zeuge wäre hier also der angerufene Zeuge am Boden, der kein Band mitlaufen ließ, sondern sich lediglich »Notizen machte« und über diese Notizen sowie seine Erinnerungen wesentlich später, unter dem Eindruck alles »Erwiesenen« aussagte. Dieser Zeuge »vom Hörensagen« wurde nicht unter Eid vernommen, die uns zugänglichen Informationen über seine Informationen stammen von Mitarbeitern der 9/11-Kommission, die über die Aussagen des Mannes betreffend den Anruf nicht von ihm selbst, sondern vom FBI informiert wurden. Ich erlaube mir, derartige Quellen hier zu vernachlässigen. Gleiches gilt – diesmal zu Ungunsten meiner Argumentation – für die widersprüchlich kolportierten, nicht aufgezeichneten Aussagen der Passagierin Barbara Olson (Flug 77), die als Einzige angeblich »Teppichmesser« erwähnt haben soll (nach Angaben ihres Gatten, Ted Olson, des Kronanwaltes der Bush-Regierung bei der richterlichen Wahlentscheidung 2000). Zugelassen sind jenseits dieser Merkwürdigkeiten im Folgenden neben dem Statement von Betty Ong die Aussagen der Angehörigen der Opfer von Flug 93, die unter Ausschluss der Öffentlichkeit das Band mit den Anrufen von Bord hören durften.

7 »Although she wasn't able to give us the description of the attackers, she told us the seat locations of these individuals.« (Zeugin Nydia Gonzales, Ongs telefonische Gesprächspartnerin; 9/11-K, Hearing 7/2, S. 108) – wobei »these individuals« sich hier ausdrücklich auf zwei Männer bezieht, nicht auf fünf.

8 Gonzales, ebd., S. 108

9 Betty Ong: »Our number 1 is stabbed right now. And who else is …« – Male Voice: »Okay, and do we …« – Betty Ong: »And our number 5 – our first class passenger are – galley flight attendant and our purser has been stabbed. *And we can't get into the cockpit, the door won't open.* Hello? (9/11-K, Hearing 7/2, S. 112, Hervorhebung von mir)

10 Male Voice (AA Operations Center): »He turned his transponder off, so we don't have a definitive altitude for him. We're just going by – They seem to think that they have him on a primary radar. They see to think that he is descending.« (9/11-K, Hearing 7/2, S. 114)

11 Zwischen dem zuständigen Lotsen im New York Air Route Traffic Control Center in Ronkonkoma, N.Y. (R 42) und Flug USA 583 entspinnt sich nach 8.40 Uhr dieser Dialog: »(8:40:47) (R 42): USA 583, New York do a favor were you asked to look for an aircraft, an American flight about about 8 or 9 o'clock ten miles south bound last altitude 290 – no one is sure where he is. – (8:41:07) USA 583: Yeah we talked about him on the last frequency we spotted him when he was at our 3 o'clock position. He did appear to us to be at 29 000 feet. We're not picking him up on TCAS. I'll look again and see if we can spot him at 24.« Auf Deutsch (mit Erklärungen in Klammern) (8:40:47) Lotse R 42: »USA 583, New York hier, tun sie mir einen Gefallen, halten Sie Ausschau nach einer Maschine, einem American Airlines Flug auf 8 oder 9 Uhr (= halblinks) 10 Meilen südwärts, letzte Höhe 290 (000 Fuss) – keiner weiß genau, wo der ist. – (8:41:07) USA 583: »Ja, über den haben wir gesprochen, beim letzten Frequenzwechsel hatten wir den auf 3 Uhr (= halbrechts) gesichtet. Schien uns auf 29 000 Fuß zu sein. Wir haben ihn nicht im TCAS (Kollisionswarnsystem), ich schaue noch mal, ob wir ihn auf 24 (= vor uns) entdecken.« Zitiert nach den von der *New York Times* am 16. 9. 2001 veröffentlichten Umschriften des Funkverkehrs.
http://www.nytimes.com/2001/10/16/national/16FLIGHT175-TEXT.html?ex=1064376000&en=d1512361dcf74875&ei=5070

12 »At 8.40 in our logs is the first occasion where the FAA is reporting a possible hijacking of American Airlines Flight 11. And the initial response to us at that time was a possible hijacking had not been confirmed.« (Colonel Scott, 9/11-K, Hearing 2/2, 23. 5. 2003, S. 19)

13 Lane, Charles/Phillips, Don/Snyder, David: »A Sky Filled With Chaos, Uncertainty and True Heroism« (*Washington Post*, 17. 9. 2001): »The New York center took over the task of locating the American 767, continuing to search south along the flight path the plane should have been taking. – The first outside word that controllers received was that a small twin-engine plane had hit one tower of the World Trade Center. They thought it was a twin-engine Cessna that had taken off earlier from Poughkeepsie, N.Y., to fly south under ›visual flight rules‹, meaning the plane was not under direct air traffic control.«

14 Zit. n. ABC News: *9/11. Interviews by Peter Jennings* (11. 9. 2002): Lt. Colonel Dawne Deskins: »They told us that they showed the American Airlines Flight 11 was still airborne. So now, we're looking at this, well if, if an aircraft hit the World Trade Center, who was that?« Die vollständige Transkription des TV-Beitrages findet sich unter:
http://www.cooperativeresearch.org/timeline/2002/abcnews091102.html

15 Vgl. Kelly, Mike: »Back to the Transcripts« (North-Jersey.com, 4. 1. 2004)
http://www.northjersey.com/page.php?qstr=eXJpcnk3ZjczN2Y3dnFlZUVFeXkyNjMmZmdiZWw3Zjd2cWVlRUV5eTY0NzA0MTAmeXJpcnk3ZjcxN2Y3dnFlZUVFeXk5

16 »We scrambled the aircraft, told them get airborne, and we would seek clearances later. I picked up the phone, called NORAD, whose battle staff was in place because of the exercise, talked to the deputy commander for operations. He said, you know, ›I understand, and we'll call the Pentagon for those particular clearances‹. It was simultaneous almost for that decision that we made that I am looking at the TV monitor of the news network and see a smoking hole in what turned out to be the North Tower of the World Trade Center, wondering, What is this? And like many of us involved in that: Does it have anything to do with this particular incident? Which we

didn't think it did, because we were talking Boston Center, and we were not thinking of the immediate New York metropolitan area.« (Major General Larry Arnold, NORAD; 9/11-K, Hearing 2/2, 23. 5. 2003, S. 33)

17 Zit. n. ABC News: *9/11. Interviews by Peter Jennings* (11. 9. 2002): »Lt. Colonel ›Duff‹, Pilot, Air National Guard: ›Called for bogey up again trying to get some information. And at that point they said the second aircraft just hit the World Trade Center. That was news to me. I thought we were still chasing American 11.‹« Die vollständige Transkription des TV-Beitrages findet sich unter:
http://www.cooperativeresearch.org/timeline/2002/abcnews 091102.html

18 *Associated Press*, 13. 9. 2001
http://www.cooperativeresearch.net/timeline/2001/ap091301b.html

19 FBI-Chef Robert Mueller III, Aussage vor dem SSC, S. 142

20 »At 9.05, FAA reports a possible hijack of United 175.« (Colonel Scott, 9/11-K, Hearing 2/2, 23. 5. 2003, S. 20)

21 »At around 8.50, a call came into our San Francisco maintenance center from a flight attendant on Flight 175 saying that the flight had been hijacked … At approximately 9.00, a United dispatcher reported that he had lost contact with Flight 175.« (Andrew P. Studdert, früherer Chief Operating Officer von United Airlines; 9/11-K, Hearing 7/2, 27. 1. 2004, S. 76)

22 »8:53:23 (R42): 10 – do you see that UAL175 anywhere and do me a favor, you see that target there on 3321 code at 335 climbing, don't know who he is but you got that USA 583 if you need to descent him down you can nobody we may have a hijack we have some problem over here right now. – 8:53:35 (R10): Oh, you do. – 8:53:37 (R42): Yes, that may be real traffic, nobody knows I can't get a hold of UAL175 at all right now, and I don't know where he went to.«
http://www.nytimes.com/2001/10/16/national/16FLIGHT 175-TEXT.html?ex=1064376000&en=d1512361dcf74875&ei=5070

[23] »United 175, the second airplane, which by the way never turned off its transponder before impact, crashes into the North Tower (sic) at 9:02.« (Colonel Scott, 9/11-K, Hearing 2/2, 23. 5. 2003, S. 20). Dass Scott sich hier mit Nord- und Südturm vertan hat, sei ihm nachgesehen.

[24] Lane, Charles, ebd.: »A Sky Filled With Chaos, Uncertainty and True Heroism« (*Washington Post*, 17. 9. 2001), ebd.: »As several controllers gathered to help search for the American plane, a controller glanced at another radar screen and shouted, ›Look. There's an intruder over Allentown.‹ In air traffic jargon, an ›intruder‹ is a plane with an operating transponder that has entered restricted airspace without permission … Whatever the hijackers were trying to accomplish, the bogus squawk allowed controllers to track the intruder easily, though they couldn't identify it. At that point, the facility chief said: ›I think we may be dealing with two aircraft here.‹«

[25] »We had no warning of that whatsoever. In fact, that airplane was called possibly hijacked later on, which as General McKinley referred to, as the fog and friction of war, actually caused further confusion, because we were not aware which aircraft actually crashed into the towers. We just knew that by now we had two airplanes that have crashed into the towers. We have two airplanes that are called hijacked.« (NORAD-General Arnold, 9/11-K, Hearing 2/2, 23. 5. 2003, S. 34)

[26] Siehe Anm. 21

[27] Pressemitteilung von United Airlines (11. 9. 2001): »United has confirmed the loss of this aircraft. Last radar contact with the aircraft was between Newark, NJ, and Philadelphia, PA.«

[28] CBS News: Speed Likely Factor in WTC Collapse (23. 2. 2002). Laut amtlicher Berechnung war die Maschine 586 Meilen per Stunde schnell, laut Berechnung des MIT 539 Meilen.

[29] Vgl.: *http://www.rense.com/Datapages/wtcobj.htm*

[30] SSC, ebd., S. 142/143

31 »Among the five hijackers aboard American Airlines Flight 77, Hani Hanjour was the sole individual who FAA records show completed flight training and received FAA pilot certification. Hanjour received his commercial multi-engine pilot certificate from the FAA in March 1999. He received extensive flight training in the United States including flight simulator training and was perhaps the most experienced and highly trained pilot among the 9/11 hijackers.« So viel zur Zweifler-These, Hanjour habe nicht fliegen können. (Mr. Brinkley, Mitarbeiter der 9/11-Kommision, in seiner Zusammenfassung der Hijacker-Aktivitäten im 911-K-Hearing 7/2, 27. 1. 2004, S. 102)

32 »9.24 the FAA reports a possible hijack of 77. That's sometime after they had been tracking this primary target.« (Colonel Scott, 911-K, Hearing 2/2, 23. 5. 2003, S. 21)

33 »They, based on their configuration, traveled at .98 Mach, roughly 575 knots, 660 miles per hour, about ten nautical miles per minute.« (General McKinley, 9/11-K, Hearing 2/2, 23. 5. 2003, S. 34)

34 Zit. n. den von der New York Times veröffentlichten Umschriften, ebd.

35 »While trying to confirm whether the aircraft that had hit the World Trade Center was Flight 11, we learned from air traffic control officials that another one of our flights, Flight 77, was not responding to radio calls and not emitting a transponder signal, and that air traffic control could not determine its location.« (Gerard J. Arpey, Chief Operating Officer von American Airlines; 9/11-K, 27. 1. 2004, Hearing 7/2, S. 72)

36 »At that time, we believed that the second aircraft to crash into the center may have been Flight 77.« (G. J. Arpey, 9/11-K, 27. 1. 2004, Hearing 7/2, S. 73)

37 »And so in the record you see the time when we were notified of the American Flight 77 as being a possible hijack. And I can tell you that I did not know, and I don't believe anybody

in the NORAD system, knew where that airplane was.« (General Arnold, 9/11-K, Hearing 2/2, 23. 5. 2003, S. 35)

38 ABC News: *9/11. Interviews by Peter Jennings* (11. 9. 2002), ebd.

39 »And at about that same time (9.10), kind of way out in the West, is when America 77, which in the meantime has turned off its transponder and turned left back toward Washington, appears back in radar coverage. And my understanding is the FAA controllers now are beginning to pick up primary skin paints on an airplane, and they don't know exactly whether that is 77, and they are asking a lot of people whether it is, including an a C-130 that is westbound toward Ohio. At 9.11 FAA reports a crash into the South Tower.« (Colonel Scott, Hearing 2/2, 23. 5. 2003, S. 21)

40 Vgl. Clarke, Richard A.: Against All Enemies, Kapitel 1, »Evacuate the White House«, S. 7 ff.

41 Ebd: »Dale Watson, counterterrorism chief at FBI…: ›We have a report of a large jet crashed in Kentucky, near the Ohio line.‹« (S. 13)

42 Donelly, Sally: »The Day The FAA Stopped the World« (*Time Magazine*, 14. 9. 2001)

43 SSC, ebd.

44 »9.16, now FAA reports a possible hijack of United Flight 93, which is out in the Ohio area. But that's the last flight that is going to impact the ground.« (Colonel Scott, 9/11-K, Hearing 2/2, 23. 5. 2003, S. 21)

45 »At 10.00 the blip stopped. At around 10.00 we lost contact with United's Flights 641, 415 and 399. After persistent attempts, communications to these missing flights was re-established.« (9/11-K, Hearing 7/2, 27. 1. 2004, S. 77)

46 »Telephone calls from passengers and crew to family and friends described attempts by passengers and crew to retake the plane prior to the crash. One call described three hijackers wearing bandanas and armed with knives, with one hijacker claiming to have a bomb strapped to his waist. Two hijackers entered the cockpit and closed the door behind them. The

passengers were herded to the back of the plane. The captain and co-pilot were seen lying on the floor of the First Class section, possibly dead. At the words, ›Let's roll‹, passengers rushed forward. As described by the FBI Director, the cockpit tape-recorder indicates that a hijacker, minutes before Flight 93 hit the ground, ›advised Jarrah to crash the plane and end the passengers attempt to retake the airplane‹.« (SSC, ebd., S. 150)

47 »At 9.21, United dispatchers were told to advise their flights to secure cockpit doors. At 9.24, a United dispatcher sent a message to Flight 93 reading ›Beware of cockpit intrusion. Two aircraft in New York hit Trade Center buildings. Flight 93 responded to this message at 9.26.‹« (9/11-K, Hearing 7/2, 27. 1. 2004, S. 77)

48 Detailliert nachzuvollziehen anhand von Jere Longmans akribischem Bericht »Todesflug UA 93« (Goldmann, München 2003): »In allen Telefonanrufen aus dem Flugzeug war immer nur von drei Entführern die Rede, kein einziger Anrufer sprach von vier Entführern.« (S. 159). Die verschiedentlich geäußerte Vermutung, einer der vier habe schon beim Start, als Pilot getarnt, im Cockpit gesessen, widerlegt Longman mit klaren Fakten: Da in der ersten Klasse Plätze frei waren, hätte man den Kollegen spätestens nach dem Start dort platziert. Es gibt daher weiterhin nicht den leisesten plausiblen Hinweis auf vier Entführer.

49 Longman, ebd.: Tom Burnett (vom Flugzeugtelefon), (S. 146), Jeremy Glick (S. 187), beide zitiert nach den Erinnerungen ihrer Frauen, die die Anrufe entgegennahmen.

50 Longman, ebd., S. 253

51 Longman, ebd., S. 336: »Bevor die Angehörigen das Band anhören konnten, mussten sie eine Erklärung unterschreiben, in der sie auf alle gerichtlichen Schritte gegen die Regierung im Hinblick auf die Veröffentlichung des Bandes verzichteten. Es war ihnen außerdem untersagt, das Band aufzuzeichnen, oder sich Notizen zu machen. Die Staatsanwälte ließen

Notizen später zwar zu, verlangten aber von den Angehörigen, dass sie Reportern gegenüber über den Inhalt des Bandes Stillschweigen wahrten mit der Begründung, dass vorzeitige Informationen eine Verurteilung Moussaouis erschweren könnten.«

52 Zit. n. Thomas, William, ebd., S. 39

53 Longman, ebd., S. 270

54 Ebd., S. 274

55 Ebd., S. 324

56 Vgl. Wisnewski, Gerhard: Operation 9/11. Angriff auf den Globus (Droemer/Knaur, München 2003), S. 255 ff.

57 »9.27, Boston FAA reports fifth aircraft missing, Delta Flight 89 – and many people have never heard of Delta Flight 89. We call that the first red herring of the day, because there were a number of reporte possible hijackings that unfolded over the hours immediately following the actual attacks. (Colonel Scott, 9/11-K, Hearing 2/2, 23. 5. 2003, S. 21)

58 »And 9.40, immediately following that, is when 93 up north turns its transponders off out in the West toward Ohio, and begins a left turn back toward the East. At 9.49, FAA reports that Delta 89, which had beenreported as missing, is now reported as a possible hijacking. So again he is – MR. ???: That's 9.41, sir. – MR. SCOTT: I'm sorry, 9.41. Again, he is in the system. He is kind of a red herring for us.« (Colonel Scott, 9/11-K, Hearing 2/2, 23. 5. 2003, S. 21)

59 Adams, Marilyn/Levon, Alan/Morrison, Blake: »No One Was Sure Hijackers were on Board« (*USA Today*, 12. 8. 2002): »At the Federal Aviation Administration's command center in Herndon, Va., Delta Flight 1989 joins a growing list of suspicious jets. Some of their flight numbers will be scrawled on a white dry-erase board throughout the morning. Eventually, the list will grow to 11. – One, a TWA flight, refuses to land in Pittsburgh and wants to fly on toward Washington. Another, a Midwest Express flight, disappears from radar over West Virginia.«

[60] Vgl. Donnelly, Sally: *Time Magazine*, ebd., sowie Adams, Marilyn, u. a.: *USA Today*, ebd.: »11.00: But the reports of more suspicious flights didn't stop. – A bomb is reported aboard a United Airlines jet that just landed in Rockford, Ill. Another jet disappears from radar and might have crashed in Kentucky … The reports are so serious that (FAA-Chefin Jane) Garvey notifies the White House that there has been another crash. Only later does she learn the reports are erroneous.«

[61] »At 10.07 FAA reports there may be a bomb on board 93 – that's four minutes after the impact. At 10.15 they report that it's crashed. And you can see now that fog and friction lag time has increased from seven minutes to nine minutes to 15 minutes, because of the level of activities that are going on. And there are notations here about other airplanes as we begin to divert other airplanes that are just out were intended for training that day.« (Colonel Scott, 9/11-K, Hearing 2/2, 23. 5. 2003, S. 22)

[62] Lane, Charles, u. a.: A Sky Filled With Chaos, Uncertainty and True Heroism, (*Washington Post*, 17. 9. 01): »As several controllers gathered to help search for the American plane, a controller glanced at another radar screen and shouted, ›Look. There's an intruder over Allentown‹. In air traffic jargon, an ›intruder‹ is a plane with an operating transponder that has entered restricted airspace without permission.«

[63] Scott, William B.: »Exercise Jump-Starts Response to Attacks« (*Aviation Week & Space Technology* (3. 6. 2002): »Sgt. Jeremy W. Powell of North American Aerospace Defense Command's Northeast Air Defense Sector (NEADS) in Rome, N.Y., took the first call from Boston Center. He notified NEADS commander Col. Robert K. Marr, Jr., of a possible hijacked airliner, American Airlines Flight 11. – ›Part of the exercise?‹ the colonel wondered. No; this is a real-world event, he was told.«

[64] Donnelly, Sally, ebd: The Day the FAA Stopped the World (*Time Magazine,* 14. 9. 2001): »Confusion reached such a high

level that the FAA admitted to the White House officials who wanted to bring the President back to Washington that the agency could not account for seven planes. In fact, four of those planes turned out to be the downed ones – but that would take a while to sort out. Even more worrying was that it took the FAA another hour and a half to account for three other aircraft.« Vgl. hierzu Richard A. Clarke, ebd., der für zirka 9.50 Uhr an diesem Tag festhält: »There were 3 900 aircraft still in the air and at least four of those were believed to be in the hands of the terrorists.« (S. 12)

65 SSC, S. 141 f.: »He spent the night before the attacks in Portland, Maine, flying to Boston on the morning of September 11. Atta's luggage did not make the connection to Flight 11. The FBI Director testified that a search ›revealed a three page letter handwritten in Arabic which, upon translation, was found to contain instructions on how to prepare for a mission applicable, but not specific, to the September 11 operation‹ … A copy of the letter found in Atta's baggage and Al-Hazmi's car was also found at the Flight 93 crash site. The FBI notes that some of the Arabic on the cockpit tape, ›such as supplications to Allah, conforms to the suicide preparation instructions‹ in that letter.«

66 SSC, S. 205: »On September 10, NSA intercepted two communications suggesting imminent terrorist activity. These communications were not translated into English and disseminated until September 12. They were not specific, and it is unclear whether they referred to the September 11 attacks.«

67 Hierbei erlaube ich mir die Befunde des US-Journalisten Daniel Hopsicker (»Welcome to Terrorland«, Zweitausendeins, Frankfurt am Main 2004) außer Acht zu lassen, der sich sehr intensiv mit Atta auseinander gesetzt hat – man fragt sich allerdings, mit welchem. Kritischen Interessenten sei Hopsicker dennoch ans Herz gelegt, denn seine Arbeit könnte am Ende Licht in die multiplen Identitäten der unter dem Namen »Atta« reisenden Personen bringen.

[68] Gemeldet vom *Guardian* und vom *Boston Globe* (23. 9. 2001), allerdings auch vom *Spiegel* im Rahmen des Buches »11. September – Geschichte eines Terrorangriffs« bestätigt, das heißt: Eine vollständig zuverlässige Quelle fehlt.

[69] Thomas, William, ebd., S. 51

[70] So bietet beispielsweise Jere Longman (Todesflug UA 93, ebd.) die im Rahmen des von mir fabrizierten Tests »119 Fragen zum 11. 9.« (Heyne, München 2003) bewusst als schlechten Scherz formulierte Antwort 21 b) »Ich wollte warten, bis das Personal mit dem Tomatensaft-Ausschenken fertig ist«, frei vom Ironie als Erklärung an (S. 158): »Warum hatten die Entführer so lange gewartet? Folgten sie einem festgelegten Zeitplan? Verloren sie langsam die Nerven? Vielleicht war der Grund aber auch ganz banal, und sie warteten nur ab, bis die Servierwagen aus dem Gang verschwunden waren.« Zweifel müssen gestattet bleiben.

[71] Clarke, Richard A., ebd.: »›We got the passenger manifests from the airlines. We recognize some names, dick. They're Al Qaeda.‹ I was stunned, not that the attack was Al Qaeda but that there were Al Qaeda Operatives on board aircraft using names that FBI knew were Al Qaeda. ›How the fuck did they get on board then?‹ I demanded. – ›Hey, don't shoot the messenger, friend. CIA forgot to tell us about them.‹« (S. 13)

[72] Thompson, Paul: »The Failure to Defend the Skies«. *http://www.cooperativeresearch.org/timeline/main/essayairdefense.html*

[73] Zit. n. Thomas, William, ebd., S. 10

[74] Dewdney, A. K.: »Operation Pearl«, jeweils neueste Fassung unter: *http://physics911.org/net/modules/news/article.php?storyid=2*

[75] Clarke, Richard A., ebd.: »Conspiracy Theorists simultaneoulsy hold two contrary beliefs: a) that the U.S. government is so incompetent that it can miss explanations that the theorists can uncover, and b) that the U.S. government can keep a big and juicy secret. The first belief has some validity. The second idea is pure fantasy.« (S. 126)

1 Zit. n. Clarke, Richard A.: ebd., S. 30. Mit dem Rest der Aussage: »… ohne einen staatlichen Geldgeber. Der Irak musste ihnen geholfen haben«, lag Wolfowitz allerdings falsch.

2 Dass die (in der Realität) ausgewählten Maschinen schwach belegt waren, ist kein Geheimnis. Um einen Hinweis auf den plötzlichen Anstieg der Ticketpreise zu finden, muss man allerdings tief in den persönlichen Erinnerungen von Passagieren des Fluges Delta 1989 graben, um zum Beispiel dies zu finden: »Our brush with death was frighteningly close. When our company made the travel arrangements for our trip to LA two months ago, (my husband) told the staff to book us on the American flight 11, the flight we usually take to LA, but in the day it took for the travel agent to get back to us, the price of the flight had gone up several hundred dollars, and for economic reasons only, (my husband) instructed the staff to look for a less expensive flight. Fortunately, Delta Airlines had a lower fare.« (Traveling on Delta Flight 1989 on 9/11
http://256.com/gray/thoughts/2001/20010912/travel_story.html
Sollte jemand herausfinden, dass es sich bei diesem Augenzeugenbericht um eine geschmacklose Konspirologenfälschung handelt, wäre ich für einen geeigneten Hinweis dankbar.

3 Wie weit diese faszinierende Technik (nicht in der Fiktion, sondern in der Realität) inzwischen gediehen ist – und wie einfach sie sich bedienen lässt – entnehmen Interessierte den Pressemitteilungen des Herstellers, der Firma Raytheon Inc.: Raytheon arbeitete im Auftrag des US-Verteidigungsministeriums seit Jahren an JPALS (Joint Precision Approach and Landing Systems), einem Notlandesystem, mit dessen Hilfe entführte Maschinen unter Kontrolle gebracht und sicher gelandet werden können. Laut Raytheon-Pressemitteilung hatte die Firma bis August 2001 »mehr als zweihundert Prä-

zisionsanflüge durchgeführt«. Aufgrund der absoluten Genauigkeit der Anflüge war es danach »ohne größere Verzögerung« möglich, »komplett von außen gesteuerte Landungen« durchzuführen. Zum Aufbau der kompakten Anlage sind »drei Mann je zwei Stunden« erforderlich.
http://www.raytheon.com/products/jpals/

4 Jedenfalls in der Realität, wie FBI-Chef Robert Mueller ausführte: »Hamza Al-Ghamdi purchased his ticket for Flight 175 through the Internet on August 29, 2001, using his Florida SunTrust Visa debit card. He also purchased an E-ticket for United Airlines Flight 7950, flying from Los Angeles to San Francisco, at the same time. (Statement for the Record, 25. 9. 2002, FBI 24003, S. 8).
http://intelligence.senate.gov/0209hrg/020926/mueller.pdf
Im endgültigen Abschlussbericht des SSC (2003) fehlt dieses Zitat, das in der Fassung von 2002 noch für leichte Irritationen sorgte.

5 Diverse Quellen, ursprünglich gemeldet unter Berufung auf FBI-Quellen vom *Sun Sentinel*, Florida.
http://www.sun-sentinel.com/news/local/southflorida/sfl-worldtrade-suspectprofiles.story

6 Vgl. u. a. Hopsicker, Daniel: »Welcome to Terrorland«, ebd.

7 SSC, ebd., Aussage von FBI-Chef Mueller: »Following the crash of Flight 11, authorities recovered two pieces of luggage in the name of Mohamed Atta that had not been loaded onto that flight.«

8 Gemeldet u. a. von ABC News: *Terrorist Hunt* (12. 9. 2001): »ABC News sources identify another hijacker as Satan (sic) Suqami, a Saudi national on American Airlines Flight 11, whose passport was recovered in the rubble.«

9 Mehr über die »fliegenden Holländer« Kruithof und Dekkers im oben erwähnten Bericht und auf der Homepage des Journalisten Daniel Hopsicker, der sich ausführlich mit der »Florida-Connection« beschäftigt hat:
http://www.madcowprod.com/index27.html

Die Meldungen über die Abstürze der beiden Fluglehrer entstammen dem *Venice Gondolier* vom 29. 6. 2002: *http://www.venicegondolier.com/newsarchive3/062902/vn1.htm*) sowie der *Sarasota Herald Tribune* vom 25. 1. 2003: *http://www.newscoast.com/apps/pbcs.dll/article?Date=20030125&Category=NEWS&ArtNo=301250379&Template=printart*

10 Natürlich ist das alles nur Fiktion. In der Realität ist alles ganz anders und erheblich zufälliger: Laut CNN und *USA Today* (9. 12. 2001) befanden sich an Bord von Flug AA 77: Stanley Hall, 68, … (Raytheons) ›Doyen‹ der elektronischen Kriegsführung. Hall (war) »Director of program management for Raytheon Electronics Warfare« und arbeitete an der Entwicklung von Anti-Radar-Techniken. (*USA Today*). An Bord von Flug AA 11: Kenneth Waldie, 46, … »Senior quality control engineer for electronic systems«, seit siebzehn Jahren bei Raytheon, David Kovalcin, 42 … Raytheon Co. »senior mechanical engineer for electronic systems«, seit 15 Jahren bei Raytheon, Peter Gay, 54 … »Vice president of operations for electronic Systems«, seit über 28 Jahren bei Raytheon. Zu Herbert Homer, 48, Raytheon-Passagier an Bord von Flug 175, wissen offizielle Quellen nur, dass er für die Firma arbeitete, nicht aber, worin genau seine Tätigkeit bestand. Einer Meldung der *Northeastern University Voice* über die Trauerfeier zu Ehren Homers war lediglich zu entnehmen, er sei erst kurz vor seinem Tod zu Raytheon gewechselt, nachdem er vorher siebenundzwanzig Jahre lang für das Verteidigungsministerium gearbeitet hatte.

12 Wer zensiert hier wen?

1 Schulze, Jane/Elliott, Geoff: »Big Three Will Run World's Media, Says Murdoch« (*The Australian*, 13. 2. 2004)

2 Kupferberg, Chaim: »There's somthing about Omar; Truth,

Lies, and The Legend of 9/11« (*Global Research*, 21. 10. 2003): »And whether the 9/11 disinformation campaign has been conducted for the purposes of a truly new world order, or simply for oil, geopolitical stability, monopolization of utilities, water, food, or population control by way of viral threats – any one specific agenda at this time cannot be proven beyond a reasonable doubt (in the fullest legal sense). Perhaps an intended new order encompasses all of the above, involving an intersection of a number of common interests. What I am suggesting, then, is the existence of a covert global political network operating through an increasingly sophisticated corporate and media infrastructure.«
http://www.globalresearch.ca/articles/KUP310A.html

3 Chomsky, Noam: Media Control (Europa Verlag, Hamburg 2003), S. 103

4 »If I allowed my honest opinions to appear in one issue of my paper before 24 hours my occupation would be gone. The business of the journalist is to destroy the truth; to lie out right; to flaunt at the feet of Mammon, to sell his country and his race for his daily bread … You know it and I know it and what folly is this toasting an independent press. Our talents, our possibilities and our lives are all the property of other men. We are intellectual prostitutes.« (zitiert nach Thomas, William, ebd.)

5 Engel, Matthew: »US Media Cowed by Patriotic Fever, Says CBS Star« (*The Guardian*, 17. 5. 2002)

6 Zit. n. Thomas, William, ebd., S. 176

7 »The Europeans are not confused because they are ill-informed; they are, in fact, far more aware of what is happening in America than most Americans are back home. These Europeans know all about the Project for The New American Century, they know all about the Office of Special Plans, they know all about the lies that have been spoon-fed to America and the world. They know all of this, simply, because the news media in Europe is not owned and operated as an advertising

wing for General Electric, AOL/TimeWarner, Viacom, Disney or Rupert Murdoch.«

8 Vgl. *Der Spiegel* 37/03, 8. 9. 2003, S. 58–76

9 Das von Stefan Aust und Cordt Schnibben herausgegebene Buch »11. September. Geschichte eines Terrorangriffs« (Deutsche Verlagsanstalt, München 2002; die folgenden Verweise beziehen sich auf die dtv-Ausgabe des Buches vom August 2003, ein »Meisterwerk des investigativen Journalismus« (Bayerischer Rundfunk)), bietet Interessierten diesbezüglich reichlich Anschauungsmaterial, denn das »Meisterwerk« ist nicht allzu akribisch recherchiert, jedenfalls, was die überprüfbaren Fakten betrifft. Auch in den neueren Auflagen wissen die Herausgeber und Autoren noch haufenweise Derartiges zu berichten: »Die wichtigste Information aber bekommen die (FBI)-Leute nicht: Dass um 9.43 Uhr der dritte Flug im Pentagon endet, überrascht und schockiert sie alle; die Lotsen haben nur das Weiße Haus über die wahnwitzigen Flugbewegungen informiert und nicht die Bundespolizei.« (S. 154) Der Flug endete einige Minuten früher, um 9.38 Uhr, »die Lotsen« konnten weder das Weiße Haus noch das FBI informieren, sondern nur ihre Vorgesetzten, die dann wiederum die Flugsicherungsbehörde FAA informieren, die dann wiederum die Luftraumverteidigung NORAD informiert sowie das Weiße Haus, das dann wiederum den Verteidigungsminister und den Oberbefehlshaber der Streitkräfte informiert, sofern die nicht wie am 11. September verhindert sind; das Weiße Haus steht – vertreten durch den Sicherheitskoordinator – mitten drin in dieser Informationskette, ebenso das FBI. Dem *Spiegel* ist das alles zu kompliziert, daher verkürzt man das Ganze auf ein boulevardeskes: »Unerhört! Der Lotse hat nicht direkt seinen persönlichen Agenten beim FBI angerufen, sondern nur seinen Minister im Weißen Haus!« So kann man das natürlich machen, wenn man nicht an Fakten denkt, sondern an den Leser – den man offenbar weiterhin für Dr. Lieschen Müller hält. Wer so denkt, dem ist

auch dies gestattet (um wenigstens ein weiteres Beispiel von etlichen zu nennen, diesmal mit den typisch menschlichen *Spiegel*-Elementen garniert): »Ziad Jarrah«, so die Autoren, »war verliebt, telefonierte fast täglich mit (seiner Verlobten) Aysel und schrieb ihr noch vor dem Höhepunkt seines anderen, mörderischen Lebens aus Amerika. Und er rief sie sogar am 11. September gegen neun Uhr amerikanischer Zeit an. Aus dem Cockpit der United Airlines 95, die 40 Minuten später bei Pittsburgh abstürzte?« (S. 194) Zwischen *Spiegel*-Hardcover und -Taschenbuchausgabe haben diverse akribisch recherchierende Journalisten sowie das FBI sowie die 9/11-Kommission die Annahme als widerlegt zurückgewiesen, Jarrah könne möglicherweise als maskierter Pilot gereist sein. Zudem war »United Airlines 95« doch eher »United Airlines 93« (oder weiß der *Spiegel* wirklich mehr?), stürzte dafür nicht um 9.40 bei Pittsburgh ab, sondern um 10.03 Uhr bei Shanksville. Alles Marginalien, klar: dreiundzwanzig Minuten Differenz, fünfzig Kilometer. Kleinkram. Geschenkt. Macht ja nichts. Dafür muss sich kein *Spiegel*-Redakteur von Maischberger die Ohren lang ziehen lassen.

10 Vgl. exemplarisch Döpfner, Mathias: »Bush ist dumm und böse« (*Die Welt*, 21. 4. 2004), einen der fantasielosesten Leitartikel der letzten drei Jahre, weil er sprachlich wie intellektuell sogar den einseitigsten Kommentaren ewiggestriger US-Falken einige Jahrzehnte hinterherhinkte.

11 Wallace, Kathryn: »Do Readers decide the News?« (*Stanford Daily*, 18. 2. 2004): »Unfortunately, the public's apparently insatiable interest in sex and politics will undermine any media attempts to ›keep it clean‹. The questions gossip poses are now answered with the dollar rather than a set of standards, and the media's coverage of public issues is decided almost completely by what readers want to know – which is a sad comment when the public chooses salacious gossip over, say, a war in Iraq.« *http://daily.stanford.edu/tempo?page=content&id=13160&repository=0001_article*

[12] Osama bin Laden im *Ummat*-Interview : »Terror is the most dreaded weapon in modern age and the western media is mercilessly using it against its own people. It can add fear and helplessness in the psyche of the people of europe and the United States. It means that what the enemies of the United States cannot do, it's media is doing that.« (zit. n. Thomas, William, ebd., S. 144)

[13] Chomsky, Noam, Media Control, ebd., S. 35

[14] Vgl. »Nürnberger Tagebuch«, 18. 4. 1946.

[15] Vgl. Boriesson, Kristina (Hrsg.): Zensor USA. Wie die amerikanische Presse zum Schweigen gebracht wird (Pendo, Zürich 2004), S. 132 ff.: Colby, Gerard: »Die begrabenen Bücher: Zensur in der Verlagsbranche«). An dieser Stelle sei aber neben viel Lob auch die Bemerkung erlaubt, dass Colby demnächst beim »Erzfeind«, nämlich HarperCollins (Murdoch) publiziert. Außerdem sei die Bemerkung gestattet, dass nach Meinung etlicher Autoren praktisch jedes Buch, das nicht die Bestsellerlisten hochjagt, ge-»privisht« wird. Sorry.

[16] Vgl. Moore, Michael: Dude, Where's My Country, Introduction, S. xi ff.

[17] Mann, Klaus: Auf verlorenem Posten (Rowohlt, Reinbek 1994), S. 542

[18] Hachmeister, Lutz/Rager, Günther: Wer beherrscht die Medien? ebd., S. 27

[19] Russell, Bertrand: Macht (Europa Verlag, Zürich 1947), S. 251

Literatur

AHMED, NAFEEZ M.: Geheimsache 9/11 (Riemann, München 2003)

AUST, STEFAN/SCHNIBBEN, CORDT (Hrsg.): 11. September. Geschichte eines Terrorangriffs (dtv, Stuttgart/München 2002)

BAUDRILLARD, JEAN: Der Geist des Terrorismus (Passagen Verlag, Wien 2003)

BENDER, PETER: Weltmacht Amerika. Das neue Rom (Klett Cotta, Stuttgart 2003)

BORIESSON, KRISTINA (Hrsg.): Zensor USA. Wie die amerikanische Presse zum Schweigen gebracht wird (Pendo, Zürich 2004)

BRACKEN, KEN: The Shadow Government. 9/11 and State Terror (Adventures Unlimited Press, Kempton 2003)

BRILL, STEPHEN: After. The Rebuilding and Defending of America in the September 12 Era (Simon & Schuster, New York 2003)

BRISARD, JEAN-CHARLES/DASQUIÉ, GUILLAUME: Die verbotene Wahrheit. Die Verstrickungen der USA mit Osama bin Laden (Pendo, Zürich 2002)

BRÖCKERS, MATHIAS: Verschwörungen, Verschwörungstheorien und die Geheimnisse des 11. 9. (Zweitausendeins, Frankfurt am Main 2002)

BRÖCKERS, MATHIAS/HAUSS, ANDREAS: Fakten, Fälschungen und die unterdrückten Beweise des 11.9. (Zweitausendeins, Frankfurt am Main 2003)

CLARKE, RICHARD A.: Against All Enemies. Der Insiderbericht über Amerikas Krieg gegen den Terror. (Hoffmann und Campe, Hamburg 2004)

CHOMSKY, NOAM: The Attack (Europäische Verlagsanstalt, aktualisierte Auflage, Hamburg 2003)

CHOMSKY, NOAM: Media Control (Europa Verlag, Hamburg 2003)

CHOMSKY, NOAM: Hybris (Europa Verlag, Hamburg 2003)

FIELDING, NICK/FOUDA, YOSRI: Masterminds of Terror (Europa Verlag, Hamburg 2003)

FRANKEN, AL: Lies and the Lying Liars Who Tell Them. A Fair and Balanced Look at the Right (Penguin/Dutton, New York 2003)

GRIFFIN, DAVID RAY: The New Pearl Harbor. Disturbing Questions about the Bush Administration and 9/11 (Olive Branch Press, Northampton 2004)

GUÉHENNO, JEAN-MARIE: Das Ende der Demokratie (Artemis & Winkler, München 1994)

GUTHART, CHRISTIAN: 11. September. Ein Untersuchungsbericht (SKD Bavaria, München 2002)

HACHMEISTER, LUTZ/RAGER, GÜNTHER: Wer beherrscht die Medien? Die 50 größten Medienkonzerne der Welt. Jahrbuch 2003 (C. H. Beck, München 2002)

HAUG, WOLFGANG (Hrsg.): Angriff auf die Freiheit? (Trotzdem Verlagsgenossenschaft, Grafenau 2001)

HOPSICKER, DANIEL: Welcome to Terrorland. Mohammed Atta und seine amerikanischen Helfer. (Zweitausendeins, Frankfurt am Main 2004)

HUFSCHMID, PAUL: Painful Questions (Endpoint Software, Greensboro 2003)

LÉVY, BERNARD-HENRI: Wer hat Daniel Pearl ermordet? (Econ, München 2003)

LEYENDECKER, HANS: Die Lügen des Weißen Hauses (Rowohlt, Reinbek 2004)

LONGMAN, JERE: Todes-Flug UA 93 (Goldmann, München 2002)

MEYSSAN, THIERRY: 11. September 2001. Der inszenierte Terrorismus. Auftakt zum Weltenbrand? (editio de facto, Kassel 2002)

Meyssan, Thierry: Pentagate – Angriff auf das Pentagon (editio de facto, Kassel 2003)
Moore, Michael: Volle Deckung, Mr. Bush. Dude, Where's My Country? (Piper, München 2004)
Moore, Michael: Stupid White Men (Piper, München 2002)
Napoleoni, Loretta: Die Ökonomie des Terrors (Kunstmann, München 2004)
Palast, Greg: Shame On You! (Deutsche Verlagsanstalt, München 2003)
Pitt, William Rivers/Ritter, Scott: Krieg gegen den Irak (Kiepenheuer & Witsch, Köln 2002)
Postman, Neil: Die zweite Aufklärung (Berlin Verlag, Berlin 1999)
Postman, Neil: Das Technopol (S. Fischer, Frankfurt am Main 1992)
Postman, Neil: Wir amüsieren uns zu Tode (S. Fischer, Frankfurt am Main 1985)
Roy, Arundhati: Die Politik der Macht (Bertelsmann/Random House, 4., erweiterte Auflage 2003)
Russell, Bertrand: Macht (Europa Verlag, Zürich 1947)
Safranski, Rüdiger: Das Böse oder Das Drama der Freiheit (Hanser, München 1997)
Schmidbauer, Wolfgang: Der Mensch als Bombe (Rowohlt, Reinbek 2003)
Schölzel, Arnold (Hrsg.): Das Schweigekartell (Kai Homilius Verlag, Berlin, aktualisierte Ausgabe 2003)
Snow, Nancy: Propaganda, Inc. Selling America's Culture to the World (Seven Stories Press, New York 2002)
Snow, Nancy: Information War. American Propaganda, Free Speech, and Opinion Control Since 9/11 (Seven Stories Press, New York 2003)
Soros, George: Der Globalisierungsreport (Alexander Fest Verlag, Berlin 2002)
Thewessen, Elmar: Schläfer mitten unter uns (Droemer, München 2002)

THOMAS, WILLIAM: All Fall Down. The Politics of Terror and Mass Persuasion (Essence Publications, Canada 2002)

VON BÜLOW, ANDREAS: Die CIA und der 11. September (Piper, München 2003)

VIDAL, GORE: Bocksgesang. Antworten und Fragen vor und nach dem 11. September (Europäische Verlagsgesellschaft, Hamburg 2003)

VIRILIO, PAUL: Rasender Stillstand (S. Fischer, Frankfurt am Main 1997)

WISNEWSKI, GERHARD: Mythos 9/11. Der Wahrheit auf der Spur (Droemer/Knaur, München 2004)

WISNEWSKI, GERHARD: Operation 9/11. Angriff auf den Globus (Droemer/Knaur, München 2003)

WRIGHT, MICAH IAN: He, Sie da! Keine Fragen bitte! (Kunstmann, München 2004)

B Konkurrierende Karten der Flugrouten

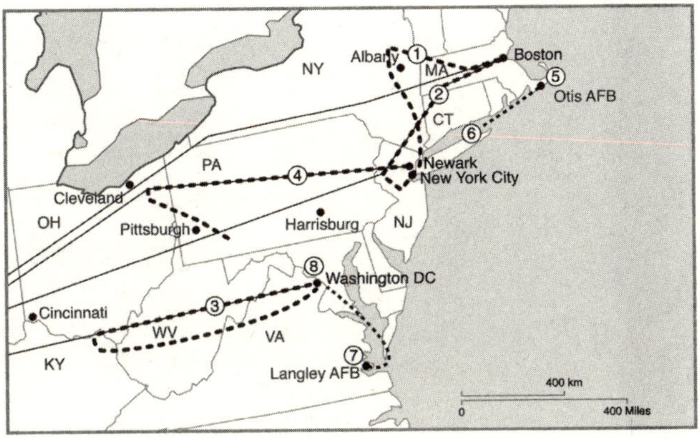

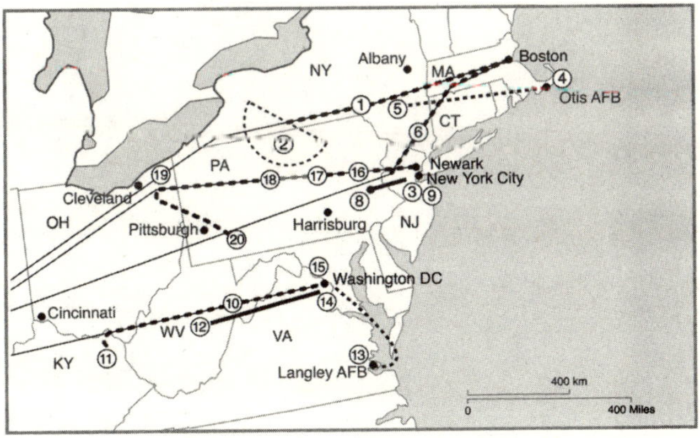

KARTE 1

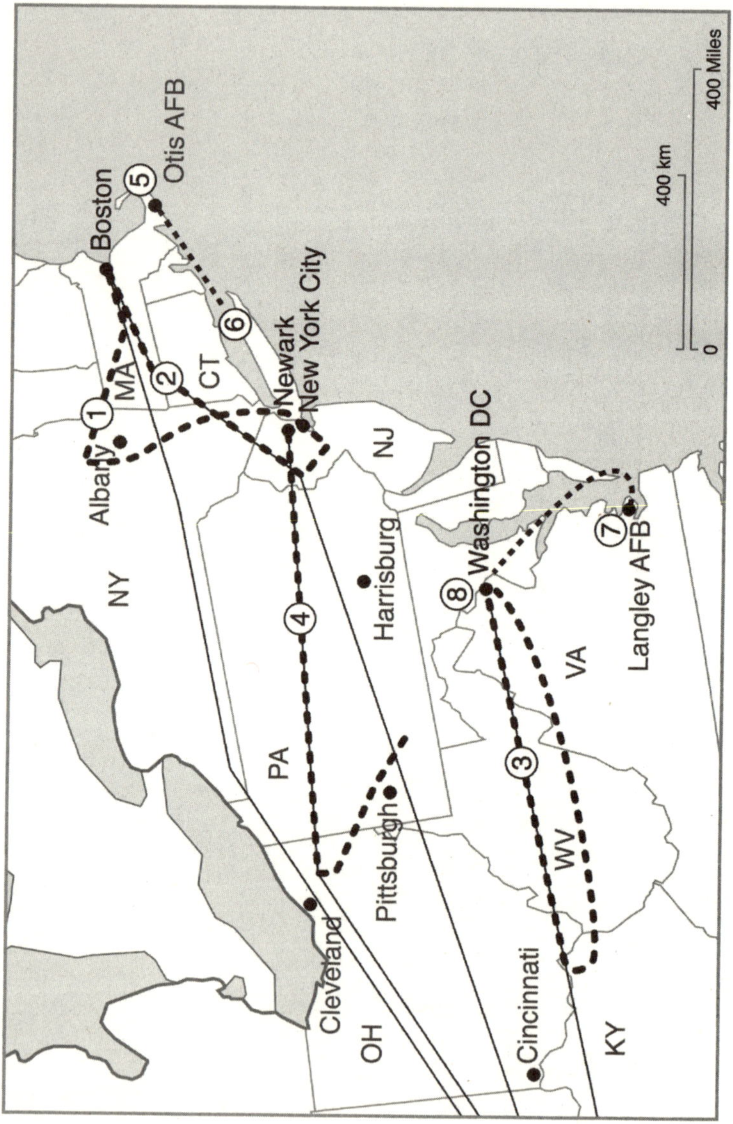

Boston
Otis AFB
5
6
1
2
MA
CT
Albany
Newark
New York City
NJ
NY
4
Harrisburg
PA
Pittsburgh
Cleveland
OH
Washington DC
8
7
Langley AFB
VA
3
WV
Cincinnati
KY
400 km
400 Miles
0

KARTE 1

1 Flug American Airlines 11. Start (Boston): 8.00 Uhr, Absturz (New York, WTC 1): 8.46 Uhr.
2 Flug United Airlines 175. Start (Boston): 8.14 Uhr, Absturz (New York, WTC 2): 9.03 Uhr.
3 Flug American Airlines 77. Start (Washington): 8.20 Uhr, Absturz (Washington, Pentagon): 9.38 Uhr.
4 Flug United Airlines 93. Start (Newark): 8.40 Uhr, Absturz (Shanksville, Pennsylvania): 10.03 Uhr.
5 8.52 Uhr. Start zweier Abfangjäger von der Air Force Base Otis, Cape Cod.
6 9.03 Uhr. Abfangjäger 71 Meilen von New York entfernt (zum Zeitpunkt des Einschlags von UA 175).
7 9.30 Uhr. Start zweier Abfangjäger von der Air Force Base Langley, Virginia.
8 9.40 Uhr. Abfangjäger über Washington, D. C., 2 Minuten nach dem Einschlag von AA 77.

KARTE 2

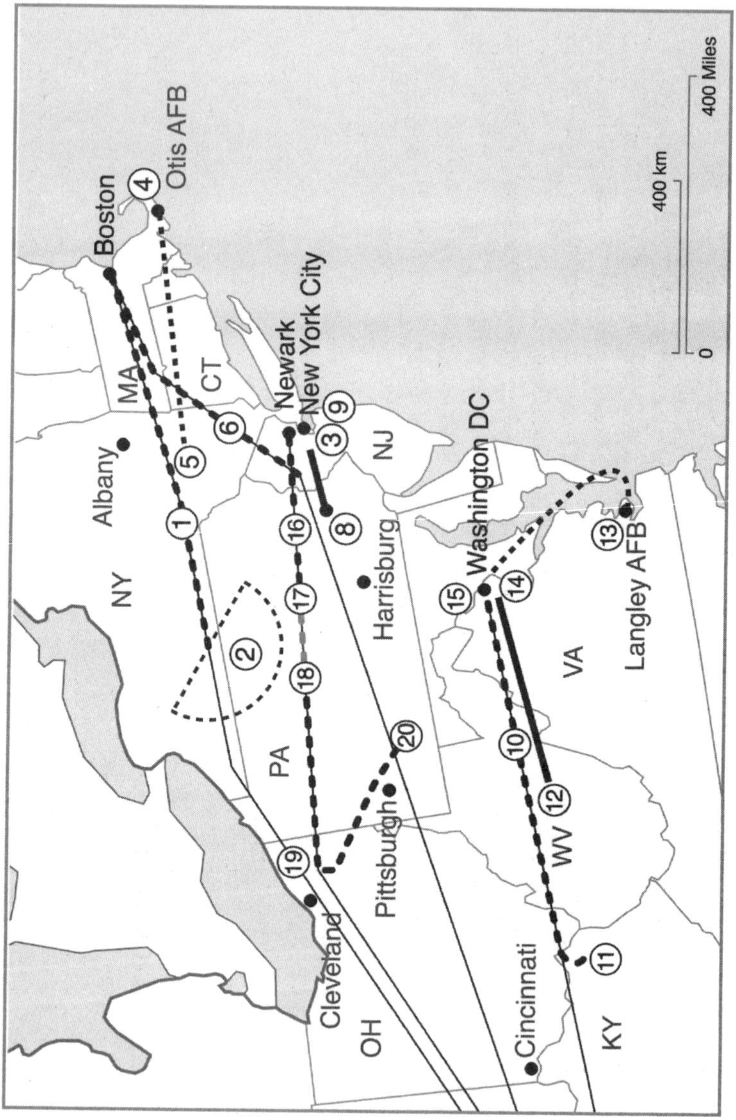
Boston
Otis AFB
Albany
MA
CT
NY
Newark
New York City
NJ
Harrisburg
PA
Washington DC
Langley AFB
VA
WV
Pittsburgh
Cleveland
OH
Cincinnati
KY
400 km
400 Miles
0
1
2
3
4
5
6
8
9
10
11
12
13
14
15
16
17
18
19
20

KARTE 2

1 Flug American Airlines 11. Start (Boston): 8.00 Uhr, letzte bekannte Position auf korrektem Kurs (8.40 Uhr).
2 Flug American Airlines 11. Mögliche Positionen um 8.46 Uhr.
3 8.46 Uhr: Ein Flugzeug trifft das WTC 1.
4 8.52 Uhr. Start zweier Abfangjäger von der Air Force Base Otis, Cape Cod.
5 9.03 Uhr. Abfangjäger (auf der Suche nach AA 11) 71 Meilen von New York entfernt (zum Zeitpunkt des Einschlags von UA 175).
6 Flug United Airlines 175. Start (Boston): 8.14 Uhr.
7 Flug United Airlines 175, letzte bekannte Position (9.00 Uhr) zwischen Newark und Philadelphia.
8 8.45 Uhr (ca.): unidentifizierbare Maschine (»Intruder«) über Allentown, Pennsylvania.
9 9.03 Uhr: Ein Flugzeug trifft das WTC 2.
10 Flug American Airlines 77. Start (Washington): 8.20 Uhr.
11 8.59 Uhr: letzte bekannte Position von Flug American Airlines 77.
12 9.20 Uhr: unidentifizierbare Maschine über West Virginia, mit Kurs auf Washington.
13 9.30 Uhr: Start zweier Abfangjäger von der Air Force Base Langley, Virginia.
14 9.38 Uhr: Ein Flugzeug trifft das Pentagon.
15 9.40 Uhr: Abfangjäger erreichen Washington (2 Minuten nach dem Einschlag).
16 Flug United Airlines 93. Start (Newark): 8.40 Uhr.
17 9.16 Uhr: Flug UA 93 wird als vermisst gemeldet.
18 9.24 Uhr: Flug UA 93 bestätigt Anweisung.
19 9.40 Uhr: Flug UA 93 wechselt den Kurs.
20 10.03 Uhr: Absturz Flug UA 93 bei Shanksville, Pennsylvania.

C Timetable

(162 Minuten am 11. September 2001)

VERWENDETE ABKÜRZUNGEN: FAA (nach Darstellungen der Federal Aviation Administration vor der Untersuchungskommission), NORAD 1/ NORAD 2 (nach Darstellung des North American Aerospace Defense Command vor der Untersuchungskommission), 9/11-K (Offizielle 9/11-Untersuchungskommission, NYT (Nach den in der *New York Times* veröffentlichten Transkripten des Funkverkehrs zwischen Lotsen und Maschinen); WP (Washington Post), JL (Jere Longman, Todesflug UA 93).

ZEIT	EREIGNIS	STATUS (KOMMENTAR)
8.00 (FAA)	AA 11: Start (Boston)	(Planmäßig: 7.45 Uhr)
8.01		
8.02 (NORAD 2)	AA 11: Start	
8.03		
8.04		
8.05		
8.06		
8.07		
8.08		
8.09		
8.10		
8.11		
8.12		
8.13 (Presse)	AA 11: Kursabweichung nach Norden	(Widerlegt. Siehe Kapitel 8)

ZEIT	EREIGNIS	STATUS (KOMMENTAR)
8.14 (FAA)	Start UA 175 (Boston)	(Planmäßig: 8.00 Uhr)
8.15		
8.16 (NORAD 2)	Start UA 175	
8.17		
8.18		
8.19 (NORAD 2)	AA 77: Start (Dulles, Washington)	(Planmäßig: 8.00 Uhr)
8.20 (NORAD 2)	AA 11: Transponder aus	
8.21 (FAA)	AA 77: Start	
8.21 (9/11-K)	AA 11: Anrufe von Stewardess Ong, Entführung	(Bestätigt)
8.22		
8.23		
8.24		
8.25		
8.26		
8.27		
8.28		
8.29		
8.30		
8.31		
8.32		
8.33		
8.34 (FAA)	AA 11: Benachrichtigung FAA an Otis Air Base – nicht an NORAD	
8.35		
8.36		
8.37		
8.38		
8.39		

ZEIT	EREIGNIS	STATUS (KOMMENTAR)
8.40 (NORAD 1 + 2)	AA 11: FAA an NORAD, AA 11 »möglicherweise« entführt	(FAA: 8:43)
8.41 (FAA)	UA 93: Start (Newark)	(NORAD: 8:43)
8.41 (NYT)	AA 11: letzte Sichtung, 29 000 Fuß, Kurs normal (USA 583)	(Offiziell unwidersprochen)
8.42		
8.43 (NORAD 1)	UA 175, FAA an NORAD: »möglicherweise« entführt	(NORAD 2: Keine Benachrichtigung)
8.44 (NYT, USA 583)	Absturzsignal auf 121.5 Mhz	(Zwei Minuten VOR dem ersten Einschlag)
8.45		
8.46 (NORAD 2)	Letzte Radardaten für alle Flüge	
8.46 (NORAD 1 + 2)	AA 11: Startbefehl für Abfangjäger erteilt	
8.46 (FAA)	Crash Nordturm – angeblich Flug 11	(Strittig: Identität der Maschine)
8.47		
8.48		
8.49		
8.50		
8.51		
8.52 (NORAD)	AA 11: Start der Abfangjäger von Otis, Cape Cod	(6 Minuten nach Einschlag in Nordturm)
8.53		
8.54		
8.55 (NYT)	AA 77: Letzter Funkkontakt	(NORAD 2: Kurswechsel, 8.55) (NORAD 2: Kein Radarkontakt mehr, 8.55)

ZEIT	EREIGNIS	STATUS (KOMMENTAR)
8.56		
8.57 (NORAD 2)	FAA meldet Einschlag ins WTC, ohne Flug 11 zu nennen	(11 Minuten nach dem Einschlag)
8.58		
8.59 (NORAD, FAA)	AA 77: verschwindet von den Radarschirmen	
9.00 (9/11-K)	UA 175: Kontakt endet, mindestens 50 Meilen von NY entfernt	
9.01		
9.02 (FAA)	UA 175: Crash Südturm	(Strittig: Identität der Maschine)
9.02 (NORAD 2)	UA 175: Crash Südturm	(NORAD 2: Transponder UA 175 war nie aus)
9.03 (NORAD)	AA 11: Abfangjäger 71 Meilen von NY entfernt	(17 Minuten *nach* Einschlag)
9.04		
9.05 (NORAD 2)	UA 175: FAA an NORAD: »Möglicherweise entführt«	(3 Minuten nach dem Einschlag)
9.06		
9.07		
9.08		
9.09		
9.10 (NORAD 2)	AA 77: Maschine taucht wieder auf den FAA-Schirmen auf	(Strittig: Identität der Maschine)
9.11 (NORAD 2)	FAA meldet Crash im Tower 2, ohne UA 175 zu nennen	(8 Minuten nach dem Einschlag)
9.12		
9.13		
9.14		
9.15		

ZEIT	EREIGNIS	STATUS (KOMMENTAR)
9.16 (NORAD 2)	UA 93: FAA meldet »mögliche Entführung«	(Ursache unklar)
9.17		
9.18		
9.19		
9.20		
9.21		
9.22 (Presse)	Erdbeben (oder Crash) in Pennsylvania	
9.23 (Presse)	AA 77: Entführer dringen ins Cockpit vor	(Offiziell unbestätigt)
9.24 (FAA/ NORAD 2)	AA 77: FAA meldet NORAD »mögliche Entführung«	(Strittig: Identität der Maschine)
9.24 (NORAD 1 + 2)	AA 77: Startbefehl für Abfangjäger erteilt	
9.25 (CNN, zirka:)	AA 77: Anruf von Barbara Olson bei Ted Olson	
9.26		
9.27 (NORAD 2)	DAL 89: vermisst gemeldet	
9.27 (Presse, JL)	UA 93: Anruf Tom Burnett (1): »Bomben/Revolver an Bord«	(Revolver: zuruckgewiesen von FAA/ NORAD)
9.28		
9.29		
9.30 (NORAD 1 + 2)	AA 77: Start der Abfangjäger in Langley, Virginia	
9.30 (CBS)	AA 77: 30 Meilen von Washington entfernt	(Nicht bestätigt von Fluglotsin D. O'Brien)
9.30 (CNN)	UA 93: »möglicherweise« entführt (Transponder aus)	(NORAD: Transponder aus um 9.40)

ZEIT	EREIGNIS	STATUS (KOMMENTAR)
9.31		
9.32		
9.33		
9.34 (JL)	UA 93: Anruf von Tom Burnett (2): »Sie sind im Cockpit«	
9.35 (NORAD 2)	AA 77: Abfangjäger gestartet	
9.36 (Presse)	UA 93: Kurswechsel	
9.37 (Presse, JL)	UA 93: Anruf Jeremy Glick: »Bombe an Bord, rote Stirnbänder«	
9.38 (FAA)	AA 77: Crash Pentagon	
9.38 (NORAD 1 +2)	AA 77: Abfangjäger 105 Meilen entfernt	
9.39 (JL)	UA 93: Durchsage des Piloten: »Wir haben eine Bombe, wir kehren zum Flughafen zurück«	
9.40 (NORAD 2)	UA 93: Transponder aus, Kursabweichung	
9.41 (NORAD 2)	DAL 89: laut FAA »möglicherweise« entführt	
9.42		
9.43		
9.44 (JL)	UA 93: Anruf Mark Bingham: »Drei Kerle an Bord«, »Bombe«	
9.45 (JL)	UA 93: Anruf Tom Burnett (3): »Wir müssen etwas unternehmen«	
9.45 (JL)	UA 93: Anruf Todd Beamer: »Drei Männer, zwei Tote«	
9.45 (Presse)	FAA beschließt, alle Flüge zu landen	

ZEIT	EREIGNIS	STATUS (KOMMENTAR)
9.47 (JL)	UA 93: Anruf CeeCee Lyles: »Drei Männer«	
9.47 (NORAD 2)	DAL 89 landet in Cleveland	(USA Today: 10.10 Uhr)
9.49 (Presse)	Pittsburgh Air Traffic Control Center evakuiert	(FAA-Anweisung)
9.50		
9.51		
9.52		
9.53		
9.54 (JL)	UA 93: Anruf Tom Burnett (4): »Wir werden etwas unternehmen«	
9.55 (WP)	Airforce One startet in Sarasota, Florida	
9.56		
9.57 (JL)	UA 93: Anruf Edward Felt: »Wir stürzen ab«	
9.58 (JL)	UA 93: Anruf CeeCee Lyles: »Sie stürmen das Cockpit«	
9.59		
10.00		
10.01		
10.02		
10.03 (FBI)	UA 93: Crash in Pennsylvania, Ende des Tapes von UA 93	
10.04		
10.05		
10.06 (FAA)	UA 93 Crash in PA	(Seismische Aufzeichnungen: Bestätigung)
10.07 (NORAD 2)	UA 93: FAA meldet: »Bombe an Bord von UA 93«	

ZEIT	EREIGNIS	STATUS (KOMMENTAR)
10.08 (NORAD 2)	UA 93: Abschussbefehl des Präsidenten	(Strittig: Lt. Richard A. Clarke: Befehl seit ca. 9.50 Uhr)
10.09		
10.10 (USA Today)	DAL 1989 landet in Cleveland	
10.11		
10.12		
10.13		
10.14		
10.15 (NORAD 2)	UA 93: FAA meldet Crash in Pennsylvania	(9–12 Minuten nach dem Absturz)
10.15 (Presse)	AA 77: Pentagon-Flügel stürzt ein.	
10.16		
10.17		
10.18		
10.19		
10.20		
10.21		
10.22		
10.23		
10.24 (Presse)	FAA stoppt alle Flüge	
10.25		
10.26		
10.27		
10.28		
10.29		
10.30		
10.31		
10.32		

ZEIT	EREIGNIS	STATUS (KOMMENTAR)
10.33		
10.34		
10.35		
10.36		
10.37		
10.38		
10.39		
10.40		
10.41		
10.42 (Presse)	FAA benachrichtigt das Weiße Haus: Neben den vier offenbar gecrashten Maschinen sind noch immer drei (von elf an diesem Tag) »nicht geklärt«. Meldung: Absturz in Kentucky (AA 77)? Falschmeldung: Bombe an Bord eines UA-Jets, der in Rockwell, Illinois, landete.	

Danksagung

Ich habe sehr vielen Menschen zu danken, insbesondere meiner Frau und meinen Kindern, die mir auf unterschiedliche Weise den Weg zu fast allen wesentlichen Erkenntnissen gewiesen haben, über die ich derzeit verfüge.

Da die Details niemanden etwas angehen, schon gar nicht CIA und ISI, bin ich euch, meinen Nächsten, erst recht in Kürzeln verpflichtet: ganz umfassend K, weil du mein Leben bist und weil all dies ohne dich nicht möglich gewesen, geschweige denn zustande gekommen wäre. Dass du mir stillschweigend gestattet hast, eine wunderbar lukrative Mr.-Oberwichtig-Programmchef-Karriere ohne Not wegzuwerfen und für dieses mehr als zwei Jahre Arbeitszeit verschlingende Projekt unsere gesamte Zukunft aufs Spiel zu setzen, degradiert dich in den Augen der meisten Frauen und Mütter zu einer Wahnsinnigen, aber die wissen nichts von der Liebe.

Du weißt darüber alles.

Des Weiteren gilt mein Dank dem relevanten sechsköpfigen Teil meiner verbliebenen Blutsverwandtschaft, weil ich euch unendlich liebe, *Folks*. Sowie meinem Blutsbruder H für das äußerst motivierende »ziemlich kann man auch weglassen« sowie die vielen klugen Anmerkungen, wegen derer ich mich am Ende von den dreißig wichtigsten Seiten trennen musste, die ich in meinem Leben geschrieben habe –

nie war *kill your darlings* so bitter und nie so wahr; U, A und R für den Glauben an das Projekt – und den Willen, es gegen alle Widerstände (besonders die des neuen Duden, danke, R) zur Welt zu bringen; S für die brillante Deckung und die mühsam geborenen Vereinbarungen; S und H für die großartige Netzabdeckung von *»www.119-Fragen.de«* bis zum letzten Unterverzeichnis – und für die Eleganz auf allen Karten; MP für die Verständigung mit dem Rest der Welt; MB für die Inspiration, die Hinweise und die immer hilfreichen Mailwechsel; L, A und S für fiese, aber notwendige Detail-Diskussionen (»Wieso denn *so*?«); B für Bayes; U (sehr) für die Ausführlichkeit in Flugsicherungs- und Transponderfragen; S für Jura und Verträge; sowie J und seinem Dad wie immer für alles, was ich überhaupt anzubieten habe.
Mindestens sechs von euch haben mich dringend gebeten, das absurdeste Foto von allen »unbedingt« in den Text einzubauen. Ich habe diesbezüglich komplett versagt. Oder jedenfalls fast komplett, deshalb sei es an dieser unprominenten Stelle für die Nachwelt gerettet. Es ist schlimm, besonders für mich, der immer an die Gewaltentrennung Legislative-Exekutive-Mediakutive geglaubt hat, dass Bert auf diese Weise überführt werden musste. Ich mochte ihn immer sehr.

Und möchte am Ende weiter glauben dürfen, dass auch er nichts damit zu tun hatte.

CCW
Berlin, Juli 2004.

Register

C

D

N

O

P

R

S

T

HEYNE <

Bildnachweis

Associated Press: S. 48, 61, 70, 132, 140, 143, 149, 154, 161, 171, 173, 201
MAGNUM/Agentur FOCUS (Evan Fairbanks): S. 202
Reuters: S. 88
SPIEGEL-Verlag: S. 274
Verlag Antje Kunstmann: S. 260

Trotz sorgfältiger Recherchen konnten nicht alle Rechteinhaber ermittelt werden. Der Verlag ist selbstverständlich bereit, berechtigte Forderungen abzugelten.